U0534315

本书受山东师范大学经济学院学科振兴计划资助

本书是国家社会科学基金青年项目"制造业数字化提升我国产业链韧性的机制及路径研究"（23CJY019）的阶段性成果

对外直接投资的全球价值链质量效应

兼论效率与稳定性

宋玉洁 著

中国社会科学出版社

图书在版编目（CIP）数据

对外直接投资的全球价值链质量效应：兼论效率与稳定性 / 宋玉洁著. -- 北京：中国社会科学出版社，2024. 6. -- ISBN 978-7-5227-4067-6

Ⅰ.F831.6

中国国家版本馆CIP数据核字第2024S6W065号

出 版 人	赵剑英	
责任编辑	车文娇	
责任校对	周晓东	
责任印制	郝美娜	
出　　版	中国社会科学出版社	
社　　址	北京鼓楼西大街甲158号	
邮　　编	100720	
网　　址	http://www.csspw.cn	
发 行 部	010-84083685	
门 市 部	010-84029450	
经　　销	新华书店及其他书店	
印　　刷	北京明恒达印务有限公司	
装　　订	廊坊市广阳区广增装订厂	
版　　次	2024年6月第1版	
印　　次	2024年6月第1次印刷	
开　　本	710×1000　1/16	
印　　张	13.5	
字　　数	221千字	
定　　价	69.00元	

凡购买中国社会科学出版社图书，如有质量问题请与本社营销中心联系调换
电话：010-84083683
版权所有　侵权必究

前　言

　　全球价值链是 21 世纪产品制造和国际贸易的主要方式，全球价值链的兴起和发展为世界各国经济增长贡献了重要力量。2018 年全球价值链分工模式带动了世界近 50% 的产品出口，对世界 GDP 的贡献达 12.1%。过去几十年来，全球价值链这种国际分工模式快速发展，成为全球经济的重要特征。在推动经济高质量发展、贸易高质量发展的时代背景下，全球价值链质量的概念应运而生，然而已有全球价值链质量的测算指标维度单一，只将效率考虑在内并没有考虑安全问题，而后者在逆全球化加剧、外部冲击（如新冠疫情等）、地缘政治风险（如乌克兰危机）等社会经济不确定不稳定日益加剧的影响下尤为重要。因此，本书拓展了全球价值链质量的内涵及量化指标。跨国公司主导了 80% 的全球价值链贸易，主要通过主导供应关系和治理模式决定价值链的深度和广度，然而对外直接投资是否及如何影响全球价值链质量，尚未得到理论研究与实证检验。因此，本书在全球价值链质量测算的基础上从对外直接投资的视角考察了全球价值链质量的影响因素，并深入分析具体的影响机制。本书从理论上进一步丰富了全球价值链质量的内涵及测算的相关研究，同时拓展了对外直接投资与全球价值链质量之间关系的理论研究，对于维护价值链的安全稳定、统筹发展与安全、实现中国经济高质量稳步发展具有重要的现实指导意义。

　　本书围绕"对外直接投资是否及如何影响全球价值链质量"这一问题展开，按照"研究背景—理论机制—典型事实—实证检验—对策建议"的研究思路，系统地、全面地考察了对外直接投资对全球价值链质量的影响，尤其是对全球价值链效率、全球价值链稳定性的影响。首先，本书从宏观层面梳理总结对外直接投资（包括商贸服务型、垂直生产型、水平生产型、研究开发型、资源寻求型五种不同类型的对外直接投资）如何通过提升中间品生产效率、生产关联度等途径影响全球价值链质量的机制，在此基础上建立数理模型从微观视角分别考察了企业对外直接投资影响全球价值链效率、全球价值链稳定性的可行性理论模型。其次，本书构建了包括价值链效率和价值链稳定性两个一级指标，中间品生产效率、中间品供应稳定性和生产关联度三个二级指标的价值链质量指标体系，测算了全球63个国家或地区的全球价值链质量数据、中国与世界61个对外直接投资东道国的双边价值链质量数据、中国制造业细分行业的国内价值链质量数据等，并从参与主体、不同区域、时间等多维度进行特征分析。再次，在数据测算的基础上，本书分别从国别层面、中国整体层面、中国行业层面实证检验了对外直接投资对全球价值链质量的影响及机制。最后，在理论分析与实证检验的基础上，本书提出通过提升对外直接投资及影响机制发挥其促进全球价值链质量的对策建议。

根据研究分析，本书发现对外直接投资对于母国和东道国的全球价值链质量都具有至关重要的影响，加大对外直接投资可以在很大程度上提升母国或东道国的全球价值链质量。具体结论主要包括以下几点。

第一，国家层面的全球价值链质量测算发现，瑞士、文莱、加拿大、挪威、卢森堡、澳大利亚、丹麦、德国等国家的全球价值链质量较高，而斯里兰卡、老挝、不丹、尼泊尔等国家的全球价值链质量较低，国内价值链质量数据趋势与全球价值链质量基本一致；双边价值链质量测算发现，中国与日本、美国、德国、澳大利亚、韩国、加拿大等国家之间的双边价值链质量较高，而与柬埔寨、吉尔吉斯斯坦、斐济、不丹、尼泊尔等国家之间的双边价值链质量较低。全球价值链质量测算结果与现实情况基本一致，测算方法合理有效。

第二，国别层面的实证检验发现，一国对外直接投资显著地促进了母国参与全球价值链质量的提升，对母国全球价值链效率、母国全球价值链稳定性的促进作用同样明显；对外直接投资主要通过母国技术水平提升效应、产业结构优化效应、贸易促进效应提升母国全球价值链质量；对外直接投资对母国全球价值链质量的提升作用因国家经济发展程度、地理位置不同具有异质性，如发达国家对外直接投资的母国全球价值链质量提升效应更明显；无论是"一带一路"沿线国家还是非"一带一路"沿线国家，对外直接投资均提升其参与全球价值链质量，但是"一带一路"沿线国家对外直接投资的全球价值链效率提升效应不明显，而全球价值链稳定性提升效应更加明显。

第三，中国整体层面的实证检验发现，中国对外直接投资显著地促进了东道国全球价值链质量的提升，尤其是对东道国全球价值链效率、全球价值链稳定性的提升；中国对外直接投资对东道国国内价值链质量的提升效应同样明显；与顺梯度对外直接投资相比，中国逆梯度对外直接投资对东道国全球价值链质量的提升效应更明显；中国对"一带一路"沿线投资提升了东道国全球价值链质量、全球价值链稳定性及国内价值链质量、国内价值链稳定性；中国研究开发型、生产型、资源获取型三种不同类型的对外直接投资均显著地促进了东道国全球价值链质量的提升；中国对外直接投资显著地促进了双边价值链质量、双边价值链稳定性的提升，但对双边价值链效率的促进作用不明显；中国逆梯度对外直接投资促进了双边价值链质量、双边价值链稳定性的提升，中国对"一带一路"沿线投资促进了双边价值链质量的提升；中国对外直接投资对东道国全球价值链质量、双边价值链质量均具有正向空间外溢效应。

第四，中国制造业层面的实证检验发现，中国制造业对外直接投资显著地提升了国内价值链质量，对分指标国内价值链效率、国内价值链稳定性的促进作用同样明显，即中国制造业对外直接投资具有显著的"强链"和"固链"效应；中国制造业对外直接投资的国内价值链质量提升效应主要通过技术创新和制造业服务化两条途径实现，技术创新主要带来的是制造业产业内升级，制造业服务化主要带来的是高端服务要素投入增加，从而提升国内价值链质量；不同类型的对外直接投资对国内价值链质量的提升效应不同，投资到发达国家的逆梯度对外直接投资、中低技术行业对外直接投资、投资主体为国有企业的对外直接投资、水平型对外直接投资的国内价值链质量提升效应更加明显。

本书的主要贡献是拓展全球价值链质量的内涵并构建完善的指标从效率/稳定性、国内/全球等多维度测算全球价值链质量，在此基础上，从理论和实证两个方面深入分析对外直接投资对全球价值链质量的影响，特别是系统、全面地考察国别层面、中国整体层面、中国制造业层面影响的异质性和空间溢出效应。这具体体现在以下三个方面。

第一，研究视角新。从全球价值链质量这一新视角研究对外直接投资的经济效应，是对对外直接投资与全球价值链关系研究的新拓展。从安全稳定性的视角拓展了价值链质量的内涵，价值链质量的提升不仅考虑分工效率更要考虑价值链稳定性，这也是本书的创新点之一。

第二，研究方法新。关于价值链稳定性的测算，本书从全球价值链获利角度构建量化指标，以参与全球价值链国家间的生产关联度为权重加总中间品提供国增加值率波动性的负向指标，用来衡量该国参与全球价值链的稳定性。此外，本书基于全球价值链质量的概念及测算方法，衍生出国内价值链质量、双边价值链质量的测算方法，弥补了已有研究的不足。

第三，研究内容新。在理论机制方面，本书深入地剖析了商贸服务型、垂直生产型、水平生产型、研究开发型、资源寻求型五种不同类型的对外直接投资对母国全球价值链质量的影响机制，并在此基础上分别从对外直接投资影响价值链效率、稳定性两个方面建立数理模型进行验证。在实证检验方面，本书不仅检验了中国对外直接投资影响全球价值链质量的直接效应，而且建立空间杜宾面板模型检验了对外直接投资影响东道国全球价值链质量的空间溢出效应。

从全球范围看，发展中国家长期被动地参与发达国家主导的全球价值链，处于价值链低端位置，价值链攀升一直是发展中国家的主要目标，然而在全球价值链面临重构及不确定不稳定的世界经济背景下，价值链质量应该被"看见"。无论对于发达国家还是发展中国家，对外直接投资可显著地提升母国参与全球价值链质量和国内价值链质量，该结论为经济全球化背景下世界各国积极参与全球价值链以稳定获利提供了动力支持。逆全球化是暂时的，高质量对外开放是永恒的。从中国角度来看，主动培育高质量的全球价值链、国内价值链，通过高质量的对外直接投资提升参与全球价值链质量是实现高水平对外开放、推动构建双循环发展格局的重要途径。在世界百年未有之大变局的背景下，高质量地参与全球价值链、统筹价值链的安全与效率是时代赋予的挑战，更是机遇。

本书在本人博士学位论文的基础上形成，并结合国家社会科学基金青年项目（编号：23CJY019）进行了最大限度的更新与完善，在此衷心感谢方慧教授、乔翠霞教授两位导师的悉心指导。此外，衷心感谢高敬峰教授、王彬博士对部分观点的指正。最后，衷心感谢中国社会科学出版社的工作人员对本书出版付出的辛勤努力。

因水平有限，书中难免存在不当之处，恳请专家学者等批评指正，以便不断改进。

宋玉洁

2024 年 6 月

目　录

第一章　绪论 ... 1
- 第一节　研究背景和意义 ... 1
- 第二节　相关概念界定 ... 6
- 第三节　研究思路与方法 ... 9
- 第四节　研究内容与研究框架 ... 11
- 第五节　研究创新 ... 14

第二章　文献综述 ... 16
- 第一节　全球价值链的测算研究 ... 16
- 第二节　全球价值链的影响因素研究 ... 22
- 第三节　对外直接投资的经济效应研究 ... 28
- 第四节　对外直接投资对全球价值链的影响研究 ... 33
- 第五节　总体评价 ... 35

第三章　理论机制分析 ... 37
- 第一节　对外直接投资影响全球价值链质量的理论基础 ... 37
- 第二节　对外直接投资影响全球价值链质量的机制分析 ... 40
- 第三节　对外直接投资促进全球价值链质量的理论模型 ... 48
- 第四节　本章小结 ... 55

第四章　对外直接投资与全球价值链质量的典型事实 ... 56
- 第一节　对外直接投资的发展现状 ... 56
- 第二节　全球价值链质量的测算方法与结果分析 ... 63
- 第三节　本章小结 ... 87

第五章 对外直接投资对母国全球价值链质量影响的实证检验 ·········· 89

第一节 模型设定 ·· 89
第二节 变量说明与数据来源 ·· 90
第三节 数据初步分析 ··· 91
第四节 对外直接投资影响母国全球价值链质量的实证结果与
       分析 ·· 93
第五节 本章小结 ··· 117

第六章 中国对外直接投资对全球价值链质量影响的实证检验 ·········· 118

第一节 中国对外直接投资影响东道国参与全球价值链质量的
       实证检验 ··· 118
第二节 中国对外直接投资影响双边价值链质量的实证检验 ······ 137
第三节 本章小结 ··· 148

第七章 中国制造业对外直接投资对国内价值链质量影响的
        实证检验 ··· 150

第一节 行业层面国内价值链质量的测算 ·································· 152
第二节 作用机理 ··· 156
第三节 模型设定与数据来源 ·· 159
第四节 中国制造业对外直接投资影响国内价值链质量的实证
       结果与分析 ··· 163
第五节 本章小结 ··· 178

第八章 结论、对策建议与研究展望 ·· 179

第一节 主要结论 ··· 179
第二节 对策建议 ··· 182
第三节 研究展望 ··· 188

附　录 ·· 190

参考文献 ·· 193

第一章 绪论

第一节 研究背景和意义

一 研究背景

（一）全球经济不确定性背景下全球价值链的安全取代效率成为关注焦点

全球价值链是 21 世纪产品制造和国际贸易的主要方式，过去几十年世界经济的增长依赖于全球价值链的发展。世界各国在全球价值链中的参与度已经超过 50%（United Nations，2015），全球价值链的兴起和发展为世界各国经济增长贡献了重要力量。2018 年世界近一半的出口是依托全球价值链实现的，对世界 GDP 的贡献达到了 12.1%（Xing, Gentile and Dollar，2021）。2019 年超过 2/3 的世界贸易是通过全球价值链跨境生产、组装完成的（WTO，2019）。过去几十年来，由不同国家共同完成的垂直专业化生产过程成为全球经济的重要特征。然而，经过几十年的快速发展，全球价值链出现了发展缓慢的迹象（World Bank，2020）。尤其是近年来，世界经济的不确定性明显增加，逆全球化加剧、外部冲击（如新冠疫情等）、地缘政治风险（如乌克兰危机）等不确定性因素充分暴露了全球价值链的脆弱性，使全球价值链的发展面临多重挑战。第一，逆全球化问题日益加重。以美国、日本为主的发达国家出于保护本国就业、促进经济增长等目的出台了"制造业回流"战略，通过拨付专项资金的形式鼓励本国跨国企业回迁本土，增加了国际贸易和国际投资的不确定性。第二，外部冲击（如新冠疫情）暴露了全球价值链的脆弱性。疫情在世界范围内蔓延阶段，国际贸易流通受限，全球产业链供需受到较大冲击，很多依赖跨国供应链的企业生产供应甚至中断。第三，地缘政治风险（如乌克兰危机）对全球价值链产生冲击。乌克兰危机导致全球能源供应受损，加剧了国际经贸冲突，跨国公司运营风险增加。

全球经济和贸易政策的不确定性增加了全球价值链风险。各国开始重视供应链、价值链稳定性建设。2020年3月，美国宣布国家进入紧急状态，提出关键产业链需要全部搬回美国以保障产业链的稳定性。2020年5月，李克强同志提出加大"六稳""六保"工作，保障产业链、供应链稳定；同年10月，《国务院办公厅关于推进对外贸易创新发展的实施意见》颁布，其指出"坚定不移扩大对外开放，稳住外贸外资基本盘，稳定产业链供应链"。全球价值链面临的挑战使国际分工体系从以跨国公司主导的效率追求，转向国家供应链的"安全"追求（葛琛等，2020）。

（二）全球价值链稳定性是全球价值链质量评价的重点内容

在逆全球化加剧、外部冲击及地缘政治风险等世界经济不确定性因素的影响下，全球价值链发展进入剧烈调整期，已有的全球价值链相关指标（如全球价值链参与度、全球价值链地位、全球价值链位置等）已经无法完全地衡量参与主体的获利能力。此外，在经济高质量发展的背景下，全球价值链质量的概念应运而生。那么，如何评价全球价值链质量呢？这是一个值得思考的问题。全球价值链质量的评价应该是多维度的，不仅要考虑价值链效率，更要考虑价值链稳定性，后者在不确定性日益加剧的世界经济环境下尤为重要。保障价值链、供应链的安全和稳定，是高质量发展的重要问题（裴长洪，2020）。因此，全球价值链质量的评价指标体系中不能缺少稳定性等安全指标，全球价值链稳定性是全球价值链质量评价的重要内容。

（三）对外直接投资与全球价值链紧密相关

在经济全球化的背景下，海外投资与贸易之间的关系越来越紧密。学术界积累了大量研究对外直接投资（Outward Foreign Direct Investment, OFDI）与进出口贸易关系的文献，主要集中在以下两个方面：其一，对外直接投资对贸易的影响研究；其二，也有部分学者在异质性贸易模型的基础上，研究企业从出口向对外直接投资转变的国际化进程。随着全球网络化生产模式的快速发展，理论界开始展开对全球价值链这种国际分工形式的研究，对外直接投资对国际贸易影响的研究重点由贸易规模向增加值贸易、全球价值链等方面转变。然而，在当前推动经济高质量发展的背景下，尚未有对外直接投资对全球价值链质量影响的相关研究。在这样的理论背景下，本书拓展了对外直接投资的经济效应研究，讨论了对外直接投资对全球价值链质量的影响。本书的研究核心在于对外直接投资是否可以提升全球价值链质量，如何通过对外直接投资的方式提升全球价值链质量。

对外直接投资与全球价值链之间存在紧密联系。跨国公司投资行为受全球价值链选址的影响，而后者取决于全球价值链的环节、任务和活动。有80%的全球价值链贸易是由跨国公司主导的（UNCTAD，2013），跨国公司通过主导供应关系和治理模式协调全球价值链。对外直接投资是构建全球价值链的重要推动力，跨国公司主导的国际投资形成了全球价值链的主动脉，决定了全球价值链的深度和广度（张中元，2017）。何帆（2013）指出，中国对外直接投资模式是价值链扩张型，中国企业从加工组装制造中学习和升级，从而通过对外直接投资的方式向附加值更高的其他环节扩展。卢进勇等（2019）指出，构建中国企业主导的国际生产经营网络是中国国际投资发展的重点。对外直接投资是否能够提升一国参与全球价值链的质量，有待进一步进行理论分析与实证检验。本书从全球价值链质量提升这一新视角，研究对外直接投资对全球价值链质量的影响。

（四）中国全球价值链质量是贸易高质量发展的重要部分

亚洲是全球价值链参与程度最高的地区之一，而中国在全球价值链发展中发挥了重要作用，中国贸易有60%来自全球价值链，中国成为全球增加值的主要来源和全球生产网络的重要节点国家。2008—2009年中国经历了从简单加工组装到更复杂全球价值链活动的重大转变（对外经济贸易大学和联合国工业发展组织，2019）。中国已经深度参与到全球价值链中，同时，中国也受益于"世界工厂"这种新角色带来的快速经济发展。但是，长期以来中国大部分行业陷入全球生产网络的"低端锁定"，中国在全球生产网络中的资源配置能力有限，高附加值获得能力较低。2019年11月，《中共中央　国务院关于推进贸易高质量发展的指导意见》中指出要坚持推动贸易高质量发展，以供给侧结构性改革为主线，推动贸易与双向投资协调发展，促进国际国内要素有序自由流动、资源高效配置、市场深度融合。全球价值链质量是贸易高质量发展的重要组成部分。如何提升中国参与全球价值链质量是当前理论界研究的热点问题。

与此同时,中国已经进入对外直接投资大规模发展阶段,对外直接投资流量金额在2015年首次超过外商直接投资流量金额,对外直接投资和外商直接投资并行发展。自"一带一路"倡议被提出以来,中国对"一带一路"沿线国家或地区的直接投资规模不断攀升,2019年中国对"一带一路"沿线国家或地区的直接投资流量占中国对外直接投资总量的13.7%,2013—2019年中国对沿线国家或地区直接投资总量达1173.1亿美元。中国对外直接投资的东道国在全球范围内分布广泛,截至2019年,中国对外直接投资已经分布在世界188个国家或地区,占全球国家或地区总数的80.7%(中华人民共和国商务部等,2020)。对外直接投资在全球生产分工体系中占据重要地位,通过对外直接投资的方式培育大型跨国企业,鼓励大型跨国企业由被动融入全球供应链、产业链、价值链和创新链到主导构建中国跨国公司主导的区域价值链已经成为对外直接投资的新动机(卢进勇,2015)。中国对外直接投资能否促进全球价值链质量提升?

已有文献主要研究了对外直接投资对全球价值链升级的影响(刘斌等,2015;杨连星、罗玉辉,2017;戴翔、宋婕,2020;余海燕、沈桂龙,2020),尚未有对外直接投资对全球价值链质量影响的研究。全球价值链升级是指全球价值链参与主体在序贯生产链条上的地位、位置等测算指标的提升,但是在当前更加不稳定、不确定的全球经济环境中,全球价值链格局将面临重构,仅考察全球价值链升级是不够的,如何提升参与全球价值链质量是当前考虑的重点问题。全球价值链升级研究的本质是提升全球价值链参与主体增加值的获利能力,本书研究全球价值链质量不仅考虑到全球价值链参与主体增加值的获利能力,而且考虑到全球价值链的稳定性。此外,关于全球价值链地位、位置的测算方法,当前仍然存在一定争议,如处于全球价值链上游位置并不一定获得的增加值最高,如资源开采类行业。因此,无法直接采用地位、位置等已有指标衡量全球价值链质量,需要新的方法进一步衡量。

二 研究意义

本书研究不仅具有重要的理论意义,而且具有较强的现实意义,主要包括以下几点。

（一）理论意义

第一，本书以全球价值链质量提升为切入点，挖掘对外直接投资对全球价值链质量的影响规律，拓展了对外直接投资的经济效应研究，具有重要的理论意义。已有文献的对外直接投资与全球价值链关系研究主要集中在对外直接投资的全球价值链升级效应方面，几乎没有对全球价值链质量影响的研究，本书丰富了对外直接投资与全球价值链关系研究的相关理论。此外，在当前高度不确定、不稳定的全球经济背景下，企业采取稳健保守的对外直接投资政策，可为企业对外直接投资提出新的经济学动机。

第二，本书测算国家和行业层面全球价值链质量，通过对比分析测算结果与实际情况，对全球价值链质量测度方法进行检验，进一步丰富了全球价值链质量测度技术的理论研究，弥补了当前全球价值链测算技术的不足。

第三，本书对对外直接投资对全球价值链质量影响的理论机制进行了深入挖掘与分析，并从全球价值链效率和全球价值链稳定性两个方面分别建立微观理论模型，分析了对外直接投资提升全球价值链质量的可行性，拓展了对外直接投资与全球价值链关系的理论机制研究。

第四，本书实证研究分别从国别层面、中国与东道国层面、中国制造业层面研究对外直接投资对全球价值链质量的影响，采用国家行业层面宏观数据进行研究，从全球价值链和国内价值链两个方面入手分析，最终落脚点是中国制造业。本书把握全球、立足中国国内发展，对分析全球和中国问题都具有重要的理论借鉴意义。

（二）现实意义

第一，测度国家和行业层面全球价值链效率、稳定性和质量数据，有助于清晰、客观了解世界其他国家、中国国内行业层面全球价值链的具体情况；对数据进行时间维度、全球价值链参与主体维度、区域维度等多方面的数据统计与分析，对于把握全球价值链整体发展趋势，指导中国提升参与全球价值链质量具有重要的实践意义。

第二，本书研究的核心主要是对外直接投资对全球价值链质量产生怎样的影响，通过什么样的途径影响，通过找到这些问题的答案，为相关决策提供理论依据，对于指导中国如何通过对外直接投资促进国内及全球价值链质量、推动中国贸易高质量发展具有重要的现实意义。

第三，本书研究为政府制定企业"走出去"的相关政策提供理论支撑。本书研究有助于回答是否应该促进嵌入全球价值链的企业进一步采取对外直接投资的形式进行对外开放，哪种类型的对外直接投资或哪些行业对外直接投资更有助于提升全球价值链质量，对这些问题的回答为政府制定中国对外直接投资政策提供了决策基础。

第四，本书通过研究对外直接投资与全球价值链质量的关系，探究参与全球价值链质量的影响因素，落脚点是如何促进参与全球价值链质量的提升、推进中国贸易的高质量发展。在当前不确定、不稳定的全球经济背景下，本书研究对于提高全球价值链效率和稳定性具有重要的现实意义，同时通过对外直接投资推动国内国际双循环新发展格局建设具有重要的实践意义。

第二节　相关概念界定

一　对外直接投资

对外直接投资主要是指一国向本国以外的国家或地区输出资本，在国外经营、生产以获取企业利润的经营活动。本书研究的对外直接投资主要包括国别层面世界 61 个国家或地区对外直接投资、中国对不同东道国具体对外直接投资、中国制造业细分行业层面对外直接投资三方面内容。在对外直接投资对全球价值链质量影响机制分析中，本书将中国对外直接投资按照投资动机不同，分为商贸服务型对外直接投资、垂直生产型对外直接投资、水平生产型对外直接投资、研究开发型对外直接投资、资源寻求型对外直接投资五类（徐国祥、张正，2020）；其中，垂直生产型对外直接投资和水平生产型对外直接投资是对生产型对外直接投资按照国际分工布局不同的进一步细分，前者主要指最终产品的部分生产环节布局到东道国进行生产，涉及投资母国与东道国间的中间品贸易，而后者指最终产品的所有生产环节全部布局到东道国生产，不涉及投资母国与东道国间的中间品贸易（Antras and Yeaple，2013）。此外，本书按照投资东道国的经济发展程度，将中国对外直接投资分为逆梯度对外直接投资和顺梯度对外直接投资两种，其中，逆梯度对外直接投资是指中国对发达经济体的直接投资，顺梯度对外直接投资是指中国对发展中经济体或转型经济体的直接投资（李童和皮建才，2019）。

二 全球价值链、国内价值链与双边价值链

价值链最早是由 Porter（1985）在企业内部管理中提出来的，而后将价值链的概念拓展到企业间，提出价值链系统的概念。随着经济全球化发展，全球商品链的概念被提出，核心思想是产品生产过程被分解为不同阶段（Gereffi and Korzeniewicz，1994）。全球商品链是全球价值链的雏形，Gereffi 将商品链拓展到服务行业，给出全球价值链的最早定义：产品从研发设计到最终消费的全球网络化生产过程（Gereffi，2001a，2001b）。在全球价值链条上，产品生产需要经历初始要素投入、中间品的加工和制造直到作为最终品被消费。本书研究的全球价值链主要是从生产要素投入角度进行分析，聚焦于中间品在价值链参与主体间的流转。根据是否涉及中间品的国际贸易，Wang 等（2017a）将全球价值链拆分为国内价值链和狭义的全球价值链两部分，其中国内价值链不涉及中间品的国际贸易，而狭义的全球价值链涉及中间品的国际贸易。本书中的全球价值链是指广义的全球价值链，包括国内价值链、狭义的全球价值链两部分。此外，本书在中国对外直接投资对全球价值链质量影响的实证研究中，还考察了中国与东道国的双边价值链情况，这里的双边价值链是指中国与东道国两个国家间形成的跨国生产关联。

三 全球价值链质量、全球价值链效率与全球价值链稳定性

全球价值链质量是指参与全球价值链的各个国家中间品在全球供应链中的高效率、高稳定性流转而形成高质量国际生产分享过程的总称。本书研究的全球价值链质量是供应链产品质量管理在宏观跨国、跨行业层面的拓展。基于供应链管理理论，供应链产品质量不仅取决于企业内部生产产品质量，而且取决于企业间的供应关系（Soares et al.，2017），以此类推到跨国供应链质量管理中，全球价值链质量由国家内部的中间品质量和国家间的生产关联密切度共同决定（高敬峰、王彬，2019）。在当前逆全球化加剧、全球经济下行的背景下，本书拓展了全球价值链质量的内容，在已有主要考虑效率的全球价值链质量

研究的基础上，增加了价值链安全和稳定性内容。全球价值链质量的新内涵是充分考虑价值链效率和价值链稳定性的质量，本书构建的全球价值链质量测算指标主要包括全球价值链效率和全球价值链稳定性两部分内容。

基于已有产业链效率①、供应链效率②的相关定义和研究，本书认为全球价值链效率实际上是产业链、供应链效率在国际分工中的体现，具体指参与全球价值链的各个国家中间品在全球供应链中高效率流转，是全球供应链整体运行效率。具体测算采用以生产密切度为权重加总价值链各个参与主体生产效率的值衡量。当前关于全球价值链效率的研究较少，葛琛等（2020）指出跨国公司应该充分发挥其在全球价值链效率和全球价值链安全中的作用，黄群慧和倪红福（2020）指出要在产业链安全和产业链效率之间寻求平衡，但是这两篇文章都没有对全球价值链效率给出具体定义。有学者对产业链效率进行了界定，产业链效率是指将产业链作为一个整体进行衡量的效率，产业链效率的衡量应考虑两个问题：中间品生产市场效率的衡量、不同市场效率的加总（郁义鸿，2005）。全球价值链实际上就是开放经济中跨国产业链实现价值增值的链条。基于李嘉图的比较优势理论和赫克歇尔—俄林模型的要素禀赋理论，生产工序被细化分散到不同国家或地区，参与全球价值链的各个国家协调分工，充分利用当地要素禀赋或技术优势进行垂直专业化生产。国家参与生产分工的不同，主要是国家间的禀赋差异决定了各国的比较优势，从而决定了分工结构和国际贸易格局（杨翠红等，2020）。全球价值链这种国际生产分工体系的良好运作，不仅需要参与全球价值链的国家具有优越的要素禀赋，而且需要参与全球价值链国家间的紧密协作。因此，本书对全球价值链效率的衡量主要包括两个方面：第一，参与全球价值链主体中间品的生产效率；第二，参与全球价值链主体间的生产密切度。

全球价值链稳定性，通常是指全球价值链参与主体协调安全生产、

---

① 郁义鸿（2005）认为，产业链效率是指将产业链作为一个整体进行衡量的效率，产业链效率的衡量主要包括两个方面：中间品生产市场效率的衡量、不同市场效率的加总。

② 段文奇和景光正（2021）从微观的角度指出，提高供应链参与主体企业在各个环节的效率，可以保证产业链、供应链的高效率。

供给，不易出现断链。基于 Ip 等（2011）[①] 对供应链稳定性的相关研究，本书从全球价值链获利能力的角度进行定义，主要指全球价值链参与主体增加值获利的稳定性，即参与全球价值链的各个国家的中间品在全球供应链中高稳定性流转。当前已有研究主要是从全球供应链的角度进行分析，指出扁平化和多元化是全球供应链安全的主要发展方向（对外经济贸易大学全球价值链研究院，2020），其中扁平化主要是指全球价值链越短越稳定，多元化主要是指全球价值链备链越多越稳定。然而，当前尚无成熟指标量化全球价值链稳定性。从供应链管理角度来看，全球价值链承载的是参与企业供应、生产、销售的增值供应过程。供应链稳定性与企业资源配置密切相关，企业资源配置越高，整体供应链越稳定（肖玉明、汪贤裕，2008）；供应链绩效最大化和供应链具备可持续发展能力，会使供应链稳定（Ip et al.，2011）。可见，供应链参与主体的获利能力也是衡量供应链稳定性的重要指标。本书从全球价值链获利能力和全球供应链管理相结合的角度构建全球价值链稳定性衡量指标，采用以生产密切度为权重加总全球价值链各参与主体增加值稳定性的值进行衡量。全球价值链参与主体增加值获利波动越小，全球价值链稳定性越高。全球价值链稳定性的衡量指标主要包括两个方面：第一，参与全球价值链主体增加值稳定性；第二，参与全球价值链主体间的生产密切度。

第三节　研究思路与方法

一　研究思路

中国已经从单纯追求经济规模发展阶段进入高质量经济发展阶段，并在 2019 年 11 月提出贸易高质量发展。全球价值链是当前主要的国际分工形式，全球价值链的高质量发展问题值得关注。已有研究主要集中在对外直接投资对全球价值链质量升级的影响方面，尚未有研究对外直接投资对全球价值链质量影响的文献。本书首先系统总结和回顾对外直接投资与全球价值链质量的相关理论和研究成果，从已有研究中发现不足

[①] Ip 等（2011）认为，供应链绩效最大化和具备可持续发展能力使供应链稳定。

和研究的空白，然后在已有基础上进行拓展，探寻新的研究思路与方法。本书在梳理已有文献的基础上，确定研究主要目标——对外直接投资如何影响全球价值链质量；总结对外直接投资影响全球价值链质量的理论基础，梳理并分析对外直接投资对全球价值链质量影响的机制，构建理论模型分析影响的可行性；在构建指标测算全球价值链效率、稳定性和质量数据的基础上，分析对外直接投资与全球价值链质量的典型事实；然后建立实证模型并选择合适的方法进行实证检验，分别从国别层面、中国整体层面、中国制造业层面检验对外直接投资对全球价值链质量的影响，并进行稳健性和异质性检验；最后，对全书理论分析和实证检验的结论进行总结，根据相应的结论提出针对性对策建议。

二　研究方法

本书在研究过程中主要采用以下几种方法。

第一，文献分析法。通过阅读、分析与本书相关的文献，把握相关研究的现状及动态。本书收集大量的国内外文献资料，通过梳理与总结当前全球价值链测算技术、对外直接投资的经济效应等方面的文献资料，基于已有的理论基础和实证检验，构建本书的研究框架及核心内容。

第二，数学推导与归纳演绎法。本书采用数学推导来详细分析对外直接投资的逆向技术溢出提升母国全球价值链质量的可行性、对外直接投资的地理多元化提升母国全球价值链质量的可行性。对外直接投资影响全球价值链质量的总体机制因为涉及多条路径，无法用数学推导的方式进行分析，所以本书采用归纳演绎法进行系统分析，同时还分析了不同类型对外直接投资影响全球价值链质量的路径机理。

第三，投入产出法。投入产出法是研究经济体系各个部分之间投入与产出之间关系的一种数量分析方法，通过将部门的投入与产出纳入投入产出表构建数学模型，计算消耗系数。投入产出法是本书全球价值链质量测算的基础方法。由于世界投入产出表的具体体现形式是大型矩阵，为提高计算效率，本书采用Julia高性能编程语言作为投出产出法的具体计算工具。

第四，统计与计量分析法。本书研究统计分析了对外直接投资发展现状，并从参与主体、区域维度及时间维度分别对全球价值链质量的数据进行统计分析，总结其中的发展规律。此外，本书采用多种计量模型实证分析了对外直接投资对全球价值链质量的影响情况，具体实证方法包括面板回归固定效应、面板分位数回归、两阶段最小二乘法（IV-2SLS）、空间杜宾模型（SDM）等。本书还建立动态面板模型，将被解释变量的滞后一期作为解释变量放入回归模型，具体方法包括系统 GMM 和差分 GMM 两种。此外，本书还采用中介效应模型的方法，实证检验对外直接投资影响全球价值链质量的传导路径。

第四节 研究内容与研究框架

一 研究内容

本书主要研究对外直接投资的全球价值链质量效应。本书首先测度国家和行业层面全球价值链效率、稳定性及质量，然后梳理了对外直接投资对全球价值链质量影响的微观机理，从国别层面、中国与对外直接投资东道国层面及中国制造业行业层面实证检验了对外直接投资对全球价值链质量的影响，最后提出促进全球价值链质量提升的对策建议及中国方案。

本书拟解决的关键问题主要包括以下几个方面。

第一，全球价值链效率、稳定性及质量测度方面，关键在于指标和方法的选择。现有研究主要集中在全球价值链地位、位置、生产长度等方面，全球价值链稳定性及质量的相关测度研究较少。在全球经济不确定性的背景下，不安全、不稳定性已经成为新常态，全球价值链的稳定性研究成为提高全球价值链质量的重要因素。因此，本书在已有研究基础上进一步拓展，将全球价值链稳定性纳入全球价值链质量的测度指标。

第二，理论机制方面，本书分析了对外直接投资对全球价值链质量影响的总体机制，在此基础上分别从对外直接投资对全球价值链效率影响、对外直接投资对全球价值链稳定性影响两个方面建立影响的可行性理论模型，分析对外直接投资对产品质量提升的可行性及对外直接投资对稳定全球价值链的可行性，同时分析了不同类型对外直接投资对全球价值链质量的影响机制。

第三，实证检验方面，本书主要解决的问题是选择合适的实证方法检验对外直接投资与全球价值链质量之间的关系，判断前者对后者是否存在影响关系以及如何影响。实证方法的选择要注意控制数据的内生性。此外，本书的实证检验主要包括以下三个部分：国别层面对外直接投资对母国全球价值链质量的影响、中国对外直接投资对东道国全球价值链质量和双边价值链质量的影响、中国制造业层面对外直接投资对国内价值链质量的影响。

二 研究框架

本书主要包括八章内容，具体如下。

第一章"绪论"，首先介绍研究背景和意义，对对外直接投资、全球价值链、国内价值链、全球价值链质量、全球价值链效率、全球价值链稳定性等相关概念进行界定，然后分析本书的研究思路与方法、研究内容与框架，最后对本书的创新点进行总结。

第二章"文献综述"，本部分主要梳理了全球价值链和对外直接投资的相关研究，其中全球价值链的相关研究主要包括全球价值链测算方法、全球价值链影响因素、全球价值链安全性与稳定性等方面，对外直接投资的相关研究主要包括对外直接投资的经济效应研究、对外直接投资对全球价值链的影响等方面。本书在总结已有研究的基础上，指出已有研究有待改进和拓展的地方，最后形成总体评价。

第三章"理论机制分析"，首先总结梳理了对外直接投资影响全球价值链质量的理论基础，然后分析对外直接投资对全球价值链质量影响的总体机制，详细阐述了五种不同类型对外直接投资影响全球价值链质量的途径和渠道；从全球价值链效率、稳定性两个方面建立理论模型来分析微观层面企业对外直接投资影响全球价值链质量的可行性。

第四章"对外直接投资与全球价值链质量的典型事实"，首先分析对外直接投资的发展现状，主要包括世界国家或地区层面对外直接投资情况、中国对外直接投资情况两部分内容；然后构建包含全球价值链效率和全球价值链稳定性两个分指标的全球价值链质量测算指标体系，采用 Julia 高性能编程语言测算 2009—2019 年全球价值链质量数据（世界 63 个国家或地区全球价值链质量、中国与 61 个东道国或地区双边价值链质量、中国制造业细分行业国内价值链质量），并从时间维度、全球价值链参与主体维度、区域维度等方面进行数据统计与分析。

第五章"对外直接投资对母国全球价值链质量影响的实证检验",在第四章数据测算基础上,采用世界61个国家或地区的对外直接投资存量数据,实证检验了对外直接投资对母国全球价值链质量的影响,并按照经济发展程度、所属不同区域对国家进行分组检验,并采用替换控制变量、替换回归方法等进行稳健性检验,同时,采用中介效应模型对对外直接投资的影响机制进行了实证检验。

第六章"中国对外直接投资对全球价值链质量影响的实证检验",建立实证模型,考察了中国对61个国家或地区对外直接投资对东道国全球价值链质量、双边价值链质量的影响情况,同时采用IV-2SLS、系统GMM等方法对模型潜在的内生性进行稳健性检验,按照顺梯度对外直接投资和逆梯度对外直接投资、东道国是否为"一带一路"沿线国家或地区分组检验,对商贸服务型、垂直生产型、水平生产型、研究开发型、资源获取型五种不同类型对外直接投资的影响情况进行了实证分析,最后,建立空间杜宾面板模型检验了中国对外直接投资影响东道国全球价值链质量、双边价值链质量的空间外溢效应。

第七章"中国制造业对外直接投资对国内价值链质量影响的实证检验",测算了中国制造业细分行业对外直接投资的逆向技术溢出作为中国制造业细分行业对外直接投资的代理变量,建立实证模型分析了中国制造业对外直接投资对国内价值链质量的影响情况,按照行业技术含量高低、行业要素禀赋不同对总体样本进行分组检验,同时检验了垂直生产型和水平生产型两种不同类型对外直接投资对国内价值链质量的影响。

第八章"结论、对策建议与研究展望",系统总结了全书研究的主要内容,在已有结论的基础上,提出提升全球价值链质量的对策建议,并针对中国对外直接投资与全球价值链质量发展现状及检验结论提出促进中国全球价值链质量提升的针对性方案,最后总结了下一步的研究计划。

本书研究框架见图1-1。

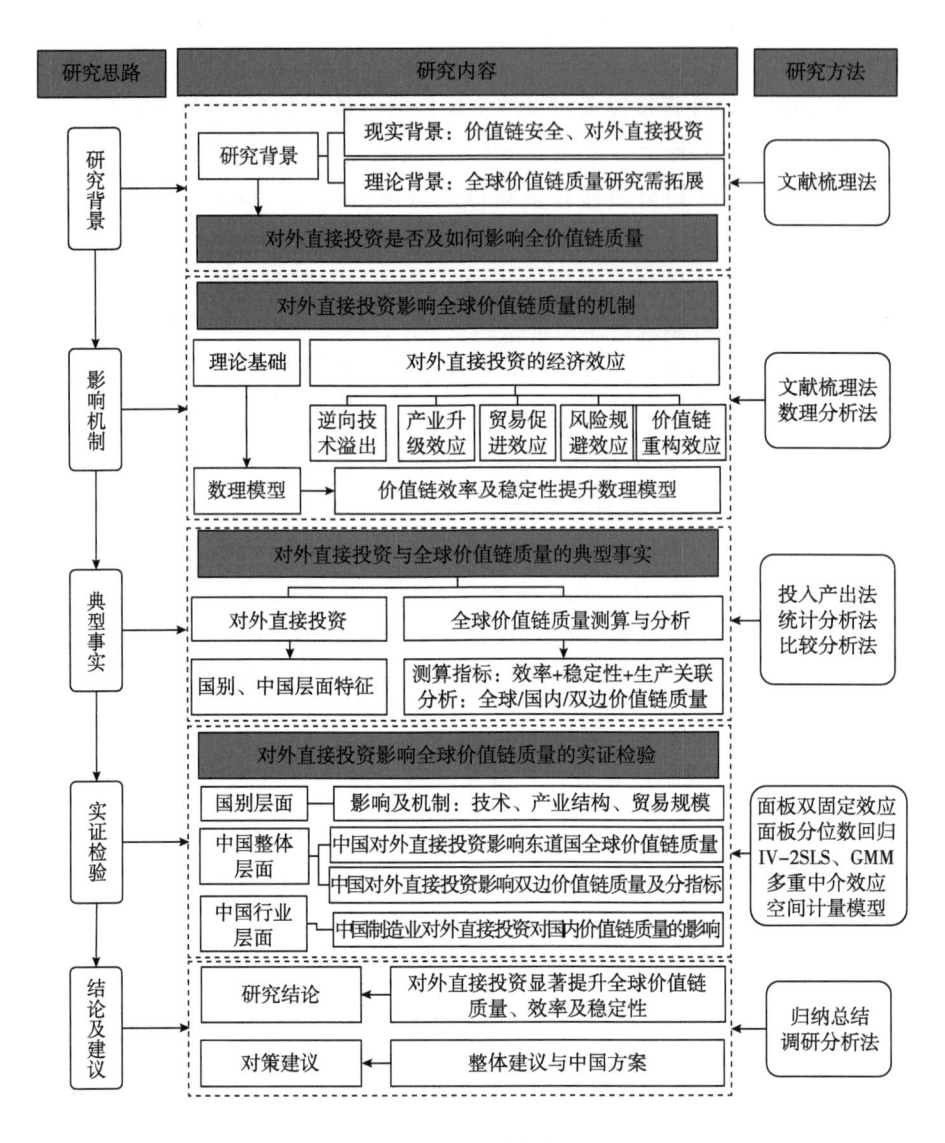

图 1-1 研究框架

第五节 研究创新

本书在研究视角、研究方法、研究内容等方面具有一定的特色和创新之处，具体如下。

第一，研究视角创新。本书从全球价值链质量这一新视角研究对外直接投资的经济效应，是对对外直接投资与全球价值链关系研究的新拓展。已有文献主要研究对外直接投资对全球价值链升级的影响，尚未有研究对外直接投资对全球价值链质量影响的文献。在全球经济不确定性及中国推动贸易高质量发展的背景下，研究对外直接投资对全球价值链质量的影响具有重要的意义。

第二，全球价值链质量测算指标与方法创新。在全球价值链的测算指标方面，已有关于全球价值链的测算主要集中在全球价值链地位、位置、生产长度等方面，但这些指标主要是根据 Koopman 等（2011）的价值链上下游相关概念，无法准确衡量价值链的质量问题。仅有少数几篇文章研究全球价值链质量，但是这些文章尚未考虑全球价值链稳定性。本书结合当前国际贸易发展情况拓展了全球价值链质量的内涵，将全球价值链稳定性纳入全球价值链质量的测算指标，从全球价值链获利角度衡量全球价值链的稳定性。在测算工具方面，本书采用 Julia 高性能动态编程设计语言进行大型矩阵运算，得到全球价值链质量、全球价值链效率、全球价值链稳定性等数据。

第三，研究内容创新。在理论机制方面，本书分别从总体和不同类型对外直接投资的角度分析了对外直接投资对全球价值链质量的影响，并从效率和稳定性两个方面建立理论模型分析影响的可行性。在实证检验方面，从国别层面、中国对外直接投资层面、中国制造业对外直接投资层面三个方面系统、全面实证检验了对外直接投资对全球价值链质量的影响，并进行了稳健性、异质性检验及机制检验；此外，在中国对外直接投资对全球价值链质量影响方面，本书不仅检验了中国对外直接投资影响全球价值链质量的直接效应，而且建立了空间杜宾面板模型来检验对外直接投资影响全球价值链质量的空间溢出效应。

第二章　文献综述

在逆全球化加剧、外部冲击、地缘政治风险等因素影响下，世界经济的不稳定和不确定性增加，全球价值链质量和稳定性成为国际贸易高质量发展的关键问题。本书聚焦于研究对外直接投资对全球价值链质量的影响，以全球价值链、对外直接投资为主关键词，从全球价值链的测算研究、全球价值链的影响因素研究、对外直接投资的经济效应研究、对外直接投资对全球价值链的影响研究四个方面梳理总结已有研究情况，最后进行总体评价。

第一节　全球价值链的测算研究

一　全球价值链参与度测算

（一）全球价值链参与度测算基础

随着中间品贸易及垂直专业化全球组织生产模式的规模化发展，全球价值链测算技术开始形成并逐渐成为国际贸易领域的研究热点。全球价值链测算技术研究最早开始于2000年左右，Hummels等（2001）最早提出垂直专业化的概念，奠定了全球价值链测算的基础。

国家层面和行业层面全球价值链的测度主要基于投入产出表。投入产出表按照对进口商品的处理方法可以划分为非竞争性投入产出表和竞争性投入产出表两种。在全球价值链测算的早期，学者主要采用非竞争性的单国投入产出表进行计算，如Hummels等（2001）、Koopman等（2008）、Fally（2012）、Antras等（2012）等。非竞争性的单国投入产出表只包含一个国家的投入产出关系，无法衡量国家间的产业关联。随着投入产出技术的不断发展，竞争性投入产出表（世界投入产出表）成为学者研究全球价值链的主要测算基础，其不仅包括单个国家内部的产业关联，而且包括多国多部门之间的产业关联。

全球价值链参与度测算基础主要包括增加值出口和出口增加值两个方面。

（1）增加值出口是从最终消费品角度考虑一国生产的最终消费品中包含的增加值有多少被其他国家吸收（Johnson and Noguera，2012）。从增加值出口角度对全球价值链进行测算，主要是对增加值贸易矩阵 $\hat{V}B\hat{Y}$ 的计算。$\hat{V}B\hat{Y}$ 矩阵表示世界各国各部门间增加值的流向，即某国某部门最终产品的增加值来自哪些国家或又被哪些国家吸收。部分学者采用增加值出口率（增加值出口/传统总出口）衡量国家参与全球价值链的程度，增加值出口率越小，表明一国参与全球价值链的程度越深（倪红福，2018）。

（2）出口增加值是指出口中的增加值，出口增加值分解主要指对出口中增加值的国内来源和国外来源进行分解。垂直专业化的测算是出口增加值分解研究框架的基础（Hummels et al.，2001；Johnson and Noguera，2012）。近年来，在已有研究的基础上，在出口增加值分解方面涌现了大量文献，比较经典的研究有 Koopman 等（2010）、WWZ（2013）、KWW（2014）、张亚斌等（2015）等。Koopman 等（2010）将总出口根据出口目的地的不同划分为五部分，首先将总出口分为国内增加值和国外增加值；国内增加值又分为最终消费品出口中直接被进口国吸收的国内增加值、中间品出口中直接被进口国吸收的国内增加值、中间品出口中被进口国作为要素生产产品后又出口到第三国且被第三国吸收的国内增加值、中间品出口中被进口国作为要素生产产品后又出口到本国且被本国吸收的国内增加值；国外增加值主要指其总出口中的来自国外生产要素包含的增加值。KWW（2014）[①] 在 Koopman 等（2010）的基础上，将总出口的增加值划分为最终品出口中的国内增加值、被直接进口国吸收的中间品出口的国内增加值、被直接进口国生产向第三国出口所吸收的中间品出口的国内增加值、中间品出口后又作为最终品进口的国内增加值、中间品出口后又作为中间品进口的国内增加值、国内生产的中间品出口重复计算的国内增加值、最终品出口中的国外增加值、中间品出口中的国外增加值、国外生产的中间品出口重复计算的国外增加值9项。

[①] 该文章的内容于 2012 年以 NBER 论文的形式首次发表，编号为 18579。

WWZ（2013）将方法进一步拓展，根据吸收的最终目的地，将双边部门层面出口增加值分解为16项。至此，基于全球价值链的总出口分解达到比较完善的阶段（倪红福，2018）。此外，张亚斌等（2015）还从出口对GDP贡献的角度将国家行业层面的出口分解为9项。

（二）常用全球价值链参与度测算方法

宏观国家和行业层面全球价值链参与度测算，比较常用的方法有两种。Koopman等（2010）在总出口五项分解的基础上，提出了全球价值链参与度测算方法，具体计算公式如下：

$$GVC\_Particapation = \frac{IV_i^r}{E_i^r} + \frac{FV_i^r}{E_i^r} \tag{2-1}$$

式中，$GVC\_Particapation$ 表示全球价值链的参与度，E_i^r 表示 r 国 i 部门的总出口，IV_i^r 表示 r 国 i 部门中间品出口中被进口国作为要素生产产品后又出口到第三国且被第三国吸收的国内增加值（间接增加值出口），FV_i^r 表示 r 国 i 部门总出口中来自国外的增加值。全球价值链参与度一般与全球价值链位置一起应用。由于方法简便易算，且具有较高可信度，国内众多文献采用这两种方法一起衡量国家部门层面参与全球价值链的程度。

该方法是在出口增加值分解的基础上计算全球价值链参与度，而Wang等（2017a）从增加值出口的角度进行计算，其主要是对增加值贸易矩阵 $\hat{V}B\hat{Y}$ 进行拆分，从前向联系和后向联系①两个方面测算全球价值链的参与度。Wang等（2017a）将总生产活动分解为纯国内、传统国际贸易、简单价值链、复杂价值链共四部分，其中，简单价值链是指增加值仅跨越一次国境的生产活动，复杂价值链是指增加值有两次或两次以上跨越国境的生产活动。其对总生产活动的分解，实际上就是对增加值贸易矩阵 $\hat{V}B\hat{Y}$ 的分解，具体分解公式如下：

$$\hat{V}B\hat{Y} = \hat{V}L\hat{Y}^D + \hat{V}L\hat{Y}^F + \hat{V}LA^F L\hat{Y}^D + \hat{V}LA^F(B\hat{Y} - L\hat{Y}^D) \tag{2-2}$$

公式右侧第一项表示国内生产和消费的增加值，第二项表示最终消费品出口的增加值，第三项表示简单全球价值链活动中中间品进出口的增加值，第四项表示复杂全球价值链活动中中间品进出口的增加值。

Wang等（2017a）在生产活动分解的基础上提出了测算全球价值链

---

① 前向联系是指到最终需求的距离，后向联系是指到产品初始要素投入的距离。

参与度的前向参与度和后向参与度两个指标，具体计算公式如下：

$$Pt\_f = \frac{\hat{V}LA^F L\hat{Y}^D}{\hat{V}BY} + \frac{\hat{V}LA^F (B\hat{Y} - L\hat{Y}^D)}{\hat{V}BY} \quad (2-3)$$

$$Pt\_b = \frac{VLA^F L\hat{Y}^D}{VB\hat{Y}} + \frac{VLA^F (B\hat{Y} - L\hat{Y}^D)}{VB\hat{Y}} \quad (2-4)$$

其中，$\hat{V}BY$ 是由增加值贸易矩阵 $\hat{V}B\hat{Y}$ 行向相加得到的，$VB\hat{Y}$ 是由增加值贸易矩阵 $\hat{V}B\hat{Y}$ 列向相加得到的。该方法的优点在于可以对全球价值链活动进行拆分，可以观测到纯国内、传统国际贸易、简单价值链、复杂价值链的参与情况，数据计算更为翔实。国内部分学者基于该方法，将中国区域间投入产出表嵌入纯国内部分进行计算。

微观企业层面，国外学者 Upward 等（2013）、Kee 和 Tang（2016）等采用出口国外增加值比率来衡量企业参与全球价值链的程度，其中 Kee 和 Tang（2016）利用宏观全球投入产出模型数据测算微观行为，体现了宏观测度和微观测度的融合，是微观测度方面比较经典的参考文献。国内相关研究包括张杰等（2013）、吕越等（2015）、李磊等（2017）等。张杰等（2013）在 Upward 等（2013）的测算方法基础上，采用中国工业企业数据库和中国海关贸易数据库从微观角度测算了 2000—2006 年企业出口的国内附加值率。盛斌和陈帅（2017）、李磊等（2017）借鉴 Upward 等（2013）、Kee 和 Tang（2015）、张杰等（2013）的方法，采用微观企业层面的数据，运用国内增加值比率来衡量企业参与全球价值链的程度。

二　其他全球价值链指标测算

出口增加值分解模型的研究已经比较成熟，最新关于全球价值链衡量指标的测算主要集中在全球价值链生产长度、位置等方面。

（一）全球价值链的生产长度测算

在宏观国家和行业层面，Distezenbacher 等（2005）、Inomata（2008）、Escaith 和 Inamata（2013）从平均传递步长（APL）的角度衡量生产网络中产业部门之间的距离或复杂度，而 Fally（2012）、Antràs 等（2012）分别从生产到最终需求的距离、产品部门到所有最终需求端的距离定义了上游度（Upstream），采用单国投入产出表测算了生产阶段数以测度全球价值链位置指数。此外，倪红福（2016）定义的广义增加值平均传递步长、Wang 等（2017a）提出的平均生产长度也进一步丰富了全球价值链测度的理论与方法。

在微观企业层面，袁媛和綦建红（2019）主要将生产链长度作为企业嵌入全球价值链的衡量指标，采用 Wang 等（2017a，2017b）的方法及 Ju 和 Yu（2015）的思路测算中国制造业企业 2004—2013 年的生产链长度，并分解为纯国内、传统贸易和中间品贸易（简单 GVC 和复杂 GVC）三类；在数据库方面，其除了采用中国工业企业数据库、中国海关数据库、WIOD 世界投入产出表，还采用了对外经济贸易大学全球价值链研究院的 UIBE GVC Index 数据库。

（二）全球价值链的位置测算

宏观国家或行业全球价值链的位置测算方面，比较常用的有 Koopman 等（2010）、Wang 等（2017b）两种方法。

Koopman 等（2010）在总出口五项分解的基础上，提出全球价值链位置的衡量方法，具体计算公式如下：

$$GVC\_Position = \ln\left(1 + \frac{IV_i^r}{E_i^r}\right) - \ln\left(1 + \frac{FV_i^r}{E_i^r}\right) \tag{2-5}$$

式中，$GVC\_Position$ 表示全球价值链位置，E_i^r 表示 r 国 i 部门的总出口，IV_i^r 表示 r 国 i 部门中间品出口中被进口国作为要素生产产品后又出口到第三国且被第三国吸收的国内增加值（间接增加值出口），FV_i^r 表示 r 国 i 部门总出口中来自国外的增加值。Koopman 等（2010）的方法是测算全球价值链位置和全球价值链参与度的经典方法之一，在全球价值链的相关研究中具有重要地位，国内很多关于全球价值链测算应用的相关研究都采用了这一方法，如刘斌等（2015）、李超和张诚（2017）、戴翔等（2018）、姚战琪和夏杰长（2018）、李俊久和蔡琬琳（2018）、郑丹青（2019）、戴翔和宋婕（2020）等。

Wang 等（2017b）在 WWZ（2013）总出口分解框架基础上计算平均生产长度，并拆分为纯国内生产长度、传统贸易生产长度、GVC 生产长度三部分，同时构建了基于前向联系的生产长度和基于后向联系的生产长度，并采用两者比值衡量国家的全球价值链位置，具体计算公式如下：

$$GVC\_Position = \frac{plv\_GVC}{ply\_GVC} \tag{2-6}$$

其中，plv_GVC 表示基于前向联系的生产长度，ply_GVC 表示基于后向联系的生产长度。由于该方法较为复杂，目前相关应用研究还较少。此外，王振国等（2019）参考 Miller 和 Temurshoev（2017）、Antràs 和

Chor（2018）计算产出上游度指数的方法，测算了中国行业层面的全球价值链位置。

在企业嵌入全球价值链位置方面，国外学者 Antràs 等（2012）、Chor 等（2014）、Ju 和 Yu（2015）测度了企业的全球价值链位置。国内研究主要是以应用为主，部分学者在国外学者研究的基础上进行了扩展，如唐宜红和张鹏杨（2018）基于 Chor 等（2014）的方法拓展得到异质企业特征下全球价值链位置的测度方法，测度了 2000—2008 年企业全球价值链位置；肖宇等（2019）测算企业在全球价值链的位置，并将其作为企业是否具有国际竞争力的重要参考；陈琳等（2019）综合 Antràs 等（2012）及 Chor 等（2014）计算上游度指数的方法测算了中国企业在全球生产链的嵌入位置。通过分析以上文献可以看出，企业在全球价值链的位置测算，本质上是在行业部门全球价值链的位置测算基础上，根据企业所占行业的权重进行加总计算得到的，采用的数据库包括中国工业企业数据库（CIFD）、中国海关数据库（CCTS）及全球投入产出表（WIOT）。

综上所述，关于全球价值链的测算研究，根据研究主体的不同，分为宏观国家行业层面测算、微观企业层面两大类。其中，微观企业层面的全球价值链位置测算研究正处于发展阶段，很多学者进行了相应的测算探索，但是由于测算的复杂性，理论界对已有测算技术态度不一。宏观国家行业层面的全球价值链测算方法已经比较成熟，尤其是出口增加值的分解方面，有 Koopman 等（2010）、WWZ（2013）、KWW（2014）等发表在国际顶级经济学期刊 *AER* 或以工作论文形式发表在权威经济学研究机构 NBER 的经典文章。上述测算方法在国际经贸领域得到一致认可与广泛引用，但是尚未有关于全球价值链效率、全球价值链稳定性等能够对贸易发展提供实际应用价值的测算方法。

三　嵌入国家区域的全球价值链测算

国家—行业层面全球价值链测度数据主要基于世界多国的投入产出表，只能考察多国家多部门间的生产关联，但是无法对国家内部各行政区域参与全球价值链进行详细分析。随着全球价值链测算技术的成熟，部分研究开始考虑将国家区域投入产出表嵌入世界投入产出表，将一国内部各行政区域的投入产出情况与世界投入产出表对接，从而研究国家内部各行政区域参与全球价值链的情况。国内部分学者进行了相关研究，如倪红福和夏杰长（2016）构建了嵌入中国区域的全球投入产出表，并拓展了增加值出口和总出口增加值分解方法，对1997年、2002年和2007年中国各区域在全球价值链中的作用及变化进行了实证分析。黎峰（2016）认为，国内价值链是指一个国家或地区内部开展的区域间分工体系，不涉及跨境生产要素流动，构建了国内价值链广度、深度及匹配度等指标。黎峰（2020）将中国区域间投入产出表和世界投入产出表相结合构建了中国省级区域双重价值链，测度了中国省级区域双重价值链嵌入度和位置数据，并从市场整合效应、技术进步效应及企业成长效应三条途径检验国内价值链分工对中国制造业全球价值链升级的促进效应。高敬峰和王彬（2020）构建了包含国内区域投入产出表和世界投入产出表的嵌入式世界投入产出表，测算了省份内价值链参与度、国内区域价值链参与度和全球价值链参与度，并研究其对地区经济增长的影响。

嵌入国家区域的世界投入产出表拓展了国家—行业层面全球价值链的相关研究，为研究国家内部行政区域参与国内价值链、全球价值链测算奠定了数据基础，具有较高的理论意义和实践意义。如在实际应用方面，2020年年初新冠疫情暴发，涉及全国产业链，影响全球供应链的正常运行。经济学界涌现一批学者开始对疫情对全球价值链的影响进行预测与判断，其中比较完善的数据分析便是采用嵌入中国区域的世界投入产出表方法。

第二节 全球价值链的影响因素研究

一 全球价值链升级的影响研究

全球价值链升级从获利能力角度分析，主要是全球价值链的参与主体国家或行业（企业）为了增强参与全球生产利益而转向高价值活动的过程，具体体现为全球价值链参与度（嵌入度）、地位、位置等方面指标的变动。一般来说，处于全球价值链上游位置，增加值获益更大[①]。从全球价值链治理角度来看，全球价值链升级主要是流程升级、产品升级、

---

① 大部分行业越处于全球价值链上游，获利能力越强，但是个别行业并不适用，如采矿业等。

功能升级、跨价值链链条升级（Humphrey and Schmitz，2002）。本书主要从参与主体获利能力角度分析全球价值链升级。

（一）要素禀赋对全球价值链升级的影响

基于李嘉图的比较优势理论和赫克歇尔—俄林模型的要素禀赋理论，国家间的要素禀赋不同决定了一国在国际贸易中的地位和分工结构。因此，全球价值链地位或位置受到国家要素禀赋的影响，如技术、劳动等是一国参与全球价值链的重要影响因素。此外，部分研究发现国家生产率是影响各国参与全球价值链不同环节的主要影响因素（Costinot et al.，2013）。戴翔和刘梦（2018）从要素层次和质量角度分析全球价值链分工地位的影响因素，认为一国高技能劳动力对其参与全球价值链的分工地位影响呈现"U"形，要素间的相互匹配对全球价值链地位的攀升具有重要价值。技术水平（王彬等，2023）和劳动要素成本（何宇等，2020）是影响一国全球价值链上游或下游的重要影响因素。

（二）外商直接投资对全球价值链升级的影响

全球价值链是由跨国公司主导构建的不同生产过程的跨境碎片化（Amador and Cabral，2014）。部分学者认为东道国与贸易相关的变量对于解释双边直接投资作用不大（Blonigen and Piger，2014）；而部分学者认为外商直接投资对全球价值链的参与有积极影响，如罗伟和吕越（2019）测算了区分内资和外资的出口增加值，研究发现外商直接投资提高了中国参与全球价值链的嵌入程度，刘景卿等（2019）采用社会网络分析法分析了外商直接投资对全球价值链分工地位的促进作用，技术吸收能力强化了外商直接投资对全球价值链分工的积极作用。

（三）贸易成本对全球价值链升级的影响

贸易成本对全球价值链的影响研究，主要包括贸易壁垒、贸易便利化、贸易协定等方面内容。第一，贸易壁垒对全球价值链的影响研究。王孝松等（2017）认为，反倾销对中国行业层面的出口国内增加值率、GVC地位指数产生负向作用。张中元（2017）采用垂直专业化度衡量价值链参与程度，研究发现外商直接投资限制将显著降低一国参与全球价值链的程度，消除投资壁垒是提高中国参与全球价值链构建的重要对策。王聪和林桂军（2019）采用上市企业数据和PSM-DID方法研究了美国对中国"双反"调查对中国企业全球价值链参与的影响，认为美国对中国"双反"调查显著阻碍了中国参与全球价值链程度的加深。第二，贸易便利化对全球价值链质量的影响研究。刘斌等（2019）采用熵值法和KWW法测算了贸易便利化和全球价值链参与度，考察了贸易便利化对全球价值链参与度的影响，发现贸易便利化改善显著提高了一国全球价值链参与度，且对发展中国家的促进效应强于发达国家。第三，相关贸易协定对全球价值链的影响研究。张中元（2019）、孙玉红等（2020）认为，区域贸易协定、国际投资协定对全球价值链贸易具有促进作用。

（四）制度、基础设施等对全球价值链攀升的影响

第一，制度质量对全球价值链攀升的影响方面。戴翔和郑岚（2015）认为，制度质量有利于中国攀升全球价值链，主要机制是成本和交易费用的降低，此外，对外开放、人力资本、基础设施、外资利用等对全球价值链攀升起积极作用。胡昭玲和张玉（2015）采用国别数据实证检验了制度质量对一国全球价值链分工地位的影响，表明制度质量显著促进了国家参与全球价值链的分工地位，对于制度质量越低的国家，这种促进效应越显著。第二，基础设施对中国参与全球价值链影响的研究方面。林梦瑶和张中元（2019）采用前向垂直专业化率及其组成部分占总出口增加值的比率来衡量中国行业层面的全球价值链参与度，基于ADB投入产出数据验证了中国贸易伙伴方物流设施质量对中国参与全球价值链的影响。此外，卢潇潇和梁颖（2020）认为，基础设施建设可以通过推动国家经济发展来促进全球价值链重构[①]。

（五）企业内部因素对全球价值链升级的影响

随着企业微观层面全球价值链位置测度技术的发展，理论界开始从微观企业层面研究价值链嵌入的影响因素。企业生产率、企业价格加成是强化全球价值链嵌入的重要因素，而融资约束阻碍了全球价值链嵌入。国外学者Antrfts和Helpman（2004）指出企业效率影响企业参与全球价值链的模式，Chor等（2014）发现企业效率和资本密集度两个异质性因素与企业嵌入价值链位置有密切关系，Kee和Tang（2015）认为，出口的国内增加值率受企业价格加成、中间品进口比例等的影响，Manova和Yu（2012）认为融资约束限制了企业价值链的嵌入模式，即融资能力差的企业只能从事低端价值链活动。国内学者吕越等（2015）测算了企业

---

① 全球价值链重构是指，处于价值链中低端的发展中国家和新型转型经济体，打破由发达国家主导的国际分工，跻身价值链中高端，使全球价值链格局发生结构性变化的过程（毛蕴诗，2016）。

国外增值率用来衡量企业嵌入全球价值链的程度，全面考察了企业生产效率和融资约束对嵌入价值链的影响，研究发现企业效率改善全球价值链的嵌入程度，而融资约束阻碍企业的嵌入度。唐宜红和张鹏杨（2018）认为，企业全要素生产率对企业价值链位置变动产生影响。肖宇和田侃（2020）研究发现融资杠杆率不是影响企业全球价值链位置提升的重要影响因素，而企业生产率可以有效促进企业全球价值链位置的提升。此外，制造业服务化对中国企业价值链参与度提升具有显著促进效应（刘斌等，2016）。

二 全球价值链的安全性与稳定性研究

（一）全球价值链安全性与稳定性问题的提出

当前研究全球价值链安全性与稳定性的相关文献较少，这可能是由于：第一，全球价值链是国际贸易领域的新发展方向，过去30年，全球价值链贸易经历了从开始到成熟的阶段，发展过程比较顺利，安全性与稳定性并不是该领域的主要考虑问题。第二，全球价值链的安全性与稳定性是一个比较宏观的话题，除了相关理论总结，尚未有理论分析与实证检验相结合的文献，主要原因是尚未有关于全球价值链稳定性的相关测度方法。近年来，以美国为主的发达国家发起制造业回流战略、美国对中国进行技术封锁及新冠疫情等因素导致世界各国面临更加不确定、不稳定的国际经济形势，全球价值链不确定性增加，其安全性和稳定性成为关注的重点问题。

通过文献搜索可以发现，仅有少数几篇文献理论分析了全球价值链的安全问题来源、措施等。雷少华（2020）指出，"美国优先战略"和新冠疫情是威胁全球价值链稳定性的重要原因，同时他对中国凭借巨大产能和消费市场稳定全球价值链具有较大信心。刘景卿和车维汉（2019）从国内价值链与全球价值链关系的角度讨论全球价值链安全问题，指出全球价值链受到冲击时，国内价值链可以进行替代，从而保证国家经济安全。戴翔（2020）指出，加快对外开放、加强与各国的合作是稳定价值链分工的重要战略，同时还需要通过稳外资、稳外贸留住产业链以降低疫情对中国经济的影响。葛琛等（2020）指出，新冠疫情发生后，应该重视国家供应链安全问题，要充分发挥跨国公司在提高全球价值链效率和加强供应链安全中的重要作用，实现供应链的多元化、本土化和区域化，充分发挥对外直接投资在供应链安全中的重要作用。方汉明（2020）认为，新冠疫情发生后，供应链稳健性成为重要考虑因素，供应链多元化可有效应对全球价值链的安全问题，但这是低效率的。张二震和戴翔（2020）从全球价值链重构的角度研究如何提升产业链和供应链的稳定性，如可以通过提升营商环境、创新提升产业竞争力等加快全球价值链重构。

（二）供应链稳定性的含义与影响因素

从微观供应链层面看，已有大量研究供应链安全性与稳定性的文献。这些文献主要涉及供应链稳定性的含义或影响因素、量化方法等方面，主要以理论研究为主，部分量化分析的文献主要是从信息管理、系统工程的角度展开。

关于供应链稳定性含义的相关研究，学者从资源配置、合作关系、风险等不同的角度展开。肖玉明和汪贤裕（2008）研究发现供应链稳定性与链条上企业投入资源密切相关，企业投入优势资源越多，供应链条就越稳定。Ip 等（2011）指出，供应链稳定性有助于参与企业感知环境变化，使供应链整体绩效达到最优状态。此外，部分学者从关系稳定性的角度进行分析，认为关系稳定是指企业之间具有亲密合作关系且能共同创造价值（刘益、曹英，2006）；还有研究采用博弈论的方法在合作信任度、关系密切度、合作者的满意度等领域分析了供应链的稳定性（刘朝刚、马士华，2007）。

关于供应链稳定性的影响因素研究，主要从风险影响因素、内外部环境因素等角度进行分析。Manuj 和 Mentzer（2008a）构建了全球供应链风险管理的框架，认为供应链风险按照链条的上游、中游、下游主要包括供应风险、运营风险和需求风险三类，供应链风险管理主要包括风险识别、风险评估、风险管理战略建立与实施、供应链风险弱化四部分。Manuj 和 Mentzer（2008b）指出，与国内供应链相比，全球供应链面临的风险更高，同时指出全球供应链风险主要是由汇率变动、运输时间波动、需求波动、生产过程和中间品供应质量不一、产品质量安全问题、业务中断和公司破产等问题导致的，主要包括供应风险、运营风险、需求风险三个方面。供应链安全性和稳定性的影响因素主要包括内部因素和外部环境因素两种，其中内部因素主要包括生产不确定性、需求不确定性、信息不确定性、运输不确定性及管理、技术、设备、财务四类风险；外部环境因素主要包括不可抗力事件风险、宏观经济环境风险两类（穆东，2010）。此外，部分学者认为多元化对供应链稳定性具有重要影响。供应链参与企业间的信息共享有助于提高企业运营信心从而降低供应链风险（Christopher and Lee，2004）。供应链安全管理不仅要考虑组合和流程改进，而且应综合考虑供应、市场、运输等外部因素带来的考验（关利欣等，2018）。参与全球价值链的企业通过增加低价格波动采购、减少高价格波动采购的多元化方式可以规避国际贸易风险（Gervais，2018）。通过建设供给"有备份"和需求"可替代"的国内应急供应链、角色转换的外部弹性供应链等方式可以强化供应链的安全性（黄建忠，2020）。

供应链是一种复杂的网络系统，如何量化供应链稳定性仍是当前理论界较难解决的问题，虽然有学者做了一定的理论探索，但是尚未有可信度高的测算方法。已有文献对供应链稳定性的衡量方法包括系统动力学和差分整合移动平均自回归模型（Ip et al.，2011）、线性规划模型等（刘慧等，2013）。

新冠疫情的暴发推动了经济学界对全球价值链、全球供应链的稳定性和安全性等的相关研究，安全性与稳定性研究已经成为当前国际贸易领域的前沿和热点问题。然而，当前关于全球价值链安全性与稳定性的相关讨论正处于初级阶段，相关文献较少，且研究大多以理论分析为主，尚无实证类文章。微观层面的供应链安全研究已经积累了一定数量的文献，主要集中在稳定性含义、影响因素、采取措施等方面，关于供应链稳定性与安全性测算方法的研究较少，缺少测算全球供应链网络稳定性的可行指标和方法。可见，如何准确量化全球价值链的稳定性和安全性，在数据分析基础上考察影响全球价值链稳定性的因素，并提出有益对策建议是理论界研究的主要方向。

三　国内价值链的影响研究

由于国内价值链的概念界定及测算技术处于初步研究阶段，国内价值链相关的研究相对较少，但在测算方法、影响因素及经济效应等方面积累了一定成果。在国内价值链的概念方面，国内价值链是指产品加工生产流程均在国内完成，不涉及中间品的国际贸易；价值链的始端是本国生产要素投入，末端是本国最终消费品。从价值链分工的属地特征来看，国内价值链与全球价值链的主要区别在于地理范围不同，国内价值链主要指在国家内部开展的区域间分工，中间品贸易不涉及跨境流动（黎峰，2016）。从价值链分工主体的属权特征来看，除将价值链分工界定在国家内部外，重点考虑企业所有权性质，外资企业主导的价值链分工并不能归为国内价值链范畴，强调本土企业的重要作用（刘志彪、张杰，2007；刘志彪、张少军，2008）。在国内价值链的测算方面，已有研究主要在全球价值链测算框架下继承或拓展了价值链参与水平等指标，如张少军（2009）基于垂直专业化相关指标测算了国内价值链水平，黎峰（2017a，2017b）、黎峰（2020）基于全球价值链参与度、位置等指标测算了国内价值链分工水平，Wang等（2017b）从增加值流转的角度拆分出国内价值链增加值核算矩阵并测算国内价值链的位置等指标。在国内价值链稳定性测算方面，已有研究仅理论分析了跨国公司对价值链稳定性的主导作用（葛琛等，2020），缺少量化研究。国内价值链的经济效应研究主要集中在区域经济增长效应（苏丹妮等，2019；盛斌等，2020）、技术差距效应（邵朝对、苏丹妮，2019）、区域经济周期协同效应（邵朝对等，2018）等方面。在国内价值链的影响因素方面，黎峰（2017a，2017b）认为，进口贸易和外资进入是影响国内价值链分工的重要因素，两者均阻碍了国内价值链分工。中国进入高质量经济发展阶段后，国内价值链的"提质增效"应运而生，高敬峰和王彬（2019）从供应链管理角度界定了国内价值链质量的概念，基于国内价值链的属地特征，以中间品生产效率为核心，构建了国内价值链质量测算指标与方法，并检验了进口价值链质量对国内价值链质量的提升效应。

第三节　对外直接投资的经济效应研究

一　对外直接投资的贸易效应

对外直接投资对出口贸易的影响研究是一个比较经典的主题，众多学者对此展开研究，但是研究结论存在一定争议。有的研究认为对外直接投资促进出口规模（Kojima，1978；Helpman and Krugman，1985；Blomstrom et al.，1988；顾雪松等，2016）。对外直接投资与贸易之间存在互补关系，企业海外生产通过母国中间品促进了母国贸易（Pfaffermayr，1996；Clausing，2000）。企业对外直接投资有助于母国获取低成本的中间品投入（Desai et al.，2005）。在中国对外直接投资方面，研究发现中国对外直接投资显著促进了出口，无论是中国顺向直接投资还是逆向直接投资，对外直接投资的出口促进效应均存在（张纪凤、黄萍，2013）。中国商贸服务型对外直接投资有助于促进两国之间的贸易往来，企业通过商贸服务型对外直接投资在东道国建立海外跨国子公司，带动母公司的出口（杨连星等，2019）。然而，部分学者认为对外直接投资与出口规模之间存在替代效应（Antràs，2003；林志帆，2016）。

近年来，最新的相关研究倾向于考察不同类型对外直接投资对出口贸易的影响，如按照动机不同的对外直接投资分类（蒋冠宏、蒋殿春，2014；方慧、宋玉洁，2019），按照生产模式不同的水平型对外直接投资和垂直型对外直接投资分类（闫周府等，2019）。总体结论是对外直接投资促进了出口规模，但是不同类型对外直接投资存在一定影响差异。蒋冠宏和蒋殿春（2014）认为，中国对外直接投资显著促进了企业出口，且商贸服务类投资的企业出口促进作用最明显。闫周府等（2019）认为，企业对外直接投资显著促进了中间品和消费品的出口，水平型对外直接投资和垂直型对外直接投资存在一定差异，水平型对外直接投资的总体促进作用要高于垂直型对外直接投资。

关于对外直接投资对出口增加值的影响，研究重点集中在不同类型对外直接投资对出口增加值的影响方面。刘海云和毛海欧（2016）分别测算了中国出口增加值、制造业细分行业对外直接投资资本存量，考察了制造业对外直接投资对出口增加值规模和结构的影响，研究发现：中国水平型对外直接投资和垂直型对外直接投资均提升了出口增加值规模和结构，垂直型对外直接投资的增加值规模促进效应更大。徐国祥和张正（2020）发现中国对外直接投资显著促进了出口增加值，他们从规模效应和结构效应两个方面考察其影响机制，并从商贸服务型对外直接投资、水平型对外直接投资、垂直型对外直接投资、研究开发型对外直接投资、资源寻求型对外直接投资五种不同投资动机检验异质性。

部分学者考察了对外直接投资对出口技术的影响。发达国家和发展中国家对外直接投资对母国出口技术含量的影响存在差异，对外直接投资对发达国家出口技术含量具有显著提升作用，而发展中国家却表现出抑制效应（张海波，2014）。对外直接投资通过技术、结构和规模三种不同效应提高了中国出口技术含量，资源寻求型和技术寻求型对外直接投资对母国出口技术水平的提升更为显著；此外，对外直接投资显著促进了中间品出口技术含量，从侧面反映了对外直接投资是促进母国全球价值链竞争力的重要方式（毛海欧、刘海云，2018）。

研究对外直接投资对母国进口影响的文献较少，已有相关研究大多将区域作为主要研究对象，如"一带一路"沿线、东盟等，同时考察对外直接投资对母国出口和进口的影响，研究发现：中国对"一带一路"沿线的直接投资不仅具有出口促进效应，而且具有进口促进效应，中国对非新兴市场经济体的进口促进效应更明显（边婧、张曙霄，2019）。中国对东盟国家直接投资促进了中国对其进出口，进口的促进效应高于出口的促进效应（林创伟等，2019）。

二 对外直接投资的经济增长效应

对外直接投资对母国经济增长的促进作用基本已经成为共识。近年来，研究主要集中在对外直接投资促进经济增长的路径研究、对外直接投资对母国经济增长质量研究等方面。在对外直接投资促进经济增长的路径研究方面，潘雄锋等（2016）采用中国省级面板数据考察了对外直接投资对各省份经济增长的促进作用，并采用有向无环图方法检验了逆向技术溢出效应和竞争效应的机制作用。冷艳丽和杜思正（2017）检验了双向直接投资对经济增长的影响，认为对外直接投资不仅促进经济增长，还能强化外商直接投资的经济增长促进效应。对外直接投资对经济增长促进效应的具体机制主要包括逆向技术和制度溢出效应、投资互补效应两个方面。

随着经济发展由追求规模增长向高质量增长转变，理论界涌现了大量研究经济增长质量的文章。对外直接投资对母国经济增长质量的研究方面也积累了一批相关文献。孔群喜等（2019a）考察了对外直接投资的逆向技术溢出效应对经济增长质量的影响，并考察了顺梯度和逆梯度两种不同类型对外直接投资的异质性。孔群喜等（2019b）基于省级数据和工业企业数据，采用倾向得分匹配法，从地区和企业两个层面实证考察了对外直接投资的经济增长质量促进效应，具体影响机制包括市场扩张效应、技术溢出效应、产业转移效应和资本反馈效应四种。在追求高质量经济发展的同时，部分学者研究了对外直接投资的经济增长环境效应，如胡琰欣等（2019）认为，中国对"一带一路"沿线国家直接投资促进了母国绿色经济增长，主要通过技术进步效率提高影响经济增长环境，可以通过改善劳动配置、优化产业结构、增加研发投入等途径促进绿色经济增长。

三 对外直接投资的技术效应

(一) 对外直接投资的逆向技术溢出效应方面

国外学者 Fosfuri 和 Motta (1999) 建立古诺竞争博弈模型进行分析，发现一国对技术水平高的东道国直接投资可以通过技术扩散、模仿学习、产业关联、人员流动等获得逆向技术溢出。Potterie 和 Lichtenberg (2001) 将对外直接投资纳入国际研发溢出模型，研究对外直接投资的逆向技术溢出效应。大多数学者认为对外直接投资存在逆向技术溢出效应 (Kogut and Chang, 1991; Driffield and Love, 2003; Branstetter, 2006)，但是也有部分研究认为对外直接投资并不存在逆向技术溢出效应，研究发现 OECD 成员对非 G7 成员直接投资还可能阻碍母国技术进步 (Bitzer and Kerekes, 2008)。在中国对外直接投资方面，主要观点认为中国对外直接投资具有显著的逆向技术溢出效应，如朱文涛等 (2019) 测算了中国 29 个省份的绿色全要素生产率，并采用空间计量模型考察了中国对外直接投资逆向技术溢出效应对绿色全要素生产率的促进作用；陈培如和冼国明 (2020) 将逆向技术溢出效应拆分为集约和扩展边际溢出效应两部分，并采用中国省级行政区域数据验证了中国对外直接投资具有显著的逆向技术溢出效应；叶娇和赵云鹏 (2016) 从微观企业层面验证了中国企业对外直接投资存在逆向技术溢出效应。最新关于对外直接投资技术溢出效应的研究指出，溢出效应的多少还受到其他因素的影响，如金融发展门槛影响，对外直接投资对母国生产率的提升作用存在金融发展门槛效应，只有当金融发展超过一定水平，正向促进作用才会比较显著 (郑强，2017)；对外直接投资的逆向技术溢出因地区吸收能力不同存在差异 (李梅、柳士昌，2012)；当地吸收能力、外商直接投资和当地竞争水平等因素对中国对外直接投资的逆向技术溢出效应具有调节作用 (Li et al., 2016)。

(二) 对外直接投资的母国技术进步与技术创新效应方面

沙文兵 (2012) 认为，中国对外直接投资的逆向技术溢出效应可以提升国内技术创新水平。邵玉君 (2017) 研究发现除对欧美日等国家或地区的直接投资限制国内技术进步外，中国对其他国家或地区的直接投资均可促进国内技术进步。明秀南等 (2019) 采用微观企业数据检验了中国对外直接投资对企业创新的影响，并采用企业专利指标作为企业创新的代理变量，研究发现，中国对外直接投资显著地促进了企业创新，主要通过增加研发投入和海外业务扩张的渠道影响。贾妮莎等 (2020)

研究发现，中国对外直接投资显著促进了母国企业的研发投入，但并没有促进母国企业的研发产出。对外直接投资是国际技术转移的重要方式，可促进投资母国增加关联技术的引进及自主创新能力的提升（乔翠霞、宋玉洁，2023）。

四 对外直接投资的产业效应

最早研究对外直接投资对母国产业结构影响的是日本学者 Kojima（1978），其在边际产业扩张理论中提出，将国内已经处于比较劣势的产业转移出去，有利于母国集中资源发展优势产业，从而促进母国产业结构升级。对外直接投资通过提升母国劳动力资源配置、技术水平和需求结构从而优化产业结构（Fors and Kokko，2001）。对外直接投资的母国产业升级效应在爱尔兰、韩国、日本、哥斯达黎加等分别得到了验证（Barrios et al.，2005；Liang and Bing，2010；Filip et al.，2014；Padilla-Perez et al.，2016）。在中国对外直接投资方面，潘素昆和袁然（2014）从不同投资动机的角度分析了对外直接投资促进产业升级的机理，并采用中国对外直接投资数据进行了实证检验。贾妮莎和申晨（2016）研究发现，中国对外直接投资推动了高中端技术制造业的发展。王丽和张岩（2016）采用OECD国别数据考察了对外直接投资对母国产业结构的影响，研究发现对外直接投资显著促进了母国产业结构升级，金融发展水平和技术发展水平是影响对外直接投资产业结构升级效应的主要因素。对外直接投资可通过产业关联、示范和外部激励等途径推动工业结构升级（乔翠霞、宋玉洁，2023）。

此外，部分学者研究了对外直接投资对企业产出和绩效的影响。在企业产出方面，Herzer（2008）认为，企业对外直接投资降低了母国企业生产成本，增加了母国产出效益。杨连星等（2019）认为，对外直接投资总体上促进企业产出，但商贸服务型对外直接投资、前向垂直型对外直接投资、水平型对外直接投资、后向垂直型对外直接投资、研究开发型对外直接投资的影响效果存在差异性；此外，生产型对外直接投资对企业产出的影响，取决于母子公司中间品的生产关联，如果子公司与母公司之间有较强的生产关联，则能降低子公司对母公司的挤出效应。在对外直接投资对企业绩效方面，宋林等（2019）采用上市公司数据进行研究，发现对外直接投资显著促进了企业全要素生产率、产能利用率和盈利能力。

第四节　对外直接投资对全球价值链的影响研究

一　对外直接投资对母国价值链升级的影响研究

跨国公司在塑造全球价值链地理位置和组织结构方面发挥重要战略作用（Azmeh and Nadvi，2014）。大量文献研究了对外直接投资对全球价值链升级的影响，主要包括两个方面：对外直接投资对母国价值链升级的影响和对外直接投资对双边价值链升级的影响。在对外直接投资对母国价值链升级的影响方面，Pananond（2013）以中国台湾跨国公司在泰国进行国际扩张为例进行研究，发现跨国公司为了升级到价值链高端位置，通过对外直接投资而不是仅通过加大研发投入和创新的方式，探索了子公司从单纯的出口制造到母公司跨国公司战略性国际扩张机构的转型。企业为了升级其在全球价值链的位置，部分子公司向国外先进经济体投资以参加高附加值生产活动，目的是增强其学习能力，从而突出其在全球生产网络中的地位。刘斌等（2015）测度了行业层面价值链分工地位，并验证了对外直接投资对价值链升级的积极作用。杨连星和罗玉辉（2017）采用垂直专业化水平或国外增加值占比、中间出口品的外国增加值占比衡量全球价值链嵌入度、全球价值链地位，测算了2003—2011年国家和行业层面价值链和对外直接投资逆向技术溢出数据，并实证验证了中国对外直接投资对中国全球价值链升级的促进作用。李超和张诚（2017）借鉴 Koopman 等（2010）的方法测算了中国制造业18个分行业的全球价值链分工地位数据，进而实证检验了中国对外直接投资对制造业全球价值链升级的促进作用。戴翔等（2018）测算了中国17个制造业参与全球价值链程度的数据，并实证检验了中国对外直接投资增长率对制造业价值链攀升的积极作用。余海燕和沈桂龙（2020）采用全球价值链增加值、参与度、生产率长度、位置四种不同指标来衡量价值链地位，实证检验了对外直接投资对母国全球价值链的影响，研究发现发达国家的对外直接投资更能促进母国全球价值链地位的提升，中国对外直接投资的全球价值链地位的促进效应明显。

随着海关数据、中国工业企业数据等的完善，部分学者开始采用微观数据考察对外直接投资与全球价值链的关系。在对外直接投资影响中国企业全球价值链分工地位方面，郑丹青（2019）结合 Koopman 等（2011）的国家层面全球价值链地位指数与苏丹妮（2017）的企业层面全球价值链分工地位两种方法测度了中国企业全球价值链分工地位，采用 PSM-DID 方法验证了中国企业对外直接投资的价值链促进效应。王杰等（2019）采用张杰等（2013）的方法测算了企业全球价值链嵌入度，并从工艺升级、产品升级、功能升级和链条升级四条途径分析了对外直接投资对企业全球价值链升级的促进效应。

二　对外直接投资对东道国或双边价值链升级的影响研究

以上文献主要研究中国对外直接投资对母国参与全球价值链地位或位置的影响，而部分学者考察了中国对外直接投资对东道国或双边国家参与全球价值链的影响。一方面，中国对外直接投资对东道国全球价值链产生积极影响。姚战琪和夏杰长（2018）采用 Koopman 等（2011）的方法和 OECD 投入产出数据库测算了"一带一路"沿线 22 个国家的全球价值链参与度指数和全球价值链地位指数，并采用随机前沿引力模型和非效率前沿模型验证了中国对"一带一路"沿线国家直接投资及其技术溢出显著促进了沿线国家全球价值链参与度指数的提升。李俊久和蔡琬琳（2018）采用同样的方法和数据库测算了中国与"一带一路"沿线国家的 GVC 地位指数，并采用随机效应模型和动态面板实证检验了对外直接投资对东道国全球价值链升级的促进作用。另一方面，部分学者研究了中国对外直接投资对双边价值链的影响。彭澎和李佳熠（2018）从双边国家价值链升级的角度，分析中国对"一带一路"沿线国家直接投资对中国和沿线国家的价值链地位的影响，与已有研究不同的是，作者没有采用投入产出测算数据而是采用出口结构相似度指数来衡量中国和东道国在全球价值链中的地位，他们的研究发现中国对"一带一路"沿线国家直接投资通过产业分离效应提升了中国的全球价值链地位，通过技术溢出效应和需求拉动效应提升了东道国的全球价值链地位；此外相比于东道国，对外直接投资对中国全球价值链地位的影响更大，但是该文章没有采用投入产出来衡量价值链地位。戴翔和宋婕（2020）构建了两国间的全球价值链分工地位和关联程度指数，并采用 ADB 投入产出数据库和空间计量方法检验了中国对外直接投资的价值链构建效应及空间溢出效应，研究发现对外直接投资的全球价值链构建效应和全球价值链地位分工改善效应，不仅局限于中国与东道国之间，而且对其他国家产生了空间溢出效应。

综上所述，已有研究基于 Koopman 等（2011）的全球价值链分工和地位测算方法，主要考察了对外直接投资对母国或东道国全球价值链参与度、地位等的影响，得到对外直接投资促进母国或东道国全球价值链升级的结论。仅有少数文献研究中国对外直接投资对双边价值链的影响，同时尚未有研究对外直接投资对全球价值链质量影响的文献，主要原因可能在于当前缺少全球价值链质量完善指标和测算方法。

第五节　总体评价

学术界积累了大量研究全球价值链测算方法、全球价值链影响因素、对外直接投资经济效应、对外直接投资影响全球价值链升级等方面的文献，这些成果为本书研究奠定了丰富的理论基础，同时也存在不足之处。通过文献梳理，可以发现：

第一，对外直接投资与全球价值链关系研究有待进一步拓展。已有文献主要研究了对外直接投资对全球价值链升级的影响，尚未有对外直接投资对全球价值链质量影响的研究。全球价值链升级是指全球价值链参与主体在序贯生产链条上的地位、位置等测算指标的提升，但是在当前更加不稳定、不确定的世界经济环境中，全球价值链格局将面临重构，仅考察全球价值链升级是不够的，如何提升参与全球价值链质量是当前考虑的重点问题。此外，已有文献缺少分析不同类型对外直接投资对全球价值链影响的完善机制。

第二，全球价值链地位、位置等成熟指标无法衡量全球价值链质量问题。增加值出口和出口增加值是全球价值链参与度测算的基础，两者从贸易获利的角度分析了增加值在国家部门层面的流动和来源。在此基础上，形成了以 Koopman 等（2010）为核心的全球价值链参与度测算以衡量国家行业层面嵌入全球价值链的程度。此外，以 Wang 等（2017a）为核心的全球价值链生产长度，以 Koopman 等（2010）、Wang 等（2017b）为核心的全球价值链位置等测算指标正在得到较广泛的应用。已有的全球价值链参与度测算只能大体衡量参与主体的获利能力，一般来说，越处于全球价值链上游，获利能力越强，但是这种通过位置或地区衡量全球价值链获利能力的测算方法并不具有普遍性，如采矿行业中，处于价值链上游国家的获利能力并不一定高。因此，无法直接采用地位、位置等已有指标衡量全球价值链质量，而是需要新的方法。

第三，在世界经济不确定性环境下，全球价值链质量的内涵需要进一步拓展，已有全球价值链质量尚未将价值链稳定性考虑在内。当前世界经济不确定性、不稳定性增加，全球价值链稳定性成为贸易高质量发展的关键问题。已有的全球价值链质量测算指标仅考虑了效率问题，无法满足全球经济新背景下对全球价值链质量测算的需要。

第四，尚无完善指标衡量全球价值链稳定性。新冠疫情发生后，理论界开始关注全球价值链安全性与稳定性的相关研究，但主要以理论分析为主，尚无完善的测算指标与方法。因此，本书从全球价值链获利能力和供应链管理相结合的角度出发，构建衡量全球价值链稳定性的指标。

第五，理论界缺少对外直接投资对母国国内价值链质量的影响研究，对外直接投资作为国内产业结构调整的重要推动力量，其母国国内价值链效应有待进一步拓展。在构建国内国际双循环新发展格局及推动产业链、供应链现代化建设背景下，国内价值链作为国内大循环价值增值的承载主体，其影响因素值得关注。聚焦国内价值链质量方面，已有文献对国内价值链质量的量化只包括效率单一指标，然而国内价值链质量应该是多维的，国内价值链质量的内涵与量化有待进一步拓展。

第三章　理论机制分析

在第二章文献综述的基础上,本章梳理总结了对外直接投资影响全球价值链相关研究存在的不足之处,确立了本书的主要创新方向。对外直接投资对全球价值链质量影响的理论机制,便是其中之一。本章以对外直接投资的经济效应为切入点,按照理论基础—机制分析—理论模型构建的顺序,系统、全面地梳理分析了对外直接投资对全球价值链质量的影响机制。

第一节　对外直接投资影响全球价值链质量的理论基础

对外直接投资影响全球价值链质量的理论基础主要包括对外直接投资的逆向技术溢出效应、对外直接投资的产业升级效应、对外直接投资的贸易促进效应、对外直接投资的风险规避效应、对外直接投资的价值链重构效应五个方面。

一　对外直接投资的逆向技术溢出效应

对外直接投资可以获得逆向技术溢出效应,尤其是向发达国家的直接投资(Lall,1983;Cantwell and Tolentino,1990)。逆向技术溢出效应的发挥途径主要包括学习模仿、人才流动、产业关联、技术协同效应等。对外直接投资主要包括绿地投资和并购两种形式,不同形式的对外直接投资的逆向技术溢出途径不同。第一,进行绿地投资的企业可以在东道国建立生产工厂、研发机构、营销机构等子公司,子公司可以学习、模仿东道国当地先进工艺流程、生产技术,并将这些技术通过母子公司间的知识溢出、信息共享等引入母国公司,提高母国公司技术水平;投资企业可以聘请东道国当地高技能人才,同时通过邀请高技能人才到母国公司所在地进行技术交流等途径提升母国公司的技术水平；东道国市场对母国市场产生示范效应，促进母国加速研发创新，推动母国技术水平提升。第二，部分企业通过并购的形式进行对外直接投资。并购国外公司可以直接获得被并购公司的技术、知识产权、品牌、研发团队等战略资产，通过技术协同效应提高投资企业的技术水平和经济效益。对外直接投资的逆向技术溢出效应主要发生在顺梯度对外直接投资中，即发展中国家向发达国家的对外直接投资。此外，逆向技术溢出效应的大小与投资国当地的吸收能力、市场竞争程度、知识产权保护等制度环境有关（Chen et al., 2014; Li et al., 2016）。

二 对外直接投资的产业升级效应

对外直接投资可调节母国产业结构、促进母国产业升级。研究对外直接投资对母国产业影响最早的文献是 Kojima（1978）的边际产业扩张理论，其指出通过对外直接投资将处于比较劣势的产业转移出去，有利于母国集中资源发展优势产业，从而促进母国产业结构升级转型。技术创新与产业结构升级理论认为发展中国家对外直接投资对母国产业结构和技术创新有积极影响（Cantwell and Tolentino, 1990）。后续，对外直接投资对母国产业升级的影响得到了各国数据的验证（Fors and Kokko, 2001; Barrios et al., 2005; Liang and Bing, 2010; Filip et al., 2014）。不同类型的对外直接投资的产业升级效应存在差别。第一，顺梯度对外直接投资将初级产业转移至发展中国家，转移过剩产能，带动相关产业产品、设备出口，为母国产业升级转型提供要素空间，优化母国资源配置，将有限资源转向高技术产品的生产中，带动整体产业转型升级；顺梯度对外直接投资可获得东道国丰富的自然资源，打破投资母国资源限制，使受资源限制的产业得以发展，优化母国产业结构。第二，逆梯度对外直接投资通过逆向技术溢出效应有助于打破母国技术发展限制，提升投资母国的技术水平，推动产业向增加值高的新兴产业转型升级，此外，逆梯度对外直接投资可以获得国外先进的消费理念（潘素昆、袁然，2014），引导国内扩大对新兴产品的消费，通过需求端引导母国产业升级转型。对外直接投资的母国产业结构影响还受到母国技术水平和金融水平等条件的影响。

三 对外直接投资的贸易促进效应

对外直接投资具有贸易促进效应，主要表现在对外直接投资促进出口规模、出口增加值、出口技术等方面。对外直接投资与贸易之间存在互补效应，最直接的体现是企业海外生产采用母国中间品促进了国家间的贸易往来（Pfaffermayr，1996；Clausing，2000）。对外直接投资不仅促进母国出口规模，而且有助于提升母国出口增加值和出口技术含量（刘海云、毛海欧，2016；徐国祥、张正，2020）。无论是顺梯度对外直接投资还是逆梯度对外直接投资，均可以促进出口规模（张纪凤、黄萍，2013）。商贸服务型对外直接投资的出口促进效应最明显（杨连星等，2019），商贸服务型对外直接投资在东道国建立分销机构等子公司，子公司的建立有助于母公司收集东道国市场需求信息、进行产品推广、联系扩大客户群体、提供售后服务等，降低了企业出口的交易成本，促进母国出口规模。此外，企业对外直接投资有助于母国获取低成本的中间投入，促进母国进口（Desai et al.，2005）。中国对"一带一路"沿线国家的直接投资具有较明显的进口促进效应（边婧、张曙霄，2019；林创伟等，2019）。对外直接投资的贸易促进效应，增强了国家间初始生产要素、中间品等的流动，强化了国家间的生产关联。

四 对外直接投资的风险规避效应

第一，对外直接投资有助于增强企业出口时间，降低企业退出风险（王杰等，2016），具体机制是：企业通过对外直接投资可以降低企业出口成本，增加贸易规模；企业对外直接投资可以获得逆向技术溢出，从而提高企业生产效率，或者促使企业转向生产技术含量更高的产品，提高企业出口的竞争力。企业嵌入全球价值链的持续时间与企业研发能力、全要素生产率有关（吕越等，2017），生产率高的企业嵌入全球价值链的稳定性高。对外直接投资的逆向技术溢出效应可以提高企业生产效率，提供企业嵌入全球价值链的持续时间，促进企业参与全球价值链的稳定性。第二，企业对外直接投资可以加强与东道国的政治经济合作关系，从管理学的角度看，这种经济往来强化了国际生产体系中合作伙伴间的信任度和亲密度，良好的合作关系是影响供应链稳定性的重要影响因素。因此，对外直接投资有助于促进全球价值链的稳定性。第三，对外直接投资的地理多元化，有助于分散企业经营风险，降低企业因市场需求波动、外部环境变化等带来的经济损失，从而保障企业供给的稳定性，提高全球价值链的稳定性。此外，对外直接投资地理多元化有助于提高企业来自不同国家的逆向技术溢出，提高企业技术水平和资源投入能力，企业资源投入能力越强,供应链就越稳定(肖玉明、汪贤裕,2008)。

五 对外直接投资的价值链重构效应

跨国公司是全球价值链分工的主要推动力量,大型跨国公司在全球范围内开展产业内或产品内的设计、生产、销售等一系列增值过程,形成全球生产网络体系。通过对外直接投资的方式培育大型跨国企业,主导构建全球价值链已经成为当前对外直接投资的主要目的之一。在逆全球化日益加剧的背景下,发达国家主导的全球价值链已经逐渐失去优势,发展中国家、新兴经济体在世界范围内日益崛起,要素禀赋、技术水平、市场规模、制度质量等影响全球价值链重构的因素(张二震、戴翔,2020)已经基本具备。如中国正在由通过引进外商直接投资的被动融入方式,向开展对外直接投资的主动构建方式转变,中国对外直接投资具备全球价值链构建效应(戴翔、宋婕,2020)。具备经济实力的发展中国家将通过对外直接投资的方式,推动产业内和产品内生产环节的国际转移。

第二节 对外直接投资影响全球价值链质量的机制分析

一 对外直接投资影响全球价值链质量的总体机制分析

本章从对外直接投资经济效应的角度出发,考虑其对全球价值链质量的影响。根据前文全球价值链质量的定义,全球价值链质量包含效率和稳定性两个方面。因此,本章对对外直接投资对全球价值链质量的影响主要从对外直接投资对全球价值链效率的影响、对外直接投资对全球价值链稳定性的影响两条主线进行分析。

具体的影响路径如下(见图3-1)。

第一,对外直接投资通过提升母国技术水平、优化母国产业结构、促进国家间贸易等途径提高母国中间品质量,从而提升参与全球价值链效率,促进全球价值链质量提升。参与国际分工的企业可以充分吸收利用国外资源以提升自身产品质量(Eaton and Kortum,2002)。对外直接投资对母国具有技术水平提升效应,主要通过逆向技术溢出效应、边际产业转移效应实现,母国技术水平提升后,中间品产品生产效率提高,母国中间品质量提升，提高全球价值链运行效率，从而提高全球价值链质量。企业对外直接投资的逆向技术溢出效应可促进现有产品的工艺流程升级、产品质量提升，从而提高企业中间品的生产效率。对外直接投资具有产业结构优化效应（Kogut and Chang，1991；Li et al.，2016；邵玉君，2017），母国通过产业结构优化升级，将主要资源用于高新技术产业、新兴产业的研发、设计、生产中，提高中间品生产技术含量，促进全球价值链效率提升。对外直接投资可以提高出口技术含量（张海波，2014；毛海欧、刘海云，2018），提高出口中间品技术含量，促进全球价值链效率提升。

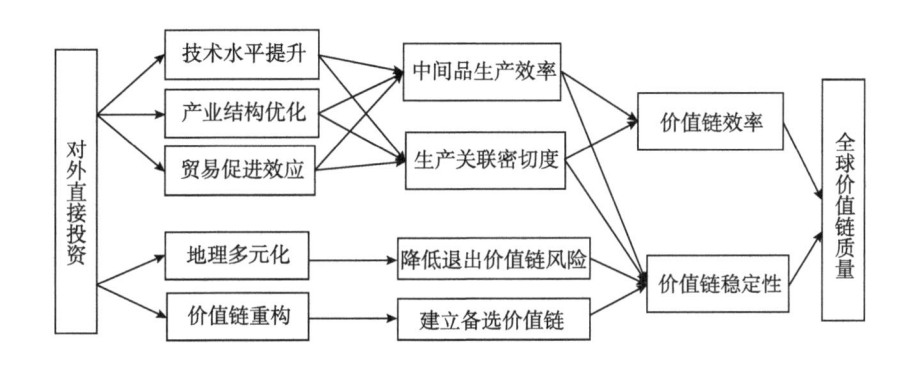

图3-1 对外直接投资影响全球价值链质量的主要路径

第二，对外直接投资的母国技术提升效应、产业结构优化效应、贸易促进效应还可以促进国家间的生产关联度，促进全球价值链效率。对外直接投资促进母国技术水平提升，产品生产效率提高，规模化生产可以为更多市场供应产品，出口目的市场范围扩大，可以提高该国与其他国家之间的生产密切度；此外，企业通过模仿学习外国先进技术，在生产率提高后，可以由非出口企业转向出口企业，增加了该国出口企业的数量，提升该国国际贸易的参与度，促进全球价值链效率提升，从而提高全球价值链质量。对外直接投资促进母国产业结构升级，优化母国资源配置，提高母国在全球价值链中的分工地位与竞争力，有利于增强产品的知名度与受欢迎程度，强化与其他国家之间的生产关联。对外直接投资具有贸易促进效应，一国通过对外直接投资促进了国家间的贸易往来，如对外直接投资可显著提高该国的出口规模，增强生产要素在国家间的流动，增强参与价值链的国家间的生产关联密切度，提升全球价值链质量。对外直接投资可以促进母国与东道国之间的政治经济贸易往来，增强两国关系的稳定性（Nelson et al., 2016），为两国企业进行商业活动提供更多机会，从而增强价值链上下游企业间的生产密切度。此外，当前部分对外直接投资是以构建价值链为目的的（黎峰，2017；李磊等，2018），这种对外直接投资必然会增加国家间生产要素、中间品的流动，增强国家间的生产关联密切度。母国中间品质量提升、国家间生产关联密切度提升，都有助于维护全球价值链稳定性，从而提高全球价值链质量。

第三，对外直接投资通过地理多元化降低退出全球价值链的风险，从而提高全球价值链稳定性。一国对外直接投资往往分布在地理位置不同的多个东道国，这种地理多元化可降低企业经营风险，提高供应链的稳健性，降低外部环境风险、需求波动风险等引起的供应链波动，如企业通过对外直接投资可以在多国调整生产计划和市场销售计划，规避外部需求不确定性带来的采购和生产波动，对外直接投资扩大了企业选择国外供应商的范围，通过选择多个供应商，及时调整采购计划可以有效地规避市场价格波动带来的供应风险。因此，对外直接投资的地理多元化有助于降低企业退出全球价值链风险，提高全球供应链、全球价值链的稳定性，从而提高全球价值链质量。

第四，通过对外直接投资重构新的区域价值链或全球价值链，为已有价值链分工模式提供备选价值链，提高全球价值链稳定性。大型跨国企业主导全球生产网络分工模式，通过对外直接投资方式培育大型跨国企业有助于重构全球价值链。已有全球价值链分工模式已经不能满足全球经济背景下的发展需求，重构全球价值链或区域价值链的呼声日渐升高。中国的对外直接投资具有全球价值链重构效应（戴翔、宋婕，2020），相关研究也表明中国对外直接投资是基于重构价值链、优化全球生产布局的需要（黎峰，2017；李磊等，2018）。通过重构全球价值链，建立原有价值链的"备链"，有助于降低原有价值链条断裂风险，提高全球价值链稳定性，从而提高全球价值链质量。

第五，中间品生产率提升、国家间生产关联度增强有助于提升全球价值链稳定性。中间品质量提高促进全球价值链稳定性。对外直接投资通过逆向技术溢出效应、边际产业转移效应可提升母国中间品的生产效率及产品质量等,母国中间品生产效率、产品质量的提升有助于提高企业在全球价值链中的竞争力,可降低企业退出全球价值链的概率,从而提高母国参与全球价值链的稳定性。生产关联密切度提高促进全球价值链稳定性。对外直接投资可加强国与国之间的要素流动,促进最终产品生产国与进口品来源国之间的生产密切度,国家间生产密切度提升有助于增加全球价值链的稳定性。对外直接投资不仅可以加强投资母国与东道国之间的价值链关联程度,而且具有空间外溢效应(戴翔、宋婕,2020),提升中国与第三国之间的价值链关联程度,这样有助于提升全球价值链的稳定性。

本章基于以上主要影响路径,还详细分析了对外直接投资对不同研究主体(母国、东道国)的全球价值链质量、双边价值链质量的具体影响情况,并将国内价值链效率、国内价值链稳定性、国内价值链质量的影响纳入总体机制,具体影响见图3-2。

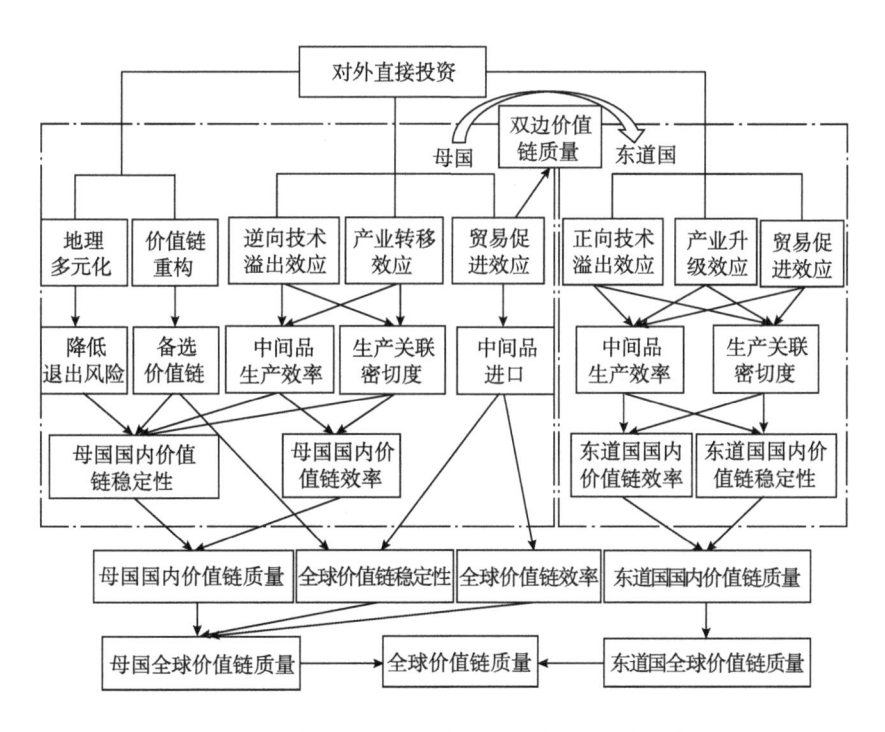

图3-2 对外直接投资对全球价值链质量影响的总体机制

二 不同类型对外直接投资对全球价值链质量影响的机制分析

不同类型对外直接投资对全球价值链质量的影响机制存在一定差异。本章将根据对外直接投资的目的，将其划分为商贸服务型对外直接投资、垂直生产型对外直接投资、水平生产型对外直接投资、研究开发型对外直接投资、资源寻求型对外直接投资五类（徐国祥、张正，2020），并进行分类分析。

（一）商贸服务型对外直接投资

商贸服务型对外直接投资是指那些建立在东道国主要以提供出口服务为目的的对外直接投资，该类对外直接投资不在东道国进行生产，只提供产品的运输、仓储、销售、售后等一系列出口服务。企业的商贸服务型对外直接投资主要是以国外办事处或销售子公司的形式存在。商贸服务型对外直接投资对母国经济效应主要体现在两个方面：第一，降低母国出口成本，扩大母国出口规模。商贸服务型对外直接投资不在东道国建立生产工厂，不用雇用大量国外劳动力，与生产型对外直接投资相比，极大地降低了生产成本。该类对外直接投资可以在东道国收集市场信息，通过与目标市场直接接触进行推广宣传、收集广泛市场信息、与目标客户洽谈，从而扩大市场销售规模，带动母国出口。第二，助力母国获得部分逆向技术溢出，强化母国对技术发展趋势的把握，提高产品技术水平。商贸服务型对外直接投资可以助力投资母国得到更多东道国市场产品信息，为母国学习模仿先进技术提供基础，此外，还可以为母国企业介绍东道国技术发展趋势和特定市场需求，为母国研发技术人员海外交流提供便利等，为母国获得部分逆向技术溢出奠定了基础。因此，商贸服务型对外直接投资主要通过贸易效应促进国家间生产关联度、部分逆向技术溢出促进母国中间品质量等渠道促进全球价值链质量。商贸服务型对外直接投资的影响机制具体见图 3-3。

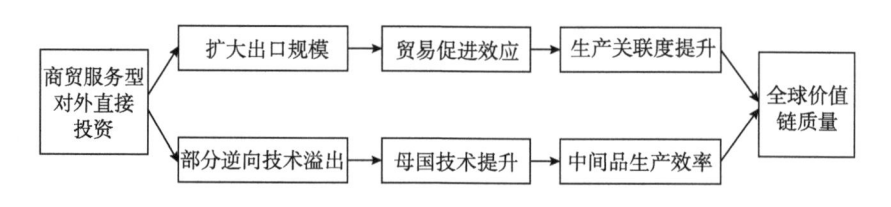

图 3-3 商贸服务型对外直接投资的影响机制

（二）垂直生产型对外直接投资

垂直生产型对外直接投资是指将产品生产划分不同生产阶段，将不同生产阶段放入资源禀赋不同的国家进行生产，如苹果手机在美国进行设计，而将装配组装环节放到中国、越南等国家进行。垂直生产型对外直接投资进行生产阶段的划分，主要目的是充分利用本国以外国家的要素禀赋，提高生产效率、降低生产成本，该种类型的对外直接投资主要以发达国家为主，发达国家往往为了降低劳动力成本，将生产装配环节转移到劳动力资源丰富的低成本国家。垂直生产型对外直接投资与水平生产型对外直接投资相比，主要区别是是否将所有生产环节都放在一个国家。企业开展垂直生产型对外直接投资的母国经济效应主要包括：第一，产品生产转移国外，母国将优势资源用于新技术产业，促进母国产业结构升级。垂直生产型对外直接投资将劳动力、自然资源等初级要素消耗高的产品生产转移到其他国家或地区，有利于母国将资源禀赋集中应用于高技术含量的行业，推动母国产业升级转型。第三，降低贸易成本，垂直生产型对外直接投资可以充分利用国外低价劳动力资源，降低产品生产成本。产品成本降低，有助于提高产品的市场竞争优势，拉动海外市场需求。此外，垂直生产型对外直接投资可能会采用来自母国的中间品进行生产，从而促进两国间的生产关联密切度，也可能会从母国以外的国家采购中间品，促进东道国与其他国家间的生产关联。投资母国产业结构升级由价值链下游增加值较低环节向上游增加值较高环节攀升，提高母国增加值获取能力，提高全球价值链质量。垂直生产型对外直接投资贸易促进效应可增强国家间生产关联度，从而促进全球价值链质量提高。垂直生产型对外直接投资的影响机制具体见图3-4。

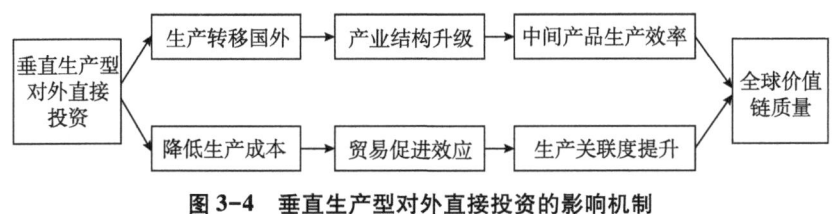

图3-4 垂直生产型对外直接投资的影响机制

（三）水平生产型对外直接投资

水平生产型对外直接投资是指投资企业将某产品全部生产环节全部

放到同一东道国进行生产。水平生产型对外直接投资的主要目的是使产品生产地更接近目标销售市场。投资企业一般会选择在目标市场较大的国家或邻近较大市场的国家进行生产，如中国福耀玻璃在美国投资建厂，主要是为了满足美国市场的需求，此外中国部分企业为了服务地理位置邻近的市场，选择在拉美地区和东欧地区建厂生产。水平生产型对外直接投资的母国经济效应主要包括：第一，转移国外生产，投资替代产品出口，降低本产品出口规模。水平生产型对外直接投资将生产转移到国外，生产地更加接近目标市场，该类对外直接投资短期内可能增加母国向东道国出口建厂需要的设备等，但是从长期来看，主要降低母国产品出口规模，造成对外直接投资替代出口。第二，可能会增加母国中间品出口规模。水平生产型对外直接投资如果需要母国中间品作为要素投入，则将增加母国中间品的产品出口规模，增强两国间的生产关联。第三，水平生产型对外直接投资作为独立的生产子公司进行跨国生产，通过海外国际化、地理多元化降低母公司的经营风险，提高母公司经营绩效，延长母公司的出口持续时间和价值链嵌入时间。由此来看，水平生产型对外直接投资对国家间贸易规模的影响并不确定，但是会通过降低退出价值链风险推动全球价值链的稳定性。水平生产型对外直接投资的影响机制具体见图3-5。

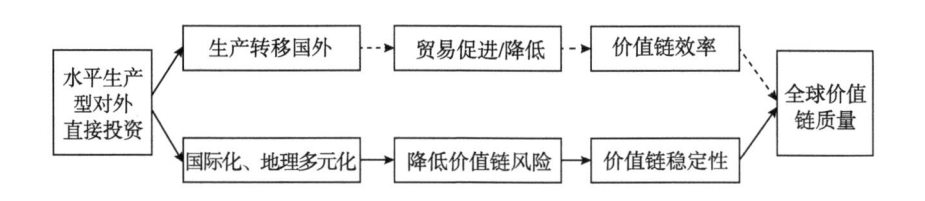

图3-5 水平生产型对外直接投资的影响机制

（四）研究开发型对外直接投资

研究开发型对外直接投资主要是指在东道国独立或合作设立研发中心、科研院所等机构以获取东道国先进技术为目的的海外直接投资，是发展中国家向发达国家投资的主要投资方式之一。发展中国家技术发展水平有限，通过研究开发型对外直接投资在东道国设立研究机构、雇用国外先进技术人才、借鉴国外先进实验室建设经验，提高投资母国的技术水平。中国的华为、联想等大型企业在欧美等国家都设立研发机构。研究开发型对外直接投资的母国经济效应主要包括：第一，通过逆向技术溢出效应，提高母国技术水平。在技术发展水平高、技术人才丰富的国家设立研发机构，可以学习模仿东道国先进技术，充分利用东道国高技能人才优势进行研发创新，如华为在欧洲设立的研发机构雇用了大量国际顶尖计算机与通信领域人才，这是在国内无法做的，因为很多优秀人才主要集中在欧美国家，由于生活习惯等原因他们不愿意到中国长期工作。研发机构的设立汇聚大量优秀研发人员进行集中创新，提高产品创新能力，有利于母公司产品质量的提升。母子公司间还通过人才流动等实现母国逆向技术溢出。第二，国外设立研发中心，有助于提升产品的品牌实力和影响力，提高产品国际市场竞争力，促进母国产品出口规模，增强国家间的生产关联度。第三，母国技术和创新能力提升，促进母国产业向高附加值生产环节攀升，提高其参与全球价值链地位，从而促进全球价值链质量。研究开发型对外直接投资的影响机制具体见图 3-6。

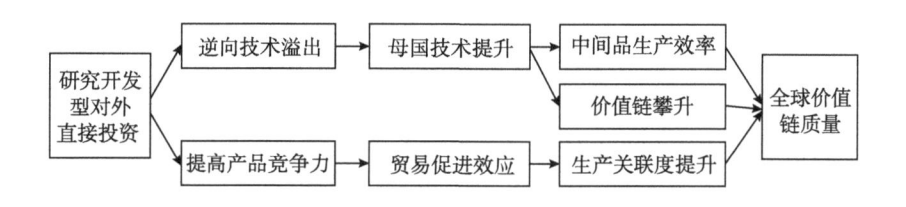

图 3-6 研究开发型对外直接投资的影响机制

（五）资源寻求型对外直接投资

资源寻求型对外直接投资主要是指以获取东道国自然资源为目的的对外直接投资。资源寻求型对外直接投资主要是由自然资源消耗大且相对匮乏的国家（如美国、日本、中国等）向自然资源丰富且本国消耗较少的国家投资（如澳大利亚、巴基斯坦等）。资源寻求型对外直接投资的母国经济效应主要包括：第一，促进母国技术、设备等出口，该类对外直接投资在东道国进行开采、加工，需要大量技术、设备等生产要素，需要母国对这些要素的出口，增强国家间生产关联度。第二，带动自然资源进口，通过进口增强国家间生产关联；进口自然资源，有助于丰富母国生产要素,促进国内产品种类和质量提升。母国获得东道国自然资源,作为国内生产的投入要素,有助于提升国内产品种类和质量,提高中间品供应质量,促进全球价值链质量提升。资源寻求型对外直接投资的影响机制具体见图3-7。

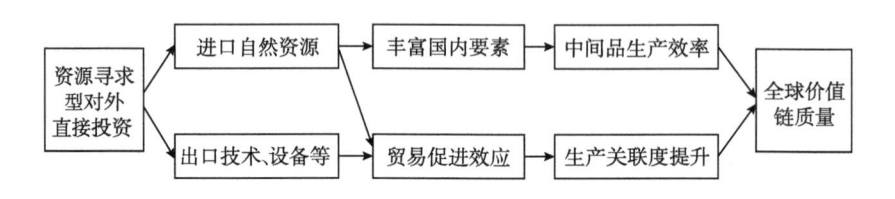

图3-7 资源寻求型对外直接投资的影响机制

第三节 对外直接投资促进全球价值链质量的理论模型

前文从宏观国家角度分析了对外直接投资对全球价值链质量影响的路径,本部分将从微观层面切入,分析企业对外直接投资促进全球价值链质量的可行性。本章将继续延续前文分析结构,从全球价值链效率和全球价值链稳定性两方面入手,分别建立理论模型,分析影响的可行性及条件。

一 对外直接投资促进全球价值链效率可行性理论模型

对外直接投资通过逆向技术溢出效应、产业升级效应等促进产品质量提高从而促进全球价值链效率。其中,由于逆向技术溢出效应最显著,本章模型设计仅考虑最典型的这种情况。本章参照康灿华等(2007)、刘伟全(2010)的研究,建立理论模型分析在什么情况下企业对外直接投资可以提高其参与全球价值链效率。

假设模型仅涉及发达国家和发展中国家两种类型,为简化模型,假设每个国家只有一家代表企业,其中发达国家代表企业为F,发展中国家代表企业为H,分别用S_t^F、S_t^H代表两家企业在t时期的技术水平,则$S_t^F > S_t^H$。两家企业的产品质量分别用$q(S_t^F)$、$q(S_t^H)$表示。

发达国家企业创新基础较好，一般进行国内自主创新；而发展中国家的创新是建立在发达国家创新基础上的，发展中国家一般通过模仿贸易产品获得国外创新或者通过对外直接投资获得逆向技术溢出提升国内技术水平。

第一，提高产品质量的实现途径。

发达国家企业 F 进行技术创新需要一个过程，创新水平随时间递增。F 企业自主创新后的技术水平为：

$$S_{t+1}^F = S_t^F \cdot \rho_F \tag{3-1}$$

其中，ρ_F 表示企业自主创新能力系数，$\rho_F > 1$。

H 企业通过贸易产品模仿，获得创新后的技术水平为：

$$S_{t+1}^H = S_t^F \cdot \sigma_H \tag{3-2}$$

其中，σ_H 表示企业 H 的模仿创新能力系数，$0 < \sigma_H < 1$。

H 企业通过对外直接投资技术逆向溢出到国内的技术水平为：

$$S_{t+1}^H = S_{t+1}^F \cdot \delta_H \tag{3-3}$$

其中，δ_H 表示企业 H 向发达国家对外直接投资后获得的逆向技术溢出率，$\delta_H > 0$。

企业 H 在什么情况下会选择通过对外直接投资的方式获得逆向技术溢出？仅从企业获得技术水平的高低进行判断，当通过对外直接投资技术逆向溢出到国内的技术水平高于通过贸易产品模仿获得的国内技术水平时，即 $S_t^F \cdot \sigma_H < S_{t+1}^F \cdot \delta_H$，则企业 H 选择对外直接投资。将上式进行变换，将 S_{t+1}^F 代入上式得到 $\sigma_H < \rho_F \cdot \delta_H$，即 $\rho_F > \sigma_H / \delta_H$，当发达国家自主创新率较高时，才能满足发展中国家企业技术水平和产品质量提高的需要，也就是说，企业想要提高国内产品质量，需要向技术发展程度高的发达国家直接投资。

第二，需要满足企业利润最大化条件。

此外，企业 H 在何时开展对外直接投资可以满足企业利润最大化？企业对外直接投资之前一般采用贸易产品模仿的方式获得国内创新，本章假设企业 H 将在 j 时开始通过对外直接投资提高国内技术水平，则企业利润最大化的净现值为：

$$\pi(j) = \sum_{t=1}^{j-1} \frac{\pi_t^{trade}}{(1+r)^t} + \sum_{t=j}^{T} \frac{\pi_t^{ofdi}}{(1+r)^t} - \frac{C_j}{(1+r)^j} \tag{3-4}$$

其中，π_t^{trade} 表示企业在 t 时期通过贸易产品模仿国内创新得到的企业利润，π_t^{ofdi} 表示企业在 t 时期通过对外直接投资提高国内技术水平得到的企业利润，C_j 表示企业对外直接投资的投资成本。

企业只通过贸易产品模仿获得创新的利润表达式为：

$$\pi(x) = \sum_{t=1}^{T} \frac{\pi_t^{trade}}{(1+r)^t} \quad (3-5)$$

当企业通过对外直接投资获取国内技术的利润高于企业只通过贸易产品模仿创新获得的利润时，企业才会做出对外直接投资的决策，即 $\pi(j) - \pi(x) > 0$，具体为：

$$-\sum_{t=j}^{T} \frac{\pi_t^{trade}}{(1+r)^t} + \sum_{t=j}^{T} \frac{\pi_t^{ofdi}}{(1+r)^t} - \frac{C_j}{(1+r)^j} > 0 \quad (3-6)$$

简化后得到：

$$\sum_{t=j}^{T} \frac{(\pi_t^{ofdi} - \pi_t^{trade})}{(1+r)^t} > \frac{C_j}{(1+r)^j} \text{ 或 } \sum_{t=0}^{T-j} \frac{(\pi_{t-j}^{ofdi} - \pi_{t-j}^{trade})}{(1+r)^t} > C_j \quad (3-7)$$

不同质量产品的价格不同，本章采用不同价格衡量同一种类单位产品的不同质量。本章假设企业 H 对外直接投资后的产品质量为 $q(S_t^H) = q(S_t^F) \cdot \delta_H$，产品价格为 $p_H^{ofdi} = q(S_t^F) \cdot \delta_H / \alpha$，其中 $0 < \alpha < 1$；企业通过贸易产品模仿创新的产品质量为 $q(S_t^H) = q(S_t^F) \cdot \sigma_H / \rho_F$，产品价格为 $p_H^{trade} = q(S_t^F) \cdot \delta_H \cdot \sigma_H / (\alpha \cdot \rho_F)$。

假设 Q_t^{trade} 表示企业 H 在 t 时期产品价格为 p_H^{trade} 时的销售量，Q_t^{ofdi} 表示企业 H 在 t 时期产品价格为 p_H^{ofdi} 时的销售量。为了简化模型，暂不考虑产品生产成本。因此，$\pi_t^{ofdi} = Q_t^{ofdi} \cdot q(S_t^F) \cdot \frac{\delta_H}{\alpha}$；$\pi_t^{trade} = Q_t^{trade} \cdot q(S_t^F) \cdot \delta_H \cdot \frac{\sigma_H}{\alpha \cdot \rho_F}$。将上式代入 $\sum_{t=0}^{T-j} \frac{(\pi_t^{ofdi} - \pi_t^{trade})}{(1+r)^t} > C_j$ 中，得到：

$$\sum_{t=0}^{T-j} \frac{1}{(1+r)^t} \left[\frac{(q(S_{t-j}^F) \cdot \delta_H \cdot Q_{t-j}^{ofdi}}{\alpha} - \frac{q(S_{t-j}^F) \cdot \delta_H \cdot \sigma_H \cdot Q_{t-j}^{trade}}{\alpha \cdot \rho_F} \right] > C_j \quad (3-8)$$

令 $Q_{t-j}^D = Q_{t-j}^{ofdi} - Q_{t-j}^{trade}$，表示企业对外直接投资后销量高于国内模仿创新的销量，则上式简化为：

$$\sum_{t=0}^{T-j} \frac{1}{(1+r)^t} \left[\frac{q(S_{t-j}^F) \cdot \delta_H}{\alpha} \cdot \frac{(\rho_F - \sigma_H) \cdot Q_{t-j}^{ofdi} + \sigma_H \cdot Q_{t-j}^D}{\rho_F} \right] > C_j \quad (3-9)$$

根据前文假设，$\rho_F > 1$，$0 < \sigma_H < 1$，因此，$\rho_F - \sigma_H > 0$。根据推导发现，只有当企业通过对外直接投资后的销售水平远高于企业投资前的水平时，企业才会考虑对技术水平高的国家进行对外直接投资。

由此可以看出，当企业投向自主创新水平较高的发达国家且对外直接投资后的销售水平高于投资之前的水平时，企业对外直接投资通过提高产品质量从而提高全球价值链效率。

二 对外直接投资促进全球价值链稳定性可行性理论模型

对外直接投资的地理多元化有助于降低企业退出全球价值链风险，从而促进全球价值链稳定性。

对外直接投资的地理多元化是指企业对外直接投资的东道国分布在世界不同国家或地区。企业对外直接投资去往不同国家的目的除根据不同国家资源禀赋获取资源、技术以外，还具有分散风险的作用。不同东道国的经济发展情况不同、市场需求不同，企业对外直接投资的地理位置多元化可减少环境风险、需求冲击对企业经营的影响（Herskovic et al., 2013）。本章在 Gervais（2018）供应链风险模型的基础上进一步拓展，将企业对外直接投资纳入模型，从微观企业角度，验证当外部环境风险增加时企业通过地理多元化对外直接投资可降低企业退出价值链的风险，从而增加全球价值链稳定性。

本章的研究目标是企业面临外部环境风险的投资策略选择问题。策略选择是管理者的一种事前决策，本章基于管理者预期效用最大化的原则，通过考察均衡状态时企业对外直接投资策略变化来分析企业如何规避外部环境风险。假设产品的生产仅需要劳动一种生产要素，并遵循完全竞争的生产方式。假设所有国家生产同质化产品，但是不同国家的风险不同且不完全相关，这为在不同国家建立投资项目提供了风险分散的机会。

第一，企业海外多元化投资。

母公司不仅可以在国内建立分公司，也可以在国外建立分公司。假设母国只有一个代表性对外直接投资母公司，母公司通过对外直接投资在东道国建厂生产产品，东道国没有企业与母国企业存在竞争。企业生产的产品全部被消费，企业不留库存，且无论是国内销售的价格还是国外销售的价格都相同，即产品销售价格均为 p。母公司的国内外子公司的总个数为 n，其中国内子公司个数为 n_D，国外子公司个数为 n_X，且 $n=n_D+n_X$。

企业利润表达式为：

$$\pi = p\sum_{k=1}^{n} q_k - \left[F + n_D f + n_X \omega f + \sum_{k=1}^{n} \tau_k z_k q_k\right] \tag{3-10}$$

其中，$p\sum_{k=1}^{n}q_k$ 为母公司总销售收入，q_k 为第 k 家子公司的产品数量。F 为母公司建设的固定成本。$n_D f + n_X \omega f$ 为国内外子公司的固定成本；f 为国内子公司建设的单位固定成本；ωf 为海外子公司建设的单位固定成本。由于管理人员流动、海外建设信息不完全等，海外建厂所需单位固定成本高于国内，本章假设 $\omega > 1$。

子公司生产可变成本为 $\sum_{k=1}^{n}\tau_k z_k q_k$。其中，$\tau_k$ 为冰山交易贸易成本，当产品生产地与消费市场在同一地区，不进行贸易时，$\tau_k = 1$；当产生贸易时，如国内子公司的产品销往国外市场或海外子公司生产的产品销往国内或其他海外地区，$\tau_k > 1$。z_k 为企业生产损耗变量，指企业生产过程中因外部环境风险（如政府更迭、政治动荡、供需波动、自然灾害等）造成的生产波动。该系数为随机变量，因公司特质不同而不同。本章假设所有子公司因外部环境风险造成的生产损耗变量的均值为 μ，方差为 σ^2，即 $\mathbb{E}(z_k) = \mu$，$\mathrm{var}(z_k) = \sigma^2$。同时，假设位于同一东道国的不同子公司间的相关系数为 ρ，即 $corr(z_k, z_h) = \rho$，其中 k 和 h 同属于 s 国家，$0 < \rho < 1$。生产损耗系数的波动是由外部环境风险引起的，因此，本章采用 σ^2 来代理外部环境风险。

式（3-10）为母公司建立海内外子公司之前企业预期利润表达式。子公司产品产量为事前估计，假设国内子公司的产量相同，均为 q_D；国外子公司的产量相同，均为 q_X。

在式（3-10）的基础上我们计算母公司的期望收益，为：

$$\mathbb{E}(\pi) = (p-\mu)n_D q_D + (p-\tau\mu)n_X q_X - [n_D + n_X \omega]f - F \tag{3-11}$$

企业利润的方差为：

$$\mathrm{var}(\pi) = \sigma^2 [(1-\rho+\rho n_D)n_D q_D^2 + (1-\rho+\rho n_X)n_X \tau^2 q_X^2] \tag{3-12}$$

第二，管理者预期效用最大化。

企业进行对外直接投资之前，对其产生的经济利润未知，管理者基于期望效用最大化的原则进行投资决策。管理者的风险偏好是影响投资策略的重要因素。现实中，企业管理者一般具有较为理智、稳健的风险厌恶的特性，因此本章模型假设母公司管理者为风险规避型，即管理者需要在充分考虑企业经营风险的情况下，对海外子公司的个数、生产规模等进行有效决策。

风险规避型管理者的效用函数 $U(\pi)$ 为严格凹函数,即 $U'>0$,$U''<0$。期望效用可用马科维茨风险溢价 P 和绝对风险规避系数 β 表示,即 $\mathbb{E}(U(\pi))=U(\mathbb{E}(\pi)-P)\approx\mathbb{E}(\pi)-0.5\beta var(\pi)$,其中 $\beta\equiv-U(\pi)''/U(\pi)'$ 为绝对风险规避系数,可以较好地体现管理者的风险厌恶程度。

基于以上,管理者对公司利润的期望效益最大化表达式为:

$$\max_{n,m}\mathbb{E}(U(\pi))=\mathbb{E}(\pi)-0.5\beta var(\pi) \tag{3-13}$$

将式(3-11)、式(3-12)代入式(3-13),得到的具体表达式为:

$$\max_{n,m}\mathbb{E}(U(\pi))=(p-\mu)n_D q_D+(p-\tau\mu)n_X q_X-[n_D+n_X\omega]f-F-$$
$$0.5\beta\sigma^2[(1-\rho+\rho n_D)n_D q_D^2+(1-\rho+\rho n_X)n_X\tau^2 q_X^2] \tag{3-14}$$

当对式(3-14)求偏导估计管理者期望效用最大化时,假设最佳海外子公司数目为 n_X^*、相应的生产规模为 q_X^*。

海外分公司方面,根据 $\dfrac{\partial\mathbb{E}(U(\pi))}{\partial n_D}=0$ 得到:

$$(p-\mu)q_D-f=0.5\sigma^2 q_D^2(1-\rho+2\rho n_D) \tag{3-15}$$

根据 $\dfrac{\partial\mathbb{E}(U(\pi))}{\partial q_D}=0$ 得到:

$$p-\mu=\beta\sigma^2 q_D(1-\rho+\rho n_D) \tag{3-16}$$

根据式(3-15)和式(3-16),得到:

$$q_X^*=\dfrac{\sqrt{\omega}}{\tau\sigma}\sqrt{\dfrac{2f}{\beta(1-\rho)}} \tag{3-17}$$

式(3-15)和式(3-16)中有 n_D、n_X、q_D、q_X、p 五个未知量,继续对国内分公司求偏导。根据 $\dfrac{\partial\mathbb{E}(U(\pi))}{\partial n_X}=0$ 得到:

$$(p-\tau\mu)q_X-\omega f=0.5\beta\sigma^2\tau^2 q_X^2(1-\rho+2\rho n_X) \tag{3-18}$$

根据 $\dfrac{\partial\mathbb{E}(U(\pi))}{\partial q_X}=0$ 得到:

$$p-\tau\mu=\beta\sigma^2\tau^2 q_X(1-\rho+\rho n_X) \tag{3-19}$$

根据式(3-17)和式(3-18),得到:

$$q_D^*=\dfrac{1}{\sigma}\sqrt{\dfrac{2f}{\beta(1-\rho)}} \tag{3-20}$$

将式(3-17)和式(3-20)代入式(3-16)和式(3-19),消去 p,计算得到:

$$n_X = \frac{n_D}{\tau\sqrt{\omega}} - \frac{(1-\rho)(\tau\sqrt{\omega}-1)}{\rho\tau\sqrt{\omega}}\left[1+\frac{\mu(\tau-1)}{\sqrt{2\beta(1-\rho)f\sigma^2}(\tau\sqrt{\omega}-1)}\right] \quad (3-21)$$

第三，均衡状态时，企业投资策略的选择。

母公司在海外设立分公司可以获得规模经济和范围经济。管理者期望通过增加海外分公司数量而获得经济效应，但并不是没有限制的，管理者的期望效用为 0 时，将停止建立海外分公司，行业达到均衡状态，即：

$$\mathbb{E}(U(\pi)) = \mathbb{E}(\pi) - 0.5\beta\mathrm{var}(\pi) = 0 \quad (3-22)$$

简化后得到：

$$n_X^2 = \frac{(1-\rho)F}{\rho f \omega} - \frac{n_D^2}{\omega} \quad (3-23)$$

只有同时满足式（3-21）和式（3-23），母公司在达到预期利润最大化时对外直接投资数量也达到均衡状态。为观察均衡状态，根据式（3-21）和式（3-23）画图。由于$\tau>1$，$\omega>1$，$0<\rho<1$，式（3-21）为线性函数，其斜率为正值，截距为负值，函数形式见图 3-8。将式（3-23）转换为 $\dfrac{n_X^2}{\frac{(1-\rho)F}{\rho f \omega}} + \dfrac{n_D^2}{\frac{(1-\rho)F}{\rho f}} = 1$，可见式（3-23）为 n_X 关于 n_D 的椭圆曲线函数，且 $\dfrac{(1-\rho)F}{\rho f \omega} < \dfrac{(1-\rho)F}{\rho f}$，所以为焦点在横轴的椭圆函数。

当外部环境风险 σ^2 为初始值时，均衡状态为点 $M(n_D^*, n_X^*)$。当外部环境风险增加即 σ^2 增大时，式（3-21）表达的函数斜率不变、截距减小，平行上移，如图 3-8 所示，而式（3-23）函数不变，均衡状态变为 $N(n_D^{*\prime}, n_X^{*\prime})$。可见，外部环境风险 σ^2 增加时，$n_D^{*\prime}$ 减小，$n_X^{*\prime}$ 增大，即国内子公司数量降低，国外子公司数量增加。理论模型的推导表明当面临的外部环境风险增加时，可通过增加海外子公司数量的企业多元化投资策略使母公司经营利润最大化处于稳定状态，即降低母公司退出全球价值链的风险。

基于以上模型的定量讨论，我们得到以下结论：当外部环境风险增加时，企业采用海外投资多元化策略可以显著降低母公司退出价值链的风险，从而促进企业参与全球价值链的稳定性。

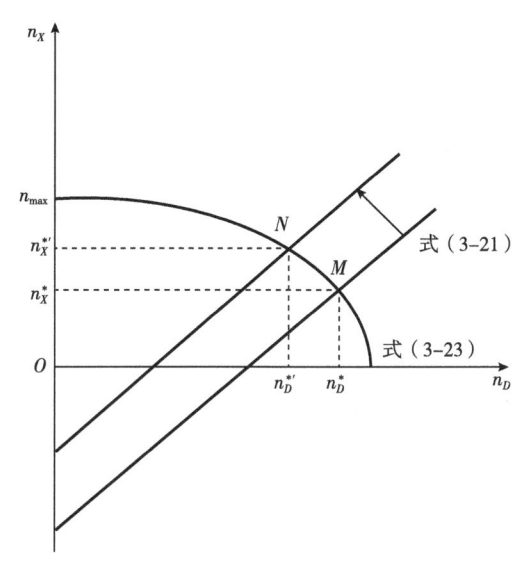

图 3-8　外部环境风险增加时的均衡状态

第四节　本章小结

本章主要描述了对外直接投资影响全球价值链质量的理论机制，主要包括理论基础、机制分析、理论模型构建三个部分。第一，对外直接投资对全球价值链质量影响的理论基础主要包括对外直接投资的逆向技术溢出效应、产业升级效应、贸易促进效应、风险规避效应、价值链重构效应五个方面。第二，基于以上理论基础，本章梳理了对外直接投资影响全球价值链质量的总体机制，以对外直接投资影响全球价值链效率、对外直接投资影响全球价值链稳定性两条主线为核心，分析了对外直接投资通过五条不同路径对全球价值链质量的影响，同时分析了商贸服务型、垂直生产型、水平生产型、研究开发型、资源寻求型五种不同类型对外直接投资对全球价值链质量的影响机制。第三，本章从全球价值链效率提升、全球价值链稳定性提升两个方面，分别建立理论模型分析对外直接投资逆向技术溢出对全球价值链效率影响的可行性、对外直接投资地理多元化提升全球价值链稳定性的可行性。通过本章分析可以看出，理论上对外直接投资能够促进全球价值链质量的提升，不同类型对外直接投资的影响效应可能存在差异。

第四章　对外直接投资与全球价值链质量的典型事实

通过第三章的理论机制分析，本书发现理论上对外直接投资对全球价值链质量具有重要影响，数据方面能否得到验证呢？在进行实证检验之前，本章首先分析了对外直接投资与全球价值链质量的典型事实，内容主要包括两个部分：其一，梳理总结了世界总体对外直接投资及中国对外直接投资的发展现状；其二，构建指标体系衡量全球价值链质量，介绍全球价值链质量数据的测算方法，并对世界国家或地区全球价值链质量、中国全球价值链质量、中国与东道国双边价值链的测算数据进行分析。本部分内容为后文实证检验及结果分析奠定了数据基础。

第一节　对外直接投资的发展现状

一　世界国家或地区对外直接投资数据分析

（一）发达国家依然是全球对外直接投资的主力军

全球对外直接投资主体以发达经济体为主。如图4-1所示，全球对外直接投资流量趋势主要是由发达经济体对外直接投资流量趋势决定的。从流量来看，发达经济体对外直接投资流量占全球总流量的70%以上，而发展中经济体仅占20%左右。全球对外直接投资流量在2007年出现峰值，高达21748.03亿美元；受2008年国际金融危机影响，2009年全球对外直接投资流量出现断崖式下降，比2008年下降38.7%；2015年全球对外直接投资流量增长24.9%，达17080.88亿美元；2018年全球对外直接投资流量下降38.3%，达到10年来最低点；2019年全球对外直接投资流量开始增长。发达经济体的对外直接投资流量发展趋势与全球基本一致，发达国家依然是全球对外直接投资的主力军。

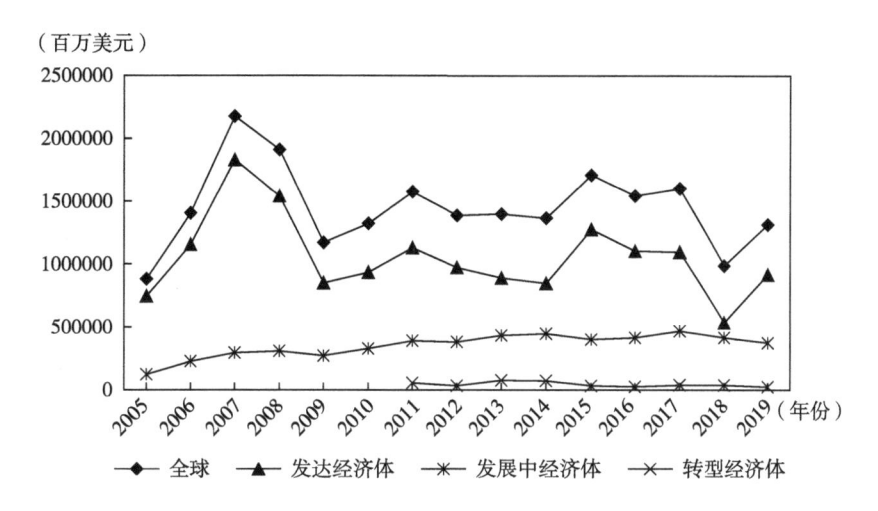

图 4-1　世界对外直接投资总体趋势

资料来源：*World Investment Report*（2011，2017，2020）。

2019 年发达国家的跨国公司在海外投资超过 9170 亿美元，同期增长 72%。尽管 2019 年增长快速，但依然仅是 2007 年峰值的一半左右。从区域来看，欧洲国家对外直接投资增长 13%，主要是荷兰、德国等国家的海外投资大量增长，而法国、瑞士两国的对外直接投资与 2018 年相比，分别减少了 63%、82%。北美地区的对外直接投资增长至 2000 亿美元，美国实施税制改革后，其对外直接投资流量由 2018 年的 -910 亿美元转为正值，加拿大对外直接投资在 2019 年增长了 54%。日本依然是世界上对外直接投资最多的国家，跨境并购的大量增加使日本总体对外直接投资增长了 58%，此外，日本在欧洲和北美地区的海外投资增长了一倍（UNCTAD，2020）。

（二）发展中国家对外直接投资稳中有降

发展中国家的对外直接投资流量整体呈上涨趋势，2018 年发展中国家对外直接投资占全球对外直接投资流量的 42%，但 2019 年下降了 10%，达 3730 亿美元。亚洲地区的发展中国家对外直接投资降低了 19%，中国、韩国等国家对外直接投资下降明显，而新加坡、马来西亚等国家的对外直接投资反而增长。拉丁美洲地区的对外直接投资增幅较大，达 420 亿美元，巴西、墨西哥、智利等国家贡献较高。

从存量来看，全球对外直接投资存量 2000 年达 7.41 万亿美元，2010

年达20.46万亿美元，2016年达26.16万亿美元，2019年达34.57亿万美元。2000年发达经济体占全球对外直接投资存量的比重为90.4%，2010年占83.4%，2016年占76.3%，2019年占75.9%，发达国家对外直接投资存量在全球经济中的占比逐年下降，而发展中国家2000年、2010年、2016年、2019年对外直接投资占全球总体对外直接投资存量的比重分别为9.3%、14.7%、22.2%、22.8%，发展中国家对外直接投资存量逐年上升，但占比依然较小（UNCTAD，2020）。

（三）全球对外直接投资由重工业向信息、通信等高技术行业转变

根据《2020年世界投资报告》对世界100强大型跨国企业的调查数据，当前以重工业为主营业务的跨国公司投资下降而以信息、通信为主的跨国公司投资上涨，如美国亚马逊、中国华为。此外，制药行业的对外直接投资也显著上涨，如英国葛兰素史克、法国赛诺菲等。2019年全球绿地投资排名前十的行业分别是：电力、煤气及空调供应，焦炭和再生石油产品，建筑，信息及通信，汽车和其他运输设备，计算机、电子、光学产品和电气设备，住宿和食品供应，化学品及化学产品制造，运输和存储，金融和保险；全球跨境兼并排名前十的行业分别是药品、药用化学品和植物产品，商业活动，金融和保险活动，化学品及化学产品制造，采矿、采石及石油，信息和通信，计算机、电子、光学产品和电气设备，运输和存储，食品、饮料和烟草制品，贸易。通过行业排名可以发现，全球对外直接投资正由重工业向计算机、信息、通信等高技术行业转变。

二 中国对外直接投资数据分析

（一）中国对外直接投资规模巨大

近年来，中国对外直接投资规模不断扩大，2002—2019年中国对外直接投资流量年平均增长速度高达28.2%，具体年度流量金额见图4-2。2002—2016年中国对外直接投资流量逐年递增，2015年中国对外直接投资规模首次超过中国引进外资规模。由于2016年中国政府控制非理性对外直接投资，2017—2019年中国对外直接投资流量呈下降趋势。尽管中国对外直接投资流量自2017年开始下降，2018年中国对外直接投资流量仍达1430.4亿美元，占全球对外直接投资流量的14.1%，位列全球第二，2019年中国对外直接投资流量达1369.1亿美元，占全球对外直接投资流量的10.4%，位列全球第二。在微观企业层面，随着中国"走出去"

战略的不断深化，中国对外直接投资企业数量和资产也形成一定规模。根据《2018年度中国对外直接投资统计公报》数据，截至2019年年底，中国有2.75万家境内企业投资者开展对外直接投资，在国外设立4.4万家境外企业，年末境外企业资产总额达到7.2万亿美元。2007—2019年，对外直接投资的中国境内企业数量、中国境外企业数量及中国境外企业资产总额不断攀升（见图4-3）。这一系列数字证明中国对外直接投资正快速发展且规模巨大，中国已经成为投资大国，正向国际投资强国迈进。

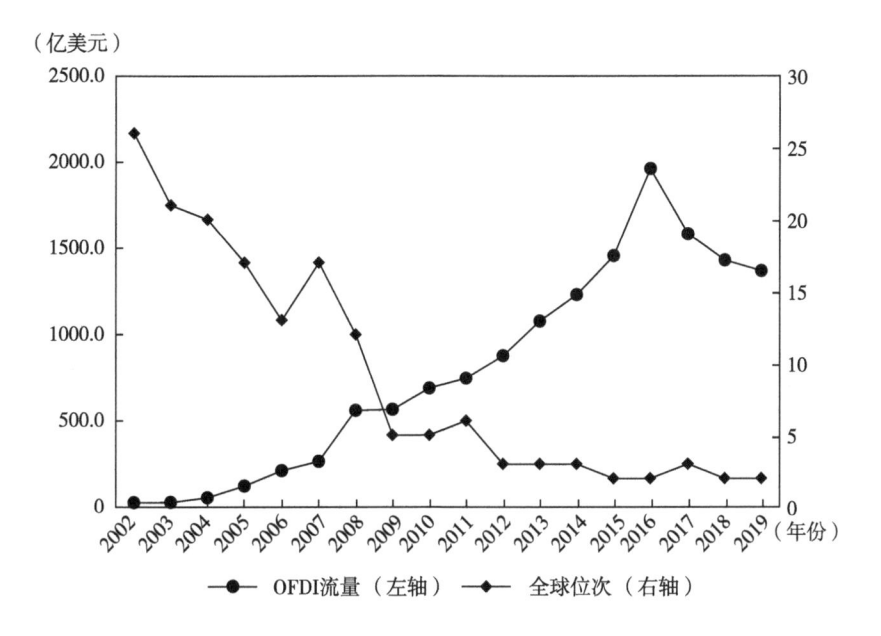

图4-2　中国对外直接投资流量及全球排名

资料来源：历年《中国对外直接投资统计公报》。

此外，本章统计了2007—2019年中国对ADB投入产出数据库中61个国家或地区的对外直接投资存量数据（见图4-4）。中国对这61个国家或地区的直接投资快速增长，2007年中国对这些国家的对外直接投资总额达861.7亿美元，2010年达2514.7亿美元，2013年达5312.0亿美元，2016年达10731.3亿美元，2019年达16674.3亿美元。2013—2017年增速最快，2017年以后增速递减，这与中国2016年中国政府控制非理性对外直接投资有关。

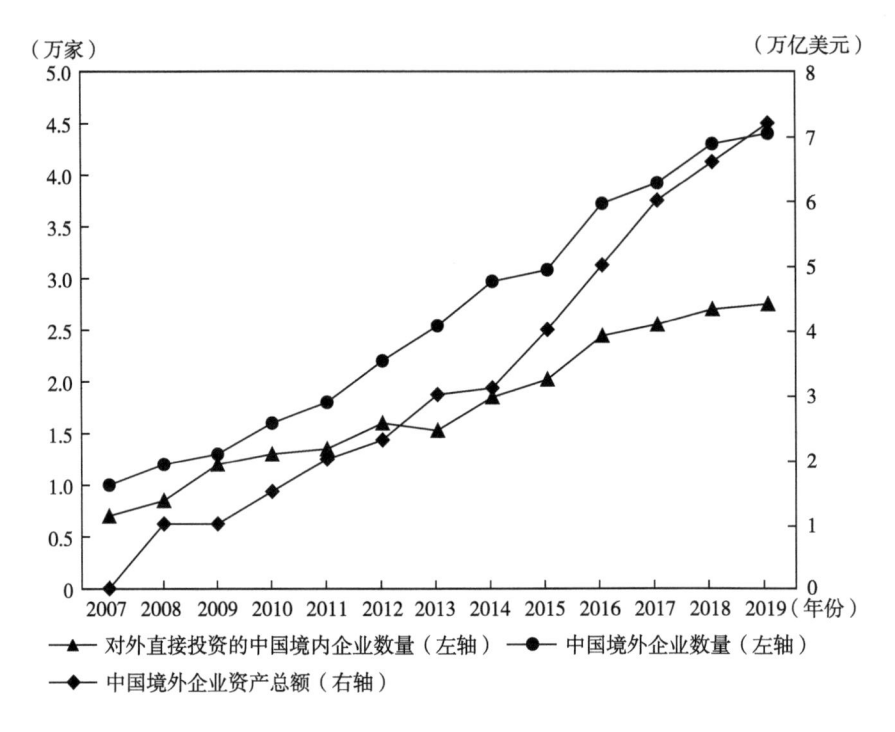

图 4-3　中国对外直接投资企业情况

资料来源：历年《中国对外直接投资统计公报》。

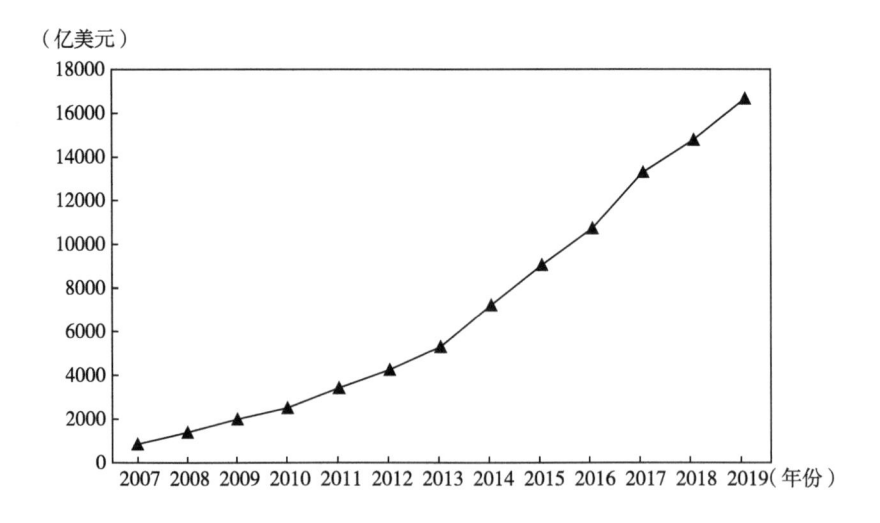

图 4-4　2007—2019 年中国对 61 个国家或地区对外直接投资存量的总和

资料来源：根据历年《中国对外直接投资统计公报》数据计算绘制。

(二) 中国对外直接投资正向高附加值行业转变

由图 4-5 可以看出，中国对外直接投资主要集中在租赁和商务服务业，金融业，批发和零售业，采矿业，制造业，信息传输、软件和信息技术服务业等行业。通过行业的分析，表明中国对外直接投资主要是商贸服务型对外直接投资。一般来说，商贸服务型对外直接投资可以有效促进中国与对外直接投资东道国间的贸易关联度，从而促进中国参与全球价值链质量的提高。中国对外直接投资隶属采矿业的排名较靠前，表明中国通过对外直接投资在国外获取自然资源的比例较高。整体来看，中国对外直接投资属于信息技术行业的排名在前列，表明中国高附加值行业的对外直接投资正在逐渐扩大。

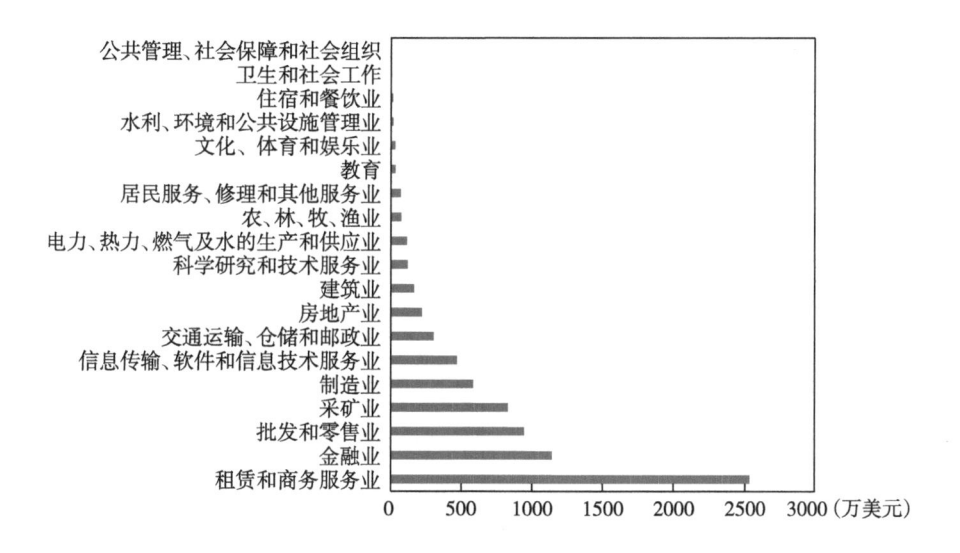

图 4-5　2004—2019 年中国分行业对外直接投资平均值

资料来源：根据历年《中国对外直接投资统计公报》相关数据计算得到。

中国制造业对外直接投资排名也靠前，但重点集中在哪些细分行业呢？本章对制造业细分行业对外直接投资情况进行了详细统计，结果见图 4-6。中国制造业对外直接投资主要集中在汽车制造业、化学原料和化学制品制造业、计算机/通信和其他电子设备制造业、化学纤维制造业、医药制造业、专用设备制造业等方面。根据 OECD 对制造业细分行业的分类，这几个行业均为高技术行业。中国对仪器仪表制造业、农副食品加工业、石油/煤炭及其他燃料加工业、纺织服装/服饰业等低附加值行业的对外直接投资较少。因此,无论是从整体行业角度,还是从中国制造业细分行业的角度,中国对外直接投资正在向高附加值、高技术含量细分行业转变。

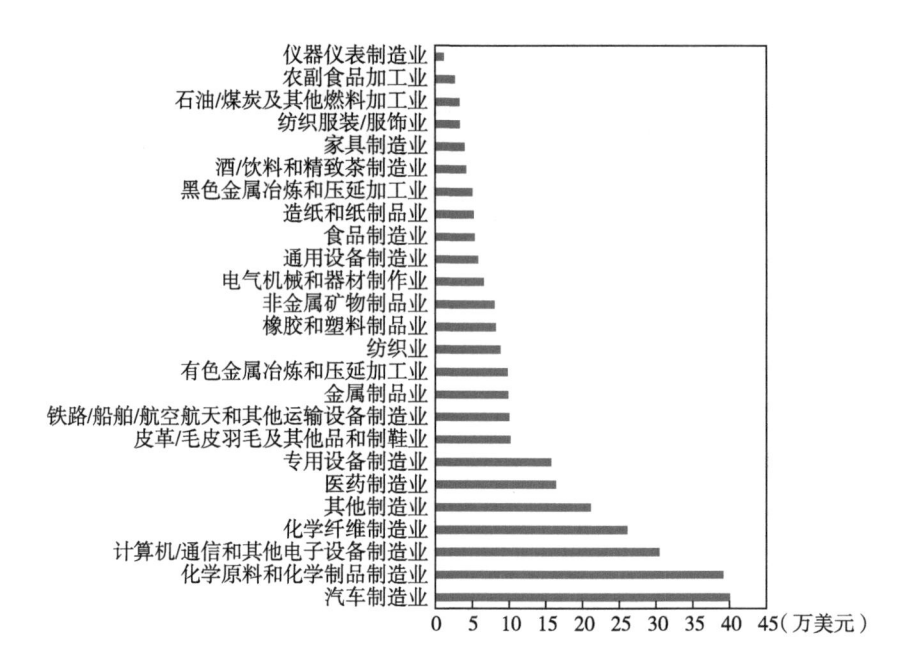

图 4-6 2016—2019 年中国制造业细分行业对外直接投资平均值

资料来源:根据历年《中国对外直接投资统计公报》相关数据计算得到。

(三)中国对外直接投资的东道国分布广泛

中国对外直接投资的东道国分布在全球 180 多个国家或地区。如表 4-1 所示,2015 年中国对外直接投资流量流向亚洲的为 1083.7 亿美元,占同年中国总体对外直接投资流量的 74.4%,主要分布在中国香港、东盟 10 国等,对这两个地区的直接投资流量占 40.2%;流向拉丁美洲的对外直接投资占同年中国总体对外直接投资流量的 8.6%,主要分布在开曼群岛、英属维尔京群岛等国际避税区,以及委内瑞拉、厄瓜多尔等国家;此外,流向北美洲、欧洲、大洋洲、非洲的中国对外直接投资流量依次递减。2019 年中国对外直接投资流量依然主要分布在亚洲地区,占同年中国总体对外直接投资流量的 80.9%;欧洲成为中国对外直接投资的第二大目的地，中国对欧洲直接投资同比增长59.6%，主要分布在荷兰、瑞典、德国、英国、卢森堡等国家；虽然2019年中国对拉丁美洲国家直接投资同比降低了56.3%，但拉丁美洲依然是中国对外直接投资流量排名第三位的国家或地区。2019年中国对外直接投资流量排名前十的国家或地区包括中国香港、英属维尔京群岛、新加坡、荷兰、美国、印度尼西亚、澳大利亚、瑞典、越南、德国，其中，对中国香港的直接投资占中国总体对外直接投资的66.1%，对英属维尔京群岛的直接投资占中国总体对外直接投资的6.3%，新加坡占3.5%，荷兰和美国均占2.8%。

表4-1　　　　　　　　中国对外直接投资流量地区分布

地区	2015年			2019年		
	金额（亿美元）	比重（%）	同比（%）	金额（亿美元）	比重（%）	同比（%）
亚洲	1083.7	74.4	27.5	1108.4	80.9	5.1
拉丁美洲	126.1	8.6	19.6	63.9	4.7	-56.3
北美洲	107.2	7.4	16.4	43.7	3.2	-49.9
欧洲	71.2	4.9	-34.3	105.2	7.7	59.6
非洲	29.8	2.0	-7.0	27.1	2.0	-49.9
大洋洲	38.7	2.7	-10.7	20.8	1.5	-6.3
合计	1456.7	100.0	18.3	1369.1	100.0	-4.3

资料来源：历年《中国对外直接投资统计公报》。

第二节　全球价值链质量的测算方法与结果分析

一　全球价值链质量测算方法及工具

（一）世界投入产出表的计算与拆分

投入产出表最早是由美国经济学家瓦西·里昂惕夫（W. Leontief）提出并研究编制的。里昂惕夫提出了投入产出表的概念及编制方法，阐述了投入产出技术的基本原理。投入产出表根据涉及国家数量可简单划分为国家投入产出表和世界投入产出表两种，其中国家投入产出表根据是否与外国经济关联,又分为封闭型经济的国家投入产出表和开放型经济的国家投入产出表两种。

世界投入产出表,是指以世界各国产品部门分类为基础的棋盘式平衡表,用于反映世界各国各部门的投入和产出、投入的来源和产出的去向,以及部门与部门之间相互依存、相互制约的技术经济关系。当前采用的一般是艾萨德形式的国家间投入产出表。世界投入产出表的表现形式是由 Isard(1951)提出的区域间投入产出表演化而来的。

世界投入产出表记录了世界各国各部门间要素投入产出的相互依赖关系,是全球价值链数据测算的最基本数据格式。数学量化后采用矩阵的形式表示,其中,列向表示投入关系,主要包括中间投入、增加值和总投入三个部分;行向表示产出关系,主要包括中间使用、最终使用和总产出三个部分。具体形式见表4-2。假设世界上有 G 个国家,每个国家包括 N 个生产部门。其中,A_{12}^{1G} 表示国家1第1部门的产品被国家 G 第2部门用来作为中间投入的消耗数,Y_1^{12} 表示国家1第1部门的产品被国家2用来作为最终使用的产品量,Va_2^1 表示国家1第2部门的增加值总额,X_2^1 表示国家1第2部门的总产出。

从纵列方向看,各国各部门的中间投入+增加值=总投入;从横行方向看,各国各部门的中间使用+各国各部门的最终产品使用=总产出;从总量看,总投入=总产出。

世界投入产出表的基本恒等式为:

$$X=AX+Y \tag{4-1}$$

其中,X 表示世界各国各部门总产出矩阵($GN\times1$),A 表示世界各国各部门间的投入产出消耗系数矩阵($GN\times GN$),Y 表示世界各国各部门最终产品需求矩阵($GN\times1$)。

$$X=(I-A)^{-1}Y=BY \tag{4-2}$$

其中,$(I-A)^{-1}=B$ 为里昂惕夫逆矩阵,矩阵元 B_{sr} 表示 r 国增加一单位最终需求产品需要多少 S 国总出口。

本书用 V 表示各国各部门的增加值率系数矩阵($1\times GN$),即世界投入产出表中的增加值 Va 与总投入 X 的比值。$\hat{V}$ 为矩阵 V 的对角矩阵($GN\times GN$),$\hat{V}$ 表示一国各部门增加值率系数矩阵。同理,$\hat{Y}$ 为矩阵 Y 的对角矩阵($GN\times GN$),表示一国各部门最终产品需求矩阵。

表 4-2　世界投入产出表

			中间使用								最终使用				总产出
			国家 1				...	国家 G			国家 1	国家 2	...	国家 G	
			1	2	...	N		1	2	...	N		...		
											Y^1	Y^2	...	Y^G	
中间投入	国家 1	1	A_{11}^{11}	A_{12}^{11}	...	A_{1N}^{11}	...	A_{11}^{1G}	A_{12}^{1G}	...	A_{1N}^{1G}	Y_1^{11}	Y_1^{12}	...	Y_1^{1G}	X_1^1
		2	A_{21}^{11}	A_{22}^{11}	...	...	...	A_{21}^{1G}	A_{22}^{1G}	...	...	Y_2^{11}	Y_2^{12}	...	...	X_2^1
		...	...	...	...	...	...	...	...	...	...	...	...	...	...	...
		N	A_{N1}^{11}	...	...	A_{NN}^{11}	...	A_{N1}^{1G}	...	...	A_{NN}^{1G}	Y_N^{11}	...	...	Y_N^{1G}	X_N^1
	...	...	...	...	...	...	...	...	...	...	...	...	...	...	...	...
	国家 G	1	A_{11}^{G1}	A_{12}^{G1}	...	A_{1N}^{G1}	...	A_{11}^{GG}	A_{12}^{GG}	...	A_{1N}^{GG}	Y_1^{G1}	Y_1^{G2}	...	Y_1^{GG}	X_1^G
		2	A_{21}^{G1}	A_{22}^{G1}	...	...	...	A_{21}^{GG}	A_{22}^{GG}	...	...	Y_2^{G1}	Y_2^{G2}	...	...	X_2^G
		...	...	...	...	...	...	...	...	...	...	...		...		...
		N	A_{N1}^{G1}	...	...	A_{NN}^{G1}	...	A_{N1}^{GG}	...	...	A_{NN}^{GG}	Y_N^{G1}		...	Y_N^{GG}	X_N^G
增加值			Va_1^1	Va_2^1	...	Va_N^1	...	Va_1^G	Va_2^G	...	Va_N^G					
总投入			X_1^1	X_2^1	...	X_N^1	...	X_1^G	X_2^G	...	X_N^G					

为了计算一国生产被另一国最终吸收的增加值,首先将增加值率系数矩阵与里昂惕夫逆矩阵相乘,得到增加值份额矩阵 $\hat{V}B$;然后将增加值份额矩阵与最终需求矩阵相乘(Koopman et al., 2010),即 $\hat{V}B\hat{Y}$;$\hat{V}B\hat{Y}$ 表示各国各部门增加值在世界范围内的流向情况。$\hat{V}B\hat{Y}$ 具体形式如下:

$$\hat{V}B\hat{Y} = \begin{pmatrix} \hat{V}^1 B^{11} \hat{Y}^1 & \hat{V}^1 B^{12} \hat{Y}^2 & \cdots & \hat{V}^1 B^{1G} \hat{Y}^G \\ \hat{V}^2 B^{21} \hat{Y}^1 & \hat{V}^2 B^{22} \hat{Y}^2 & \cdots & \hat{V}^2 B^{2G} \hat{Y}^G \\ \vdots & \vdots & \ddots & \vdots \\ \hat{V}^G B^{G1} \hat{Y}^1 & \hat{V}^G B^{G2} \hat{Y}^2 & \cdots & \hat{V}^G B^{GG} \hat{Y}^G \end{pmatrix} \quad (4-3)$$

本书研究基于生产要素国际流动的原理,因此,主要从 $\hat{V}B\hat{Y}$ 列向矩阵进行考察。从列向看,$\hat{V}B\hat{Y}$ 矩阵第 1 列表示 1 国最终产品需求 $\hat{Y}^1$ 生产所消耗的来自 1-G 国的增加值,第 2 列表示 2 国最终产品需求 $\hat{Y}^2$ 生产所消耗的来自 1-G 国的增加值,第 G 列表示 G 国最终产品需求 $\hat{Y}^G$ 生产所消耗的来自 1-G 国的增加值。由此,$\hat{V}B\hat{Y}$ 对角线上的元素表示一国最终产品需求生产所消耗的来自本国国内的增加值,非对角线上的元素表示一国最终产品需求生产所消耗的来自本国以外的增加值。

假设列向代表生产要素提供国 s 国,行向代表最终产品生产国 r 国,其中 s、$r \in G$。$\hat{V}B\hat{Y}$ 矩阵中,每一列都代表了最终产品需求国 r 国生产所消耗的来自 s 国的初始要素投入,则 s 国的初始要素投入在 r 国最终产品生产所需的总投入中的占比,就可以表示 s 国和 r 国之间的生产密切度。

为了区分国内消耗和国外消耗,采用数理推导进一步证明。首先将各国各部门间的直接消耗系数矩阵拆分为国内直接消耗系数矩阵和国外直接消耗系数矩阵两部分,分别用 A^D 和 A^F 表示,并且有:

$$A = A^D + A^F \quad (4-4)$$

其中,A^D 表示的是 GN×GN 的国内投入产出消耗系数矩阵,具体表达形式如下:

$$A^D = \begin{pmatrix} A^{11} & 0 & \cdots & 0 \\ 0 & A^{22} & \cdots & 0 \\ \vdots & \vdots & \ddots & \vdots \\ 0 & 0 & \cdots & A^{GG} \end{pmatrix} \quad (4-5)$$

代入基本恒等式,得到:

$$X = AX + Y = (A^D + A^F)X + Y = A^D X + A^F X + Y \qquad (4-6)$$
$$X - A^D X = A^F X + Y \qquad (4-7)$$
$$(I - A^D)X = A^F X + Y \qquad (4-8)$$
$$X = (I - A^D)^{-1} A^F X + (I - A^D)^{-1} Y \qquad (4-9)$$

假设 $L = (I - A^D)^{-1}$，则：
$$X = LA^F X + LY \qquad (4-10)$$

由于 $X = (I - A)^{-1} Y = BY$，式（4-10）推导得到：
$$BY = LY + LA^F BY \qquad (4-11)$$

对式（4-11）等号左右两侧均左乘对角矩阵 $\hat{V}$，同时将 Y 转换为对角矩阵 $\hat{Y}$，得到：
$$\hat{V} B \hat{Y} = \hat{V} L \hat{Y} + \hat{V} L A^F B \hat{Y} \qquad (4-12)$$

式（4-12）将各国各部门增加值在世界范围内的流向和分配拆分为两部分：一国最终产品生产消耗国内增加值、一国出口的中间品消耗国内增加值。因此，计算广义的全球价值链质量时，以 $\hat{V} B \hat{Y}$ 为测算基础；计算国内价值链质量时，以 $\hat{V} L \hat{Y}$ 为测算基础。

（二）全球价值链效率的测算方法

根据前文对全球价值链效率的定义，本章以参与全球价值链的各个国家间生产关联密切度为权重加总中间品提供国的生产效率之和来衡量。在测算方法方面，高敬峰和王彬（2019）从供应链质量管理的角度提出全球价值链质量的概念，将生产国与初始要素投入国之间的生产关联作为权重，加总供应链链条上中间品提供国的生产效率，作为全球价值链质量的测算方法，其本质是对全球价值链运行效率的一种测度。因此，本章采用以上方法进行测算，对全球价值链效率的衡量主要包括两部分内容：第一，参与价值链中间品提供国家的生产效率；第二，参与价值链国家间的生产密切度。具体计算公式如下：

$$EfGVC^r = \sum_{j \in r} \sum_{s \in G} \sum_{i \in s} \left(\frac{Va_i^s}{Labor_i^s} \times \frac{\hat{V} B \hat{Y}_{ij}^{sr}}{\sum_{j \in r} \sum_{s \in G} \sum_{i \in s} \hat{V} B \hat{Y}_{ij}^{sr}} \right) \qquad (4-13)$$

其中，Va_i^s 表示 s 国 i 部门的增加值；$Labor_i^s$ 表示 s 国 i 部门的就业人数，由于缺少国家行业层面的就业数据，本章将国家总的劳动人数按照分行业产出占总产出的比重进行拆分，具体拆分公式为 $Labor_i^s = labor_s \times \dfrac{Va_i^s}{X_s}$，国家层面劳动数据来源于世界银行数据库；$\dfrac{Va_i^s}{Labor_i^s}$ 用来衡量 s 国 i 部门投入中间品的生产效率，增加值越高，表明该国该部门的生产效率越高；$\dfrac{\widehat{VB\hat{Y}}_{ij}^{sr}}{\sum\limits_{j \in r}\sum\limits_{s \in G}\sum\limits_{i \in s}\widehat{VB\hat{Y}}_{ij}^{sr}}$ 表示 r 国 j 部门生产最终产品消耗 s 国 i 部门的增加值在 r 国生产最终产品消耗总增加值中的占比，即 s 国要素投入在 r 国最终品生产中的贡献度，用来衡量最终产品生产国 r 国与中间品来源国 s 国之间的生产密切度。

国内价值链是全球价值链的一部分，考察国内价值链效率对于了解一国国内价值链发展的情况具有重要意义。本章除了计算全球价值链效率，还计算了国内价值链效率。根据全球价值链的拆分，国内各部门间的要素流动主要在 $\widehat{VL\hat{Y}}$ 矩阵中量化，因此，本章采用 $\dfrac{\widehat{VL\hat{Y}}_{ij}^{sr}}{\sum\limits_{j \in r}\sum\limits_{s \in G}\sum\limits_{i \in s}\widehat{VL\hat{Y}}_{ij}^{sr}}$ 来衡量国内各部门间的生产关联度。

国内价值链效率的计算公式如下：

$$EfNVC^r = \sum_{j \in r}\sum_{s \in G}\sum_{i \in s}\left(\dfrac{Va_i^s}{Labor_i^s} \times \dfrac{\widehat{VL\hat{Y}}_{ij}^{sr}}{\sum\limits_{j \in r}\sum\limits_{s \in G}\sum\limits_{i \in s}\widehat{VL\hat{Y}}_{ij}^{sr}}\right) \qquad (4-14)$$

（三）全球价值链稳定性的测算方法

根据前文对全球价值链稳定性的定义，本章从全球价值链获利能力的角度衡量全球价值链的稳定性。全球价值链本质上是参与国际生产分工的国家或企业的增加值创造过程，是从生产增值角度描述不同生产环节之间的链条式关联关系和分布形态（黄群慧和倪红福，2020）。一国参与全球生产获得的增加值率可以用来衡量一国在全球价值链中的获益程度，一国获得的增加值率越大，获益能力越高（倪红福，2019）。因此，一国参与全球价值链的稳定性可以用一国增加值率的稳定性来衡量，即一国参与国际生产的增加值率波动越小，则该国参与全球价值链的稳定性越高。如何衡量一国参与全球价值链的增加值率的波动性呢？在衡量波动性或风险的相关文献中，比较经典的是采用企业利润率的波动性来衡量企业经营风险（John et al.，2008），数据测算的核心方法是对设定时间段内方差的测算。本章参考以上方法，测算了国家行业层面的增加值率波动。具体的计算公式如下：

$$V_{it}^r = Va_{it}^r / X_{it}^r \tag{4-15}$$

$$VaP_{it}^r = V_{it}^r - \overline{V_t^r} \tag{4-16}$$

$$sdVaP_{it}^r = \sqrt{\frac{1}{N-1} \sum_{n=1}^{N} \left(VaP_{in\tau}^r - \frac{1}{N} \sum_{n=1}^{N} VaP_{in\tau}^r \right)^2} \tag{4-17}$$

式（4-15）中，V_{it}^r 表示 r 国 i 行业 t 年增加值率，具体为该国该行业增加值 Va_{it}^r 与总产出 X_{it}^r 的比值。

式（4-16）中，VaP_{it}^r 表示剔除系统风险后的 r 国 i 行业 t 年增加值率；$\overline{V_t^r}$ 表示 r 国所有行业的平均增加值率，定义为系统风险。

式（4-17）中，$sdVaP_{it}^r$ 表示 r 国 i 行业在第 t 年的增加值率波动性，$VaP_{in\tau}^r$ 表示 r 国 i 行业在第 τ 个观测时段内剔除系统风险后的增加值率；设置三年期为一个观测时间段，即 N 为 3；τ 表示观测时段，本章采用 2007—2019 年数据，按照 2007—2009 年、2008—2010 年……2017—2019 年划分为 11 个三年期观测时间段。

在国家行业层面增加值率波动性计算的基础上，我们以参与全球价值链国家间的生产关联度为权重加总中间品提供国增加值率波动性的负向指标，用来衡量该国参与全球价值链的稳定性，具体计算公式如下：

$$StGVC^r = \sum_{j \in r} \sum_{s \in G} \sum_{i \in s} \left(\frac{1}{sdVaP_i^s} \times \frac{\hat{V}B\hat{Y}_{ij}^{sr}}{\sum_{j \in r} \sum_{s \in G} \sum_{i \in s} \hat{V}B\hat{Y}_{ij}^{sr}} \right) \tag{4-18}$$

式中，$sdVaP_i^s$ 表示 s 国 i 行业的增加值率波动性，本章采用增加值率波动性的倒数来衡量增加值率的稳定性，即 $\frac{1}{sdVaP_i^s}$。

同理，国内价值链稳定性的计算公式如下：

$$StNVC^r = \sum_{j \in r} \sum_{s \in G} \sum_{i \in s} \left(\frac{1}{sdVaP_i^s} \times \frac{\hat{V}L\hat{Y}_{ij}^{sr}}{\sum_{j \in r} \sum_{s \in G} \sum_{i \in s} \hat{V}L\hat{Y}_{ij}^{sr}} \right) \tag{4-19}$$

（四）全球价值链质量的测算方法

参考孔群喜等（2019）将经济增长效率和经济增长稳定性作为经济增长质量重要指标的相关研究，本章拓展了全球价值链质量的内涵，将全球价值链效率、全球价值链稳定性同时纳入测算指标。由于中间品提供国的生产效率与增加值率的稳定性是相互促进、相互制约的,本章将中间品提供国的生产效率与中间品提供国增加值率的稳定性两个衡量指标相乘,同时以国家行业间生产关联度为权重加总得到全球价值链质量。具体的计算公式如下:

$$QGVC^r = \sum_{j \in r} \sum_{s \in G} \sum_{i \in s} \left(\frac{Va_i^s}{Labor_i^s} \times \frac{1}{sdVaP_i^s} \times \frac{\hat{V}B\hat{Y}_{ij}^{sr}}{\sum_{j \in r} \sum_{s \in G} \sum_{i \in s} \hat{V}B\hat{Y}_{ij}^{sr}} \right) \quad (4-20)$$

其中,$\frac{Va_i^s}{Labor_i^s}$ 表示中间品提供国的生产效率,$\frac{1}{sdVaP_i^s}$ 表示中间品提供国增加值率的稳定性,$\frac{\hat{V}B\hat{Y}_{ij}^{sr}}{\sum_{j \in r} \sum_{s \in G} \sum_{i \in s} \hat{V}B\hat{Y}_{ij}^{sr}}$ 表示国家行业间的生产关联度。

同理,国内价值链质量的计算公式如下:

$$QNVC^r = \sum_{j \in r} \sum_{s \in G} \sum_{i \in s} \left(\frac{Va_i^s}{Labor_i^s} \times \frac{1}{sdVaP_i^s} \times \frac{\hat{V}L\hat{Y}_{ij}^{sr}}{\sum_{j \in r} \sum_{s \in G} \sum_{i \in s} \hat{V}L\hat{Y}_{ij}^{sr}} \right) \quad (4-21)$$

(五) 数据来源与测算工具

当前世界投入产出表中的数据来源主要包括 WIOD 投入产出表、OECD 投入产出表、GTAP 投入产出表、ADB-MRIO 投入产出表(以下简称 ADB 投入产出表)四类。其中,WIOD 投入产出表包含 43 个国家或地区、56 个部门的投入产出矩阵数据,时间跨度为 2000—2014 年;OECD 投入产出表包含 64 个国家或地区、34 个部门的投入产出矩阵数据,时间跨度为 2005—2014 年;GTAP 投入产出表包含 121 个国家或地区、43 个部门的投入产出矩阵数据,涉及 2004 年、2007 年和 2011 年三个年份;ADB 投入产出表包含 63 个国家或地区、35 个部门的投入产出矩阵数据,时间跨度为 2000—2019 年。

ADB 投入产出表是亚洲开发银行主导编制的多国家开放型投入产出数据,目前学术界对该投入产出表的应用相对较少。由于 ADB 投入产出表数据最新可以更新到 2019 年,且相较于其他机构发布的世界投入产出表,ADB 投入产出表可以包含更多的国家或地区,因此本章采用 ADB 投入产出表作为主要数据来源。ADB 投入产出表涉及的国家或地区名称及区域分布见表 4-3。

表 4-3　ADB 投入产出表涉及的国家或地区及区域分布

划分类别	国家或地区
63 个国家或地区	1. 加拿大；2. 墨西哥；3. 美国；4. 奥地利；5. 比利时；6. 瑞士；7. 塞浦路斯；8. 德国；9. 丹麦；10. 西班牙；11. 芬兰；12. 法国；13. 英国；14. 希腊；15. 爱尔兰；16. 意大利；17. 卢森堡；18. 马耳他；19. 荷兰；20. 挪威；21. 葡萄牙；22. 瑞典；23. 中国；24. 韩国；25. 中国台湾；26. 中国香港；27. 日本；28. 俄罗斯；29. 澳大利亚；30. 印度尼西亚；31. 马来西亚；32. 菲律宾；33. 泰国；34. 越南；35. 老挝；36. 文莱；37. 柬埔寨；38. 新加坡；39. 保加利亚；40. 捷克；41. 爱沙尼亚；42. 克罗地亚；43. 匈牙利；44. 立陶宛；45. 拉脱维亚；46. 波兰；47. 罗马尼亚；48. 斯洛伐克；49. 斯洛文尼亚；50. 土耳其；51. 印度；52. 孟加拉国；53. 斯里兰卡；54. 巴基斯坦；55. 不丹；56. 马尔代夫；57. 尼泊尔；58. 哈萨克斯坦；59. 吉尔吉斯斯坦；60. 蒙古国；61. 斐济；62. 巴西；63. 世界其他地方
5 个区域	北美：1—3；东亚：23—27；东南亚：30—38；欧盟：4—5、7—19、21—22、39—49（29 个国家，包括英国①）；其他
"一带一路"沿线划分	非"一带一路"区域：编号 1—6、8—27、29、61—63 的国家或地区；"一带一路"区域：编号 7、14、18、23、28、30—60 的国家或地区

注：参考戴翔和宋婕（2020）的编制方法。

由于 ADB 投入产出表包括 63 个国家或地区、35 个部门的投入产出数据，每年的投入产出表数据实际上为 2251×2213 的大型矩阵（包括 2205×2205 的投入产出系数数据）。根据全球价值链质量的计算指标，对矩阵的运算包括加、减、取逆等多种算法，为了提高计算效率，本章采用 Julia1.5.3 高级动态编程设计语言计算 2009—2019 年总共 11 年的数据。

二　世界国家或地区全球价值链质量测算结果分析

（一）全球价值链效率的测算结果与分析

本章采用 Julia1.5.3 程序设计语言测算了 2009—2019 年世界 63 个国家或地区的全球价值链效率和国内价值链效率。由于涉及年份较多，为了便于观察，本章对所有年份取平均值，将全球价值链效率、国内价值链效率的测算结果用表格的形式展现，如表 4-4 所示。可见，卢森堡、

---

① 由于英国于 2020 年 1 月 31 日正式脱欧，本书研究数据截至 2019 年，因此暂将英国列为欧盟成员国。

挪威、瑞士、爱尔兰等欧洲国家，美国、澳大利亚数值较大，表明这些国家参与全球价值链的效率较高，而印度、柬埔寨、巴基斯坦、老挝、孟加拉国、尼泊尔等国家参与全球价值链的效率较低。在国内价值链效率方面，63个国家或地区2009—2019年国内价值链效率平均值及排序结果见表4-5，总体来说国内价值链效率的排序情况与全球价值链效率的排序情况基本一致。

表4-4　63个国家或地区2009—2019年全球价值链效率平均值及排序

序号	国家或地区	EfGVC	序号	国家或地区	EfGVC
1	卢森堡	0.2173789	25	韩国	0.0565643
2	挪威	0.1574903	26	希腊	0.0519104
3	瑞士	0.1405429	27	斯洛文尼亚	0.0501799
4	爱尔兰	0.1138306	28	捷克	0.048053
5	美国	0.1113183	29	葡萄牙	0.0479401
6	澳大利亚	0.1092466	30	塞浦路斯	0.0451946
7	丹麦	0.1064276	31	斯洛伐克	0.0435806
8	比利时	0.1032538	32	爱沙尼亚	0.0434027
9	瑞典	0.1010742	33	匈牙利	0.041161
10	中国台湾	0.0959895	34	波兰	0.0360392
11	芬兰	0.0931682	35	立陶宛	0.0355443
12	荷兰	0.0918513	36	拉脱维亚	0.0351245
13	法国	0.0908898	37	克罗地亚	0.0349185
14	奥地利	0.0908179	38	墨西哥	0.0322962
15	加拿大	0.0870752	39	马来西亚	0.0319922
16	意大利	0.0870053	40	土耳其	0.031248
17	德国	0.0865958	41	罗马尼亚	0.0276343
18	新加坡	0.0853334	42	保加利亚	0.0253918
19	日本	0.0831999	43	世界其他地区	0.025188
20	英国	0.0805736	44	巴西	0.0240006
21	中国香港	0.079551	45	马尔代夫	0.0237936
22	文莱	0.0712551	46	俄罗斯	0.0235596
23	马耳他	0.0710217	47	哈萨克斯坦	0.0212632
24	西班牙	0.0643841	48	斐济	0.0205006

续表

序号	国家或地区	EfGVC	序号	国家或地区	EfGVC
49	泰国	0.0200347	57	吉尔吉斯斯坦	0.0098637
50	中国	0.0199604	58	印度	0.0098113
51	越南	0.0151161	59	柬埔寨	0.0081797
52	蒙古国	0.0146364	60	巴基斯坦	0.0078895
53	斯里兰卡	0.0127782	61	老挝	0.0077608
54	菲律宾	0.0125214	62	孟加拉国	0.0063435
55	印度尼西亚	0.012004	63	尼泊尔	0.0042907
56	不丹	0.0100875			

注：表中数据是根据相应的计算公式采用Julia1.5.3计算得到，EfGVC表示全球价值链效率。

表4-5　63个国家或地区2009—2019年国内价值链效率平均值及排序

序号	国家或地区	EfGVC	序号	国家或地区	EfGVC
1	卢森堡	0.3598993	19	日本	0.0872465
2	挪威	0.1727076	20	中国香港	0.086592
3	瑞士	0.1559252	21	英国	0.0821094
4	爱尔兰	0.1340979	22	文莱	0.0781515
5	比利时	0.1193435	23	马耳他	0.0701099
6	丹麦	0.1176434	24	西班牙	0.065981
7	澳大利亚	0.1163916	25	韩国	0.0603237
8	美国	0.1157206	26	希腊	0.0525234
9	新加坡	0.1107996	27	斯洛文尼亚	0.0501879
10	中国台湾	0.1100718	28	葡萄牙	0.0472275
11	瑞典	0.1077578	29	捷克	0.0450434
12	荷兰	0.1016454	30	塞浦路斯	0.0431061
13	奥地利	0.1005043	31	斯洛伐克	0.0411133
14	芬兰	0.1002572	32	爱沙尼亚	0.0394953
15	法国	0.0955889	33	匈牙利	0.0337871
16	意大利	0.0917652	34	立陶宛	0.0336315
17	德国	0.0913773	35	拉脱维亚	0.0318485
18	加拿大	0.0900234	36	克罗地亚	0.0310373

续表

序号	国家或地区	EfGVC	序号	国家或地区	EfGVC
37	波兰	0.0308749	51	蒙古国	0.0092274
38	土耳其	0.0289209	52	斯里兰卡	0.0088499
39	马来西亚	0.0269463	53	印度尼西亚	0.0080415
40	墨西哥	0.0247076	54	菲律宾	0.0074343
41	罗马尼亚	0.0225691	55	不丹	0.0061675
42	巴西	0.0220513	56	印度	0.0057948
43	俄罗斯	0.0214449	57	巴基斯坦	0.0042487
44	哈萨克斯坦	0.0190447	58	越南	0.0039931
45	保加利亚	0.0187854	59	老挝	0.0037244
46	马尔代夫	0.0172147	60	孟加拉国	0.003328
47	中国	0.0167765	61	吉尔吉斯斯坦	0.0027026
48	泰国	0.0132544	62	柬埔寨	0.0021359
49	世界其他地区	0.012889	63	尼泊尔	0.0012894
50	斐济	0.0112972			

注：表中数据是根据相应的计算公式采用 Julia1.5.3 计算得到，EfNVC 表示国内价值链效率。

（二）全球价值链稳定性的测算结果与分析

世界 63 个国家或地区的全球价值链稳定性、国内价值链稳定性的计算结果及排序分别见表 4-6、表 4-7。由排序可以看出，文莱、菲律宾、马来西亚、中国、印度、加拿大、墨西哥等的全球价值链稳定性较高，而斯洛伐克、希腊、哈萨克斯坦、罗马尼亚等国家的全球价值链稳定性较低。

表 4-6　63 个国家或地区 2009—2019 年全球价值链稳定性平均值及排序

序号	国家或地区	StGVC	序号	国家或地区	StGVC
1	菲律宾	937.28167	7	爱沙尼亚	542.46618
2	中国	770.62044	8	墨西哥	529.36195
3	巴基斯坦	770.40146	9	马来西亚	527.44644
4	文莱	692.07493	10	泰国	483.30764
5	印度	675.04523	11	瑞士	479.9561
6	孟加拉国	638.98503	12	越南	435.81289

续表

序号	国家或地区	StGVC	序号	国家或地区	StGVC
13	加拿大	428.46517	39	意大利	218.08987
14	印度尼西亚	408.51848	40	捷克	217.02648
15	柬埔寨	370.32609	41	比利时	215.50616
16	波兰	347.28446	42	挪威	211.76133
17	西班牙	344.6737	43	新加坡	211.53458
18	韩国	334.87583	44	匈牙利	210.74466
19	吉尔吉斯斯坦	333.22699	45	马尔代夫	210.06268
20	巴西	332.48642	46	日本	207.30271
21	土耳其	331.72264	47	蒙古国	206.10575
22	老挝	326.65825	48	英国	202.00816
23	中国香港	323.3209	49	不丹	200.69137
24	德国	289.44556	50	爱尔兰	196.16737
25	澳大利亚	266.05216	51	斐济	193.99276
26	斯洛文尼亚	261.30845	52	斯里兰卡	193.05682
27	拉脱维亚	255.10989	53	美国	192.94247
28	瑞典	247.47948	54	葡萄牙	185.38505
29	丹麦	244.78548	55	尼泊尔	181.74376
30	保加利亚	241.24167	56	立陶宛	179.59906
31	中国台湾	238.5482	57	世界其他地区	175.1413
32	克罗地亚	232.70934	58	马耳他	169.26927
33	塞浦路斯	232.45421	59	卢森堡	153.62758
34	芬兰	229.51143	60	斯洛伐克	150.612
35	奥地利	227.55735	61	希腊	146.60421
36	俄罗斯	225.26198	62	哈萨克斯坦	143.5966
37	荷兰	223.42781	63	罗马尼亚	100.16172
38	法国	222.59349			

注：表中数据是根据相应的计算公式采用 Julia1.5.3 计算得到，StGVC 表示全球价值链稳定性。

表 4-7　63 个国家或地区 2009—2019 年国内价值链稳定性平均值及排序

序号	国家或地区	StNVC	序号	国家或地区	StNVC
1	菲律宾	1071.6651	2	文莱	832.07482

续表

序号	国家或地区	StNVC	序号	国家或地区	StNVC
3	中国	829.1552	34	中国台湾	221.16911
4	巴基斯坦	826.3493	35	俄罗斯	221.15773
5	印度	733.035	36	法国	216.60852
6	孟加拉国	671.70993	37	芬兰	213.61619
7	爱沙尼亚	643.34031	38	意大利	211.15079
8	马来西亚	611.25897	39	比利时	204.92168
9	墨西哥	598.58005	40	挪威	203.84657
10	泰国	538.80398	41	捷克	201.61195
11	瑞士	528.13303	42	荷兰	200.05103
12	越南	464.84005	43	日本	199.07769
13	加拿大	460.83643	44	英国	194.39029
14	印度尼西亚	427.27482	45	马尔代夫	188.05776
15	波兰	374.19266	46	爱尔兰	187.35735
16	西班牙	359.7266	47	匈牙利	187.35436
17	韩国	346.60369	48	美国	180.46029
18	巴西	340.78644	49	葡萄牙	177.98769
19	土耳其	340.07869	50	斯里兰卡	165.87032
20	吉尔吉斯斯坦	330.26303	51	斐济	164.73097
21	柬埔寨	324.01154	52	立陶宛	162.03927
22	中国香港	316.7835	53	不丹	158.41854
23	老挝	301.80269	54	新加坡	148.52188
24	德国	296.85926	55	尼泊尔	148.19268
25	斯洛文尼亚	261.11837	56	蒙古国	136.64984
26	澳大利亚	261.04799	57	希腊	135.44662
27	拉脱维亚	253.24048	58	哈萨克斯坦	124.76791
28	保加利亚	246.7601	59	世界其他地区	124.1052
29	丹麦	243.56118	60	马耳他	122.36265
30	瑞典	242.01077	61	卢森堡	113.61293
31	克罗地亚	235.16303	62	斯洛伐克	100.63604
32	塞浦路斯	233.2848	63	罗马尼亚	67.849131
33	奥地利	221.42368			

注：表中数据是根据相应的计算公式采用 Julia1.5.3 计算得到，StNVC 表示国内价值链稳定性。

（三）全球价值链质量的测算结果与分析

本章采用Julia1.5.3语言计算得到2009—2019年63个国家或地区的全球价值链质量（QGVC），平均值数据及排序见表4-8。总体来看，全球价值链质量排名比较靠前的是瑞士、文莱、加拿大、挪威、卢森堡、澳大利亚、丹麦、中国香港、德国、瑞典等。全球价值链质量排名靠前的以欧洲国家居多，根据《2020年世界发展报告》数据，德国等欧盟国家是全球价值链中创新活动最为集聚的区域，欧洲国家创新能力较强，劳动人口相对较少，中间品生产的效率较高；此外，这些国家有较好的政治制度质量，营商环境较好，为全球价值链稳定性提供了强有力的保障。因此，这些国家全球价值链质量较高。排名比较靠后的是柬埔寨、孟加拉国、哈萨克斯坦、吉尔吉斯斯坦、斯里兰卡、老挝、不丹、尼泊尔等国家。这些国家属于经济发展水平较低的发展中国家，参与全球价值链的程度较低，且这些国家生产率较低，劳动人口众多，创新能力不足，其参与全球价值链质量较低。

表4-8　63个国家或地区2009—2019年全球价值链质量平均值及排序

序号	国家或地区	QGVC	序号	国家或地区	QGVC
1	瑞士	68.437595	16	美国	20.695552
2	文莱	48.911641	17	韩国	20.616745
3	加拿大	37.75026	18	意大利	20.574641
4	挪威	33.05857	19	芬兰	20.543356
5	卢森堡	30.181805	20	法国	20.196215
6	澳大利亚	28.554364	21	荷兰	20.155639
7	丹麦	26.552662	22	中国台湾	18.183933
8	中国香港	25.84278623	23	中国	16.759526
9	德国	25.091338	24	英国	16.465785
10	瑞典	25.030737	25	日本	15.989006
11	爱沙尼亚	24.309524	26	马来西亚	15.393661
12	西班牙	24.086265	27	墨西哥	15.073201
13	比利时	21.795668	28	新加坡	14.250349
14	爱尔兰	21.563537	29	斯洛文尼亚	13.083287
15	奥地利	21.08138	30	波兰	11.956812

续表

序号	国家或地区	QGVC	序号	国家或地区	QGVC
31	马耳他	11.34555	48	马尔代夫	5.0299205
32	塞浦路斯	10.846576	49	世界其他地区	4.947271083
33	土耳其	10.421564	50	越南	4.9171144
34	捷克	10.141353	51	巴基斯坦	4.3550572
35	拉脱维亚	9.6645667	52	印度尼西亚	4.1991606
36	匈牙利	9.1160044	53	斐济	3.9814248
37	菲律宾	9.0441778	54	蒙古国	3.5912308
38	葡萄牙	8.8574111	55	罗马尼亚	3.4797874
39	泰国	8.7038423	56	柬埔寨	3.3688056
40	克罗地亚	8.1597715	57	孟加拉国	3.2354432
41	希腊	8.1265952	58	哈萨克斯坦	3.2346654
42	巴西	7.8654282	59	吉尔吉斯斯坦	2.9153862
43	保加利亚	7.1534236	60	斯里兰卡	2.8668868
44	立陶宛	6.6918347	61	老挝	2.679856
45	斯洛伐克	6.6590068	62	不丹	2.1952919
46	俄罗斯	5.7370367	63	尼泊尔	1.1396093
47	印度	5.2772806			

注：根据Julia程序运算结果计算得到。

本书采用Julia1.5.3语言计算得到2009—2019年63个国家或地区的国内价值链质量（QNVC），具体数据见表4-9。这些国家或地区的国内价值链质量数据与全球价值链质量数据排序基本一致，存在个别不同，如卢森堡的国内价值链要比加拿大、挪威的国内价值链质量高，而其全球价值链质量低于加拿大和挪威两国；不丹的国内价值链质量高于吉尔吉斯斯坦、柬埔寨两国，但其全球价值链质量则要低于吉尔吉斯斯坦、柬埔寨两国。全球价值链质量不仅受国内价值链质量高低的影响，而且与其在国际生产分工中的地位具有重要关系。

表4-9 63个国家或地区2009—2019年国内价值链质量平均值及排序

序号	国家或地区	QNVC	序号	国家或地区	QNVC
1	瑞士	79.277807	2	文莱	61.670752

续表

序号	国家或地区	QNVC	序号	国家或地区	QNVC
3	卢森堡	45.286668	34	菲律宾	9.0018645
4	加拿大	41.988153	35	捷克	8.9290977
5	挪威	36.053762	36	葡萄牙	8.3689439
6	澳大利亚	30.472344	37	马耳他	8.3195151
7	丹麦	29.729276	38	泰国	8.1299315
8	中国香港	28.99256323	39	希腊	7.8007329
9	爱沙尼亚	28.558163	40	巴西	7.6676829
10	德国	27.477099	41	克罗地亚	7.4209176
11	瑞典	26.949276	42	匈牙利	7.0921156
12	西班牙	25.906521	43	保加利亚	6.0732813
13	爱尔兰	25.164824	44	立陶宛	5.8917271
14	比利时	24.858503	45	俄罗斯	5.2281798
15	韩国	23.351223	46	印度	4.7126597
16	奥地利	22.948763	47	斯洛伐克	4.0417263
17	芬兰	21.776889	48	巴基斯坦	3.6426052
18	意大利	21.577258	49	马尔代夫	3.4268427
19	荷兰	21.512541	50	印度尼西亚	3.3608027
20	法国	21.106056	51	孟加拉国	2.4899351
21	美国	20.787951	52	哈萨克斯坦	2.3864842
22	中国台湾	20.192438	53	越南	1.8495039
23	中国	17.385254	54	斐济	1.7088275
24	马来西亚	17.033229	55	罗马尼亚	1.61958
25	英国	16.772191	56	斯里兰卡	1.5370721
26	日本	16.502608	57	世界其他地区	1.424715052
27	新加坡	16.149115	58	老挝	1.1827053
28	墨西哥	15.702881	59	蒙古国	1.133106
29	斯洛文尼亚	13.329579	60	不丹	1.0293301
30	波兰	11.812885	61	吉尔吉斯斯坦	0.9846361
31	塞浦路斯	10.628668	62	柬埔寨	0.7582017
32	土耳其	10.344413	63	尼泊尔	0.1895794
33	拉脱维亚	9.16561			

注：根据 Julia 程序运算结果计算得到。

为了进一步分析，本书将 63 个国家或地区划分为北美、东亚、东南亚、欧盟、其他五个区域，分区域全球价值链质量趋势详见图 4-7。总体来看，北美地区全球价值链质量最高，欧盟处于第二位，东亚处于第三位，东南亚处于第四位，其他地区最低，该结论与现实情况基本一致。北美地区主要包括美国和加拿大两个国家，这两个国家无论是国家创新能力还是在全球价值链中的嵌入程度都处于较高地位，全球价值链质量较高，但是波动程度较大，2013 年全球价值链质量达到高峰值，其原因主要在于：2012 年美国页岩气革命快速发展，页岩气在天然气中占比上升至 37%（张伟，2013）。页岩气技术创新直接促进美国能源独立，进一步提高了美国在全球中的竞争力。能源价格降低吸引了大量美国制造业投资，促进了企业生产率和中间品质量的提升，增加值贸易快速升高。2010—2014 年，美国制造业快速发展，中低和中高技术行业的制造业增速较快，中高技术行业增加值占美国总增加值的 30% 左右（肖艳、廖丽婷，2018）。2017 年北美全球价值链质量达到新高峰，这主要是美国制造业回流引起的。2016 年美国时任总统特朗普再次提出制造业回流口号，鼓励美国投资在其他国家的制造业企业返回国内，美国制造业得到快速发展。此外，2017 年特朗普实施税制改革，大幅度地降低企业所得税、海外资产征税和个人所得税等，这些措施有利于促进企业投资及美国跨国公司的海外资产回流。

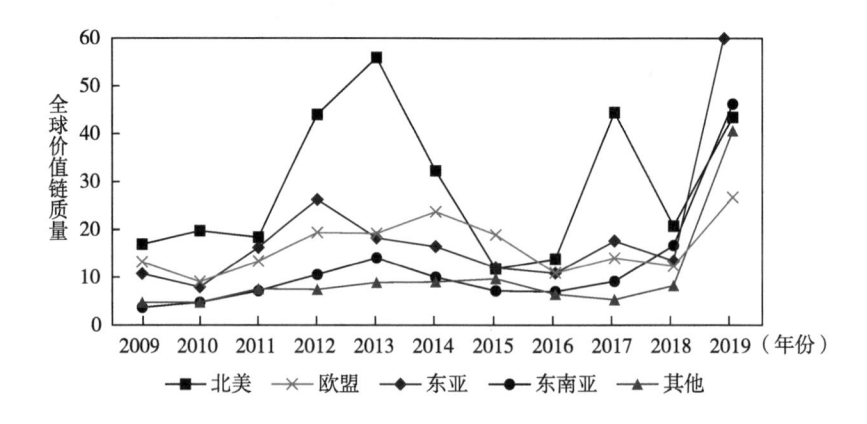

图 4-7　分区域全球价值链质量趋势

资料来源：由笔者计算绘制。

欧盟、东亚、东南亚、其他地区四个区域的全球价值链质量值相对平稳。欧盟以发达国家为主，无论是经济技术条件，还是国家制度，都在国际生产和贸易分工中占据较大优势，其参与全球价值链的质量较高。东亚地区以日本、韩国、中国为主，这三个国家均是世界贸易大国和国际生产分工的主要节点，其在全球价值链中占据重要地位，虽然与欧盟相比，其参与全球价值链的质量较低，但与东南亚国家相比，其全球价值链质量相对较高。东南亚区域主要以发展中国家为主，经济技术水平相对较低，制度和基础设施环境有待改善，主要从事附加值较低的服装加工、电子组装等行业，其参与全球价值链的质量相对较低。

三 中国参与全球价值链质量测算结果分析

通过前文对世界63个国家或地区的全球价值链质量数据分析，中国全球价值链质量在世界主要国家排名中处于中间位置。中国是世界上重要的经济体之一，然而其全球价值链质量与其经济规模并不完全成正比，中国全球价值链质量具有巨大的提升空间。表4-10列出了2009—2019年中国全球价值链效率、全球价值链稳定性、全球价值链质量等数据。

表4-10　　　　2009—2019年与中国全球价值链相关的数据

年份	全球价值链效率	全球价值链稳定性	全球价值链质量
2009	0.01220491	269.6132	2.991018
2010	0.014421268	278.1754	3.322851
2011	0.016916489	278.8793	4.213426
2012	0.017761823	433.2011	7.342209
2013	0.019453429	476.1187	9.712303
2014	0.020374475	401.2689	8.529838
2015	0.022041545	507.0405	9.984326
2016	0.021168631	289.7537	6.131677
2017	0.022805842	162.2372	3.375171
2018	0.025978393	226.9788	4.276122
2019	0.026437515	5153.558	124.4758

注：根据Julia编程语言计算所得。

由图4-8可以看出，2009—2019年中国全球价值链效率整体呈现持续上升趋势，由 2009 年的 0.012 上涨至 2019 年的 0.026，中国全球价值链效率增长了 1 倍多。改革开放以后，中国通过大量吸引外资，采用市场换技术的策略提高中国的科技发展水平，同时承接来自国外的部分生产分工。此后，中国在模仿、学习外资技术的基础上加大科技投入，国家出台相关新兴产业扶持政策以鼓励企业由"加工制造"向"创新创造"转变，逐渐实现自主创新。近年来，尤其 2015 年以后，中国的对外直接投资流量超过吸引外资流量，中国成为对外直接投资大国。中国对外直接投资的主要动机之一是获取技术，中国通过"走出去"方式主动学习先进技术，同时促进了中国与其他国家之间的生产密切度。随着中国科技水平的不断提高，国内中间品生产效率不断提升，促进了全球价值链效率的提升。

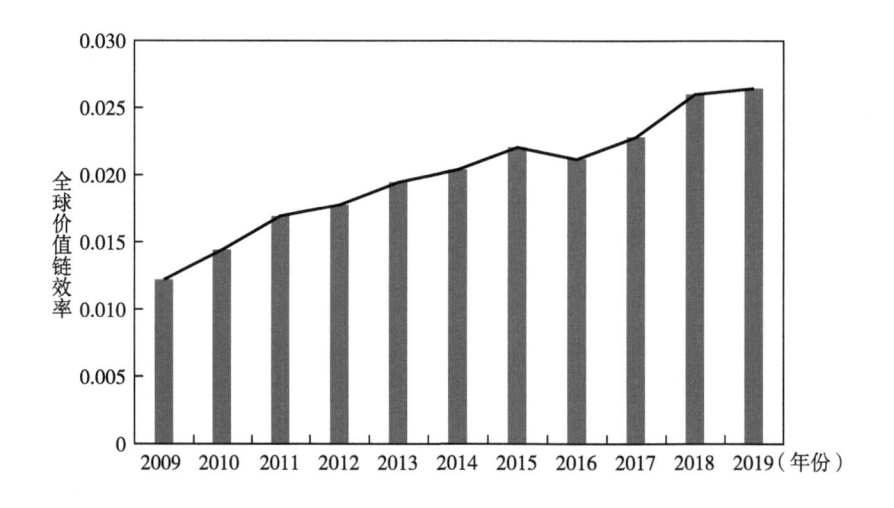

图 4-8　2009—2019 年中国全球价值链效率趋势

资料来源：由笔者计算绘制。

此外，本章列出 2009—2018 年中国全球价值链质量和国内价值链质量趋势图（见图 4-9）。中国参与全球价值链质量与国内价值链质量的趋势基本一致。2009—2017 年呈现倒"U"形，即全球价值链质量先升高再降低，2017 年全球价值链质量又开始增加。总体来看，中国全球价值链质量呈现增加趋势，主要在于：第一，随着中国经济不断发展，创新能力明显增强，中国开始由"中国制造"向"中国创造"转变，产业基础不断完善,电子计算机、信息与通信技术(ICT)等高技术行业快速发展,中国生产的高附加值产品参与全球价值链的比重越来越高;第二,近年来,中国取代日本成为亚洲区域价值链的核心节点,中国与价值链中其他国家间的生产关联度上升,也就是说其他国家生产的最终品对来自中国的投入要素的依赖度增大,中国参与全球价值链的程度加深,全球价值链地位不断攀升;第三,中国制度环境不断优化,企业参与国际生产分工的营商环境越来越完善,企业生产效率不断提高,中国全球价值链效率不断提升;第四,中国全球价值链质量出现倒"U"形波动,主要是由中国全球价值链增加值率出现波动引起的。

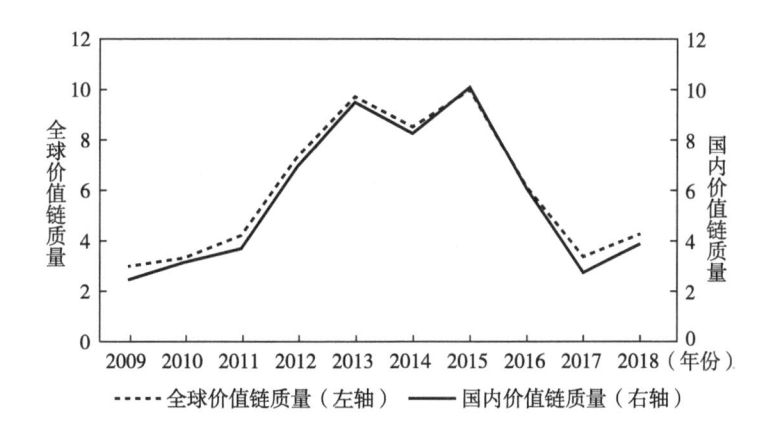

图 4-9 中国全球价值链质量与国内价值链质量趋势

资料来源:由笔者计算绘制。

四 中国与东道国双边价值链质量测算及结果分析

(一)中国与东道国双边价值链质量测算方法

前文全球价值链质量的测算是指针对一国参与全球价值链质量的方法,本部分主要介绍中国与其对外直接投资东道国之间双边价值链质量的测算方法及结果。双边价值链质量的测算继承了全球价值链质量测算的体系框架。为了测算中国与不同东道国之间的双边价值链质量,本书以将中国作为最终产品生产国、其他国家作为中间品提供国的角度进行计算。根据前文全球价值链质量的定义及测算体系,双边价值链质量同样包括双边价值链效率、双边价值链稳定性两部分内容。双边价值链效率是由东道国中间品生产效率、中国与东道国生产关联度决定的;双边价值链稳定性是由东道国增加值率稳定性、中国与东道国生产关联度决定的。双边价值链质量的计算公式如下：

$$QGVCla_s^{china} = \sum_{j \in r} \sum_{i \in s} \left(\frac{Va_i^s}{Labor_i^s} \times \frac{1}{sdVaP_i^s} \times \frac{\widehat{VB}\widehat{Y}_{ij}^{sr}}{\sum_{j \in r} \sum_{s \in G} \sum_{i \in s} \widehat{VB}\widehat{Y}_{ij}^{sr}} \right) \quad (4\text{-}22)$$

其中，$QGVCla_s^{china}$ 表示中国与 s 东道国之间的双边全球价值链质量；$\frac{Va_i^s}{Labor_i^s}$ 表示 s 东道国 i 行业的生产率；$\frac{1}{sdVaP_i^s}$ 表示 s 东道国 i 行业的增加值率稳定性；$\frac{\widehat{VB}\widehat{Y}_{ij}^{sr}}{\sum_{j \in r} \sum_{s \in G} \sum_{i \in s} \widehat{VB}\widehat{Y}_{ij}^{sr}}$ 表示 s 东道国为中国生产最终消耗品提供的增加值占中国生产 1 单位产品所消耗总增加值的比重，即中国与 s 东道国之间的生产关联度。

双边价值链效率的计算公式如下：

$$Eff_s^{china} = \sum_{j \in r} \sum_{i \in s} \left(\frac{Va_i^s}{Labor_i^s} \times \frac{\widehat{VB}\widehat{Y}_{ij}^{sr}}{\sum_{j \in r} \sum_{s \in G} \sum_{i \in s} \widehat{VB}\widehat{Y}_{ij}^{sr}} \right) \quad (4\text{-}23)$$

其中，Eff_s^{china} 表示中国与 s 东道国之间的双边全球价值链效率。

双边价值链稳定性的计算公式如下：

$$Stab_s^{china} = \sum_{j \in r} \sum_{i \in s} \left(\frac{1}{sdVaP_i^s} \times \frac{\widehat{VB}\widehat{Y}_{ij}^{sr}}{\sum_{j \in r} \sum_{s \in G} \sum_{i \in s} \widehat{VB}\widehat{Y}_{ij}^{sr}} \right) \quad (4\text{-}24)$$

其中，$Stab_s^{china}$ 表示中国与 s 东道国之间的双边全球价值链稳定性。本书将 ADB 投入产出数据作为双边价值链质量计算的基础数据，同样采用 Julia 动态高性能编程语言进行矩阵计算。

（二）中国与东道国或地区双边价值链质量测算结果分析

中国与世界 62 个国家或地区间的双边价值链质量数据见表 4-11。为了方便观察，对 2009—2019 年双边价值链质量取平均值，考察中国与哪些东道国或地区之间的双边价值链质量更高。通过计算发现，中国与日本、美国、德国、澳大利亚、韩国、加拿大、中国台湾、瑞士、法国、英国、荷兰、俄罗斯、中国香港、意大利、比利时、新加坡、巴西、马来西亚、瑞典、泰国这 20 个国家或地区之间的双边价值链质量较高（见图 4-9），而与蒙古国、克罗地亚、拉脱维亚、立陶宛、罗马尼亚、孟加拉国、塞浦路斯、马耳他、老挝、斯里兰卡、马尔代夫、柬埔寨、吉尔吉斯斯坦、斐济、不丹、尼泊尔等国家之间的双边价值链质量较低。

表 4-11　中国与世界 62 个国家或地区间的双边价值链质量数据

国家或地区	2009 年	2012 年	2015 年	2018 年	平均值
澳大利亚	0.057958	0.14255	0.101815	0.021387	0.091535
奥地利	0.00999	0.00729	0.00288	0.001958	0.006137
比利时	0.011741	0.012928	0.014215	0.004703	0.012906
保加利亚	2.19E-05	9.03E-05	4.85E-05	0.000102	0.000353
巴西	0.007919	0.004628	0.0045	0.032002	0.011819
加拿大	0.036469	0.252141	0.007734	0.079564	0.085612
瑞士	0.014178	0.018191	0.015045	0.065358	0.039885
塞浦路斯	0.00022	0.000113	2.88E-05	0.000134	15.7816
捷克	0.00086	0.001147	0.0019	0.000952	9.03E-05
德国	0.11419	0.063071	0.05936	0.142526	0.00139
丹麦	0.008369	0.003522	0.00272	0.003764	0.096834
西班牙	0.005037	0.020569	0.006778	0.002848	0.004416
爱沙尼亚	4.91E-05	0.000144	0.000126	0.000671	0.006397
芬兰	0.005406	0.004504	0.002575	0.002356	0.00083
法国	0.027752	0.037817	0.023716	0.019383	0.004386
英国	0.012809	0.015889	0.016391	0.027292	0.024523
希腊	0.001426	0.000582	0.00068	0.0005	0.022028
克罗地亚	0.000113	0.000169	0.000234	8.35E-05	0.000699
匈牙利	0.000534	0.000296	0.000306	0.000542	0.000161
印度尼西亚	0.001268	0.012553	0.003223	0.005326	0.000458
印度	0.002083	0.001897	0.001726	0.003601	0.006823
爱尔兰	0.003151	0.00177	0.005254	0.003366	0.003866
意大利	0.014615	0.01654	0.010083	0.002317	0.006194
日本	0.279548	0.161354	0.06665	0.020148	0.013584
韩国	0.027722	0.095196	0.058407	0.062637	0.122105
立陶宛	5.97E-05	0.000248	0.000153	0.000112	0.087031
卢森堡	0.001573	0.002099	0.001058	0.001149	0.000154
拉脱维亚	3.38E-05	4.41E-05	0.00012	0.000158	0.001796
墨西哥	0.001439	0.002802	0.004648	0.003406	0.000161

续表

国家或地区	2009年	2012年	2015年	2018年	平均值
马耳他	2.69E-05	2.75E-05	3.08E-05	4.78E-05	0.003674
荷兰	0.02206	0.018046	0.020474	0.004981	3.75E-05
挪威	0.005694	0.012426	0.011164	0.003197	0.018975
波兰	0.000902	0.000997	0.007149	0.004262	0.008915
葡萄牙	0.000614	0.000469	0.000714	0.000499	0.002121
罗马尼亚	0.000133	7.59E-05	0.000115	0.000198	0.000721
俄罗斯	0.004764	0.014412	0.003764	0.012268	0.000142
斯洛伐克	0.00016	0.000193	0.000111	0.000195	0.016432
斯洛文尼亚	0.00026	0.000231	0.00038	0.000301	0.000211
瑞典	0.014062	0.015896	0.022386	0.002482	0.000329
土耳其	0.004031	0.01004	0.002378	0.000333	0.010336
中国台湾	0.031468	0.054211	0.201355	0.017227	0.005216
美国	0.056895	0.132129	0.069562	0.069048	0.049894
孟加拉国	2.12E-05	3.52E-05	7.62E-05	0.000258	0.11784
马来西亚	0.004701	0.010827	0.007928	0.016084	9.28E-05
菲律宾	0.000713	0.001369	0.001021	0.005113	0.010477
泰国	0.001291	0.001316	0.006419	0.014573	0.00318
越南	4.23E-05	0.002992	0.001693	0.001848	0.009266
哈萨克斯坦	0.000271	0.001903	0.000833	0.000386	0.001323
蒙古国	0.00014	6.40E-05	5.18E-05	0.000131	0.001787
斯里兰卡	2.44E-05	2.52E-05	9.89E-06	2.62E-05	0.000175
巴基斯坦	0.000746	0.000546	0.000329	0.000958	2.3E-05
斐济	1.61E-06	7.53E-06	1.48E-06	5.56E-06	0.000609
老挝	9.96E-06	4.81E-05	1.46E-05	3.86E-05	4.75E-06
文莱	0.001513	0.004573	0.000309	0.002456	3.11E-05
不丹	5.32E-07	5.17E-07	2.03E-06	4.01E-07	0.002597
吉尔吉斯斯坦	3.03E-06	1.71E-06	1.69E-06	1.83E-05	2.13E-06
柬埔寨	4.20E-06	5.40E-06	9.85E-06	2.45E-05	5.1E-06
马尔代夫	2.46E-05	4.61E-06	9.63E-06	3.08E-05	9.72E-06
尼泊尔	1.22E-06	2.25E-07	5.26E-07	1.25E-07	1.75E-05
新加坡	0.008236	0.010023	0.008661	0.004258	5.11E-07

续表

国家或地区	2009 年	2012 年	2015 年	2018 年	平均值
中国香港	0.005503	0.025512	0.005895	0.020177	0.01191
世界其他地区	0.011052	0.066627	0.02668	0.042797	0.015158

注：带 E 的数据太小，显示不全。下同。

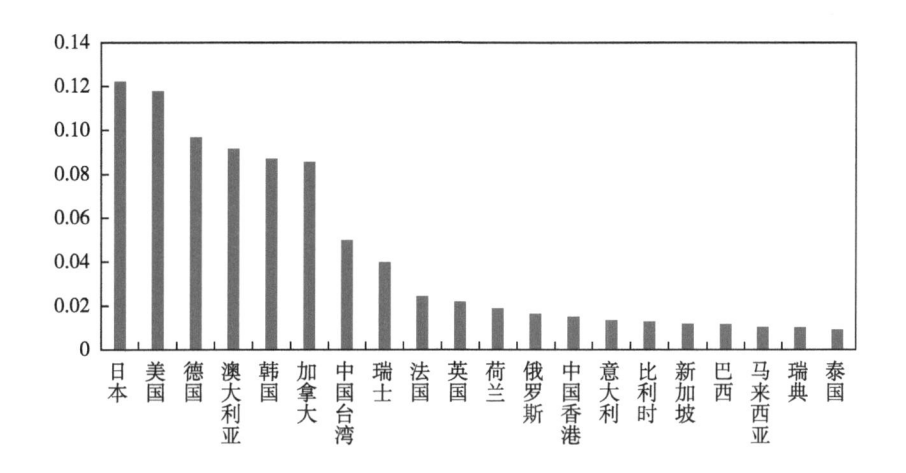

图 4-10　与中国的双边价值链质量最高的 20 个国家或地区

第三节　本章小结

本章围绕对外直接投资与全球价值链质量两个关键词，全面分析了世界国家及中国的对外直接投资发展现状、全球价值链质量的测算方法与结果，为后文实证检验部分提供了数据基础。

第一部分，对外直接投资发展现状。研究发现：世界国家总体对外直接投资以发达国家为主，发展中国家对外直接投资稳中有降，此外，全球对外直接投资正在由重工业向信息、通信等高技术行业转变；中国对外直接投资的流量在 2017—2019 年连续三年下降但存量不断增加，中国成为仅次于日本的全球第二大对外直接投资大国；中国对外直接投资以商贸服务型为主，且正逐渐向汽车制造、化学原料和化学品制造、计算机和通信设备制造等高技术制造业，信息技术等高附加值行业转变；

中国对外直接投资的东道国或地区的分布广泛，近年来欧洲成为中国对外直接投资的第二大目的地。

第二部分，全球价值链质量的测算方法与结果。本部分拓展了全球价值链质量的内涵，构建了包括全球价值链效率、全球价值链稳定性两个分指标的全球价值链质量综合指标体系，采用Julia高性能编程语言分别测算了63个国家或地区的全球价值链质量及分指标全球价值链效率、全球价值链稳定性，并从时间维度、全球价值链参与主体维度、区域维度等方面进行了统计分析。此外，本书构建了中国与对外直接投资东道国或地区之间的双边价值链质量测算指标，采用Julia编程语言测算了中国与62个东道国或地区之间的双边价值链质量数据。

第五章 对外直接投资对母国全球价值链质量影响的实证检验

本章采用世界61个国家或地区的国别层面数据来实证检验一国对外直接投资对母国全球价值链质量的影响,同时考察对外直接投资对全球价值链效率、全球价值链稳定性的影响情况。除了采用面板回归固定效应、差分GMM进行基准回归,本部分还采用IV-2SLS、系统GMM、面板分位数回归等方法进行稳健性检验。本章还从国家经济发展水平、地理位置两个方面进行异质性检验,并采用中介效应模型对三组不同中介变量进行影响机制检验。本章系统、全面地实证检验了一国对外直接投资对母国全球价值链质量的影响及机制。

第一节 模型设定

为了考察一国对外直接投资对母国参与全球价值链质量的影响,设计如下模型:

$$\ln QGVC_{it} = \alpha_0 \ln QGVC_{it-1} + \alpha_1 \ln ofdi_{it} + \beta X_{it} + \varepsilon_{it} \tag{5-1}$$

考虑到当年母国的全球价值链质量可能受上一期的影响,即可能存在滞后性,因此本模型将被解释变量全球价值链质量$\ln QGVC_{it}$的滞后一期$\ln QGVC_{it-1}$作为解释变量加入模型以构成动态面板;$\ln ofdi_{it}$为核心解释变量,采用i国第t年的对外直接投资存量表示;X_{it}表示控制变量,具体包括经济发展水平($\ln GDP$)、进口规模($\ln Hfimport$)、制度质量($\ln Insti$)、全要素生产率(tfp)、基础设施水平($\ln Web$)、劳动力总数($\ln labor$)、固定资产总额($\ln Fixcapt$);ε_{it}为随机误差项。本模型主要考察$\ln ofdi_{it}$的参数α_1的符号及显著性。

第二节 变量说明与数据来源

（1）被解释变量全球价值链质量（$\ln QGVC_{it}$）。该变量数据经前文测算得到，测算基础数据来源于亚洲开发银行（ADB）编制的世界投入产出数据，时间跨度为2009—2019年。此外，还将全球价值链质量的分指标全球价值链效率（$\ln EfGVC_{it}$）、全球价值链稳定性（$\ln StGVC_{it}$）作为被解释变量，检验了对外直接投资对母国全球价值链质量分指标的影响。投入产出数据来源于亚洲开发银行（ADB）编制的世界投入产出数据，时间跨度为2007—2019年。计算全球价值链质量、国内价值链质量需要用到增加值率的波动性指标，该指标的计算需要三年一个观察时间段，以前两年的数据为基期计算得到第三年的波动性，因此经过计算可以得到2009—2019年11年全球价值链质量数据。

（2）核心解释变量（$\ln ofdi_{it}$）。本章采用国家总的对外直接投资存量来衡量，数据来源于 UNCTAD 数据库。

（3）控制变量。一国参与全球价值链质量与本国中间品生产效率、本国增加值稳定性直接相关，而一国要素禀赋、制度质量、经济发展水平等均可以对中间品生产效率、增加值稳定性产生影响，因此，本章将经济发展水平（$\ln GDP$）、进口规模（$\ln Hfimport$）、制度水平（$\ln Insti$）、全要素生产率（tfp）、基础设施水平（$\ln Web$）、劳动力总数（$\ln labor$）、固定资产总额（$\ln Fixcapt$）作为模型的控制变量。具体来说，经济发展水平较高的国家，具备较强的综合实力参与到国际分工中，其参与全球价值链质量提升的可能性更大；进口规模大的国家与其他国家之间的生产关联较高，其参与全球价值链质量提升的可能性更大；制度环境好和基础设施水平高的国家，可为中间品生产效率提升提供保障；一国的全要素生产率直接影响产品生产效率及产品增加值，是影响全球价值链质量的重要因素；劳动力总数和固定资产总额衡量一国的要素禀赋，要素禀赋高的国家具备提升全球价值链质量的基础。在数据方面，经济发展水平采用国内生产总值衡量；进口规模采用国家货物与服务进口占 GDP 的比重衡量；对于全要素生产率，按照"柯布—道格拉斯"生产函数等式，本章将国内生产总值作为被解释变量、劳动力总数和固定资产总额作为解释变量,将两边取对数回归得到的残差作为全要素生产率;基础设施水平采用每百人安全互联网服务器数量衡量;制度水平(Institution)采用世界治理指标(Worldwide Governance Indicators,WGI)数据库中的政治稳定性、政府效率、监管质量、法制完善程度、腐败控制五个指标的平均值来衡量,该值越大,政治制度质量越高,由于缺少2019年数据,本章根据2007—2018年变化趋势进行补充。以上变量数据均来自世界银行数据库。

由于缺少中国台湾、世界其他国家或地区的控制变量数据,本章在实证中删除这两个研究主体。因此,本章实证总共包括61个国家或地区、2009—2019年总共11年的数据。

第三节 数据初步分析

本章采用Stata16对各个变量数据进行统计性分析,结果见表5-1。

表5-1　　　　　　　　主要变量的统计性描述

变量类别	变量	观察值个数	平均值	标准差	最小值	最大值
被解释变量	$\ln QGVC$	671	2.289583	0.9205311	0.4249004	6.018076
	$\ln EfGVC$	671	0.05227	0.0401719	0.0036364	0.2112229
	$\ln StGVC$	671	5.405088	0.7329	3.803374	8.547637
核心解释变量	$\ln ofdi$	627	10.69591	3.065426	0.4180522	15.87331
控制变量	$\ln GDP$	670	28.26103	3.138666	22.44854	37.30093
	$\ln Hfimport$	655	3.836919	0.581094	2.505902	5.402722
	$\ln Insti$	671	1.236177	0.2593166	0.5998069	1.583708
	tfp	642	26.24127	2.08199	21.53487	31.71833
	$\ln Web$	610	6.437792	2.746905	0.185056	12.53226
	$\ln labor$	671	15.84303	1.892394	11.9789	20.48113
	$\ln Fixcapt$	632	24.71698	1.835255	20.33188	28.96828

在回归检验之前,本章首先对核心解释变量对外直接投资与被解释

变量全球价值链质量之间的相关性进行初步分析。本章采用 Stata16 分析得到散点图，见图 5-1 至图 5-3。除了检验对外直接投资与母国全球价值链质量的关系，还检验了对外直接投资与母国全球价值链效率、母国全球价值链稳定性的关系。由图 5-1 可见，对外直接投资与全球价值链质量之间呈现明显的正比例关系，即一国对外直接投资增加时，其参与全球价值链质量增加。此外，对外直接投资与全球价值链效率、全球价值链稳定性之间均呈现正比例关系。

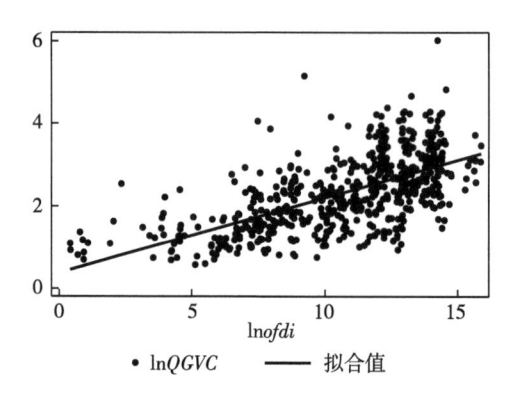

图 5-1　对外直接投资与全球价值链质量关系的散点示意

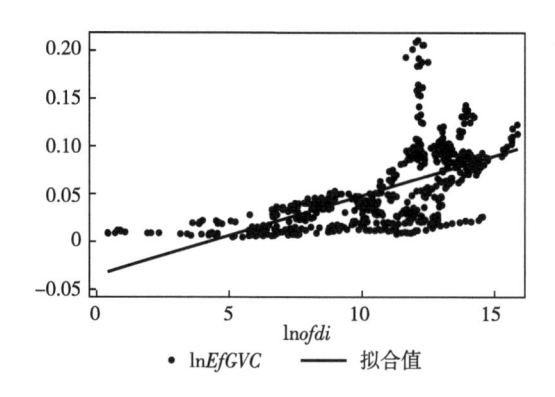

图 5-2　对外直接投资与全球价值链效率关系的散点示意

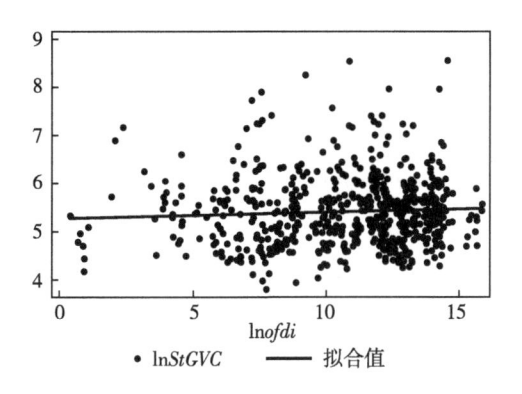

图 5-3　对外直接投资与全球价值链稳定性关系的散点示意

第四节　对外直接投资影响母国全球价值链质量的实证结果与分析

一　基准回归结果

本章分别采用面板双固定效应和差分 GMM 进行基准回归检验，结果见表 5-2。第（1）—（3）列为均控制了时间和个体效应的回归结果，第（1）列和第（3）列中核心解释变量对外直接投资在 5% 的水平上显著为正，第（2）列中对外直接投资为正值，不显著。为了进一步处理可能存在的内生性问题，第（4）—（6）列中采用了差分 GMM 进行回归，将被解释变量的滞后一期作为控制变量，同时设置工具变量控制模型的内生性，对外直接投资均在 1% 的水平上显著为正。可见，一国对外直接投资显著提升了母国参与全球价值链质量，对分指标全球价值链效率、全球价值链稳定性的促进作用同样明显。采用差分 GMM 回归时，AR（2）-P 值、Hansen-P 值均不显著，通过了"扰动项不存在自相关""工具变量过度识别"检验，工具变量设置有效。对外直接投资主要通过提升技术水平、优化产业结构、促进贸易规模来提高母国中间品生产效率、增强国家间的生产关联度，提升全球价值链效率、增强全球价值链稳定性，从而提升全球价值链质量。

表 5-2　　　　　　　　　　基准回归结果

变量	面板双固定效应			差分 GMM		
	(1)	(2)	(3)	(4)	(5)	(6)
	ln$QGVC$	ln$EfGVC$	ln$StGVC$	ln$QGVC$	ln$EfGVC$	ln$StGVC$
ln$ofdi$	0.094**	0.00002	0.132**	0.102***	0.0004***	0.209***
	(2.15)	(0.05)	(2.28)	(5.28)	(5.12)	(11.33)
lnGDP	0.395	0.005**	0.407	0.670***	0.007***	0.887***
	(1.14)	(2.30)	(1.06)	(3.04)	(4.30)	(4.05)
ln$Hfimport$	−0.153	−0.006**	−0.265	2.366***	0.000	2.660***
	(−0.49)	(−2.37)	(−0.70)	(18.86)	(0.65)	(10.86)
ln$Insti$	1.029	−0.014*	1.317	1.475***	−0.006	2.509***
	(1.10)	(−1.68)	(1.11)	(3.19)	(−1.36)	(3.03)
tfp	0.947**	0.028***	0.159	3.119***	0.068***	2.514***
	(2.10)	(4.13)	(0.24)	(31.25)	(29.20)	(8.27)
lnWeb	0.065	0.001	0.042	0.061***	0.001***	0.091***
	(1.05)	(1.06)	(0.63)	(3.60)	(14.87)	(4.72)
ln$labor$	−1.916*	−0.040***	−1.484	−2.563***	−0.067***	−4.380***
	(−1.89)	(−5.08)	(−1.33)	(−3.14)	(−11.00)	(−4.65)
ln$Fixcapt$	−0.600	−0.014**	−0.237	−2.433***	−0.048***	−2.152***
	(−1.58)	(−2.43)	(−0.46)	(−15.21)	(−29.99)	(−11.37)
L. ln$QGVC$	0.372***			0.449***		
	(6.26)			(10.59)		
L. ln$EfGVC$		0.509***			0.172***	
		(7.92)			(17.20)	
L. ln$StGVC$			0.336***			0.577***
			(6.94)			(15.94)
样本量	546	546	546	490	490	490
R²	0.436	0.617	0.458			
F	39.222	105.994	56.115			
控制国家	是	是	是			
控制时间	是	是	是			
AR (2) -P 值				0.325	0.327	0.142
Hansen-P 值				0.596	0.998	0.568

注：*、**、*** 分别表示在 10%、5%、1% 的置信水平上显著，括号内为 t 值。

在控制变量方面，在差分 GMM 回归结果中，经济发展水平（lnGDP）的回归系数在1%的水平上显著为正，表明一国经济发展水平越高，中间品生产效率越高，其全球价值链质量越高。进口规模（ln$Hfimport$）回归系数大部分显著为正，表明一国进口规模越大，与其他国家间的生产关联度越高，其参与全球价值链质量越高。当被解释变量为全球价值链质量和全球价值链稳定性时，制度水平（ln$Insti$）均在1%的水平上显著为正，一国政治制度质量越高，其参与全球价值链质量越高，政治制度是推动价值链分工演进的主要因素之一（戴翔、刘梦，2018）。全要素生产率均在1%的水平上显著为正，一国全要素生产率越高，其中间品生产效率越高，国内价值链质量越高，其参与全球价值链质量越高①。基础设施水平（lnWeb）均显著为正，表明一国基础设施水平越高，其参与全球价值链质量越高。劳动力总数（ln$labor$）均显著为负，表明一国劳动力总数与全球价值链质量成反比，一国劳动力总数越高，全球价值链质量越低，主要原因在于：全球价值链质量的测算指标中，将增加值/劳动力总数作为衡量中间品生产效率的重要指标，一国劳动力总数越多，其中间品生产效率越低，其参与全球价值链质量越低。固定资产总额（ln$Fixcapt$）均在1%的水平上显著为负，表明一国固定资产总额与全球价值链质量成反比，这可能是由一国固定资产配置效率较低引起的。全球价值链质量、全球价值链效率、全球价值链稳定性的滞后一期均在1%的水平上显著为正，表明一国前一期全球价值链质量、全球价值链效率、全球价值链稳定性均对后一期产生积极影响。

二 稳健性检验

（一）替换被解释变量

国内价值链是全球价值链的一部分，本章将被解释变量全球价值链质量替换为国内价值链质量，检验一国对外直接投资对国内价值链质量的影响，同时检验对外直接投资对国内价值链效率、国内价值链稳定性的影响，回归结果见表5-3。核心解释变量 ln$ofdi$ 均显著为正，表明一国对外直接投资显著地促进了国内价值链质量的提升，对国内价值链效率、国内价值链稳定性同样具有促进效应。控制变量的符号及显著性与基准回归结果基本一致，验证了模型设定的稳健性。

---

① 根据第一章相关概念界定，国内价值链质量是全球价值链质量的一部分。

表 5-3　　　　　替换被解释变量的稳健性检验

变量	（1） lnQNVC	（2） lnEfNVC	（3） lnStNVC
ln*ofdi*	0.160*	0.001***	0.254***
	(1.83)	(8.18)	(6.60)
ln*GDP*	1.167	0.008***	1.296***
	(0.48)	(7.76)	(3.54)
ln*Hfimport*	1.333	-0.000	2.650***
	(0.89)	(-0.08)	(8.11)
ln*Insti*	12.643	-0.013***	2.250
	(1.63)	(-2.84)	(1.10)
tfp	3.618***	0.075***	1.746***
	(2.88)	(27.23)	(5.33)
ln*Web*	0.302**	0.002***	0.012
	(2.15)	(16.58)	(0.88)
ln*labor*	-18.646*	-0.086***	-4.712***
	(-1.70)	(-10.23)	(-3.40)
ln*Fixcapt*	-3.330**	-0.053***	-1.899***
	(-2.48)	(-25.63)	(-6.61)
L.ln*QNVC*	0.906***		
	(5.12)		
L.ln*EfNVC*		0.138***	
		(14.24)	
L.ln*StNVC*			0.565***
			(13.64)
样本量	490	490	490
AR（2）-P 值	0.280	0.693	0.607
Hansen-P 值	0.365	0.998	0.995

注：*、**、*** 分别表示在 10%、5%、1% 的置信水平上显著，括号内为 z 值。

（二）增加控制变量

后向平均生产长度①越大，表明一国越处于上游位置，创造的增加值

---

① 根据 Wang 等（2017b），后向平均生产长度是指在垂直化生产中增加值在总产出中被重复计算的平均次数，也就是增加值引致的总产出。

相对越多，全球价值链质量可能越高。本章在原有控制变量的基础上新增加控制变量后向平均生产长度（lnBPL）。根据 Wang 等（2017b）的方法，通过计算世界投入产出数据得到国家部门层面数据，然后加总得到国家层面平均生产长度，具体计算公式如下：

$$BPL_j^r = \frac{\sum_{s,i}^{G,N} v_i^s \sum_{r,j}^{G,N} b_{ik}^{st} b_{kj}^{tr} y_j^r}{\sum_{s,i}^{G,N} v_i^s b_{ij}^{sr} y_j^r} = \sum_{r,j}^{G,N} b_{kj}^{tr} \quad (5-2)$$

$$BPL_r = \sum_{j \in r} BPL_j^r \quad (5-3)$$

式（5-2）为计算得到的最终消费国 r 国 j 行业的后向平均生产长度，其中分子表示由增加引致的总产出，分母表示最终品消费国 r 国 j 行业生产消耗的所有生产要素提供国的总增加值。式（5-3）为将各个行业相加得到的 r 国后向平均生产长度。

增加控制变量后的回归结果见表 5-4。核心解释变量 lnofdi 均在 1% 的置信水平上显著为正，与基准回归结果一致。控制变量 lnBPL 在 1% 的置信水平上显著为正，表明一国越处于价值链上游位置，其参与全球价值链质量越高，符合预期结果。其他控制变量的符号、显著性与基准回归结果一致，模型设定稳健。

表 5-4　　　　　　　　　增加控制变量的稳健性检验

变量	(1) ln$QGVC$	(2) ln$EfGVC$	(3) ln$StGVC$
ln$ofdi$	0.128***	0.0005***	0.216***
	(7.46)	(3.80)	(12.07)
lnGDP	0.534**	0.007***	0.774***
	(2.11)	(6.80)	(3.30)
ln$Hfimport$	2.601***	0.002***	2.834***
	(17.87)	(2.65)	(11.97)
ln$Insti$	1.741***	-0.005	2.219**
	(3.81)	(-0.75)	(2.07)
tfp	2.963***	0.066***	2.496***
	(21.35)	(28.71)	(6.80)

续表

变量	(1) ln$QGVC$	(2) ln$EfGVC$	(3) ln$StGVC$
lnWeb	0.084*** (4.04)	0.001*** (16.96)	0.103*** (4.86)
ln$labor$	−1.812* (−1.71)	−0.060*** (−9.82)	−3.677** (−2.53)
ln$Fixcapt$	−2.421*** (−11.80)	−0.047*** (−23.81)	−2.117*** (−10.18)
lnBPL	2.956*** (4.01)	0.011*** (2.66)	2.184*** (2.95)
被解释变量的滞后一期	0.453*** (10.29)	0.162*** (15.82)	0.592*** (11.46)
样本量	490	490	490
AR(2)-P值	0.392	0.435	0.179
Hansen-P值	0.540	0.998	0.564

注：*、**、***分别表示在10%、5%、1%的置信水平上显著，括号内为z值。

（三）解决内生性问题

模型内生性问题主要来源于两个方面：第一，存在遗漏解释变量，尽管本章设定了多个控制变量，但影响全球价值链质量的因素众多，还是可能存在遗漏解释变量的情况；第二，对外直接投资与全球价值链质量之间可能存在双向因果关系，一国参与全球价值链质量提升，部分产业形成新的比较优势，该国倾向于将已经失去比较优势的产业通过对外直接投资的方式转移出去，增加对外直接投资规模。对于第一个内生性来源，模型已经在基准回归中使用了面板双向固定效应模型，控制个体与时间趋势能够很好地解决遗漏变量问题；对于第二个内生性来源，本章采用系统GMM和工具变量—两阶段最小二乘法（IV-2SLS）两种方法进行消除。

回归结果见表5-5。第（1）—（3）列为系统GMM的检验结果，本章将被解释变量的滞后一期作为控制变量加入模型。当被解释变量为全球价值链质量时，将ln$ofdi$的滞后0—1期、ln$Insti$的滞后0—2期、lnWeb

的滞后 0—1 期作为工具变量；当被解释变量为全球价值链效率时，将 ln*ofdi* 的滞后 0—2 期、ln*Insti* 的滞后 0—1 期、ln*Hfimport* 的滞后 0—1 期作为工具变量；当被解释变量为全球价值链稳定性时，将 ln*ofdi* 的滞后 0—1 期、ln*Insti* 的滞后 0—2 期、ln*Fixcapt* 的滞后 0—1 期作为工具变量。回归结果显示，核心解释变量 ln*ofdi* 均显著为正，控制变量的符号及显著性也与基准回归结果一致，验证了模型设定的稳健性。工具变量均通过了"扰动项不存在自相关""工具变量过度识别"检验，工具变量选择合理有效。

表 5-5　　　　　　　　　内生性处理后的回归结果

变量	系统 GMM			IV-2SLS		
	(1)ln*QGVC*	(2)ln*EfGVC*	(3)ln*StGVC*	(4)ln*QGVC*	(5)ln*EfGVC*	(6)ln*StGVC*
ln*ofdi*	0.075***	0.001***	0.025**	0.244**	-0.001	0.254**
	(5.38)	(6.83)	(2.04)	(2.10)	(-1.53)	(2.17)
ln*GDP*	0.053***	0.001***	0.060***	1.286***	0.009***	1.256***
	(4.06)	(2.98)	(3.54)	(4.23)	(3.69)	(3.18)
ln*Hfimport*	0.104	-0.001	0.162***	0.754**	-0.003	0.676*
	(1.11)	(-1.52)	(2.63)	(2.27)	(-1.32)	(1.81)
ln*Insti*	0.009	0.006**	-0.490	1.605	-0.012*	1.953
	(0.02)	(2.34)	(-0.87)	(1.62)	(-1.67)	(1.62)
tfp	3.357***	0.042***	3.273***	2.412***	0.057***	1.464***
	(24.31)	(39.18)	(11.76)	(4.99)	(12.55)	(2.78)
ln*Web*	0.108***	0.0003***	0.137***	0.036	0.000*	0.069**
	(20.19)	(6.93)	(17.75)	(1.34)	(1.85)	(2.10)
ln*labor*	-2.011***	-0.030***	-1.791***	-3.786***	-0.067***	-2.708**
	(-14.75)	(-21.92)	(-8.68)	(-3.93)	(-7.24)	(-2.28)
ln*Fixcapt*	-2.098***	-0.023***	-2.099***	-1.904***	-0.030***	-1.408***
	(-23.15)	(-26.43)	(-11.32)	(-4.66)	(-7.49)	(-3.10)
L.ln*QGVC*	0.621***					
	(21.20)					
L.ln*EfGVC*		0.811***				
		(41.67)				

续表

变量	系统 GMM			IV-2SLS		
	(1)ln$QGVC$	(2)ln$EfGVC$	(3)ln$StGVC$	(4)ln$QGVC$	(5)ln$EfGVC$	(6)ln$StGVC$
L.ln$StGVC$			0.619*** (35.51)			
常数项	-6.524*** (-7.50)	-0.074*** (-5.75)	-6.086*** (-15.73)			
样本量	546	546	546	546	545	545
AR(1)-P值	0.000	0.009	0.000			
AR(2)-P值	0.441	0.705	0.135			
Hansen-P值	0.995	0.998	0.998			
Kleibergen-Paap rk LM				38.618	38.836	49.084
Kleibergen-Paap rk LM检验的P值				0.0000	0.0000	0.0000
Kleibergen-Paap rk Wald 的F值				61.146	31.426	112.036

注：*、**、***分别表示在10%、5%、1%的置信水平上显著，括号内为z值或t值。

表5-5第（4）—（6）列为采用IV-2SLS的回归结果，本章主要将对外直接投资的滞后一期作为工具变量，原因在于：对外直接投资滞后一期直接影响当期对外直接投资，但是对当期的全球价值链质量不会产生直接影响。核心解释变量对外直接投资基本都显著为正，验证了模型设定的稳健性。第（4）—（5）列，Kleibergen-Paap rk Wald 的F值均大于16.38，表明不存在弱工具变量问题（Stock and Yogo，2002），Kleibergen-Paap rk LM 检验的 P 值均为 0.0000，表明拒绝了工具变量识别不足的假定，验证了工具变量的有效性。

三　分组回归结果

（一）按照不同经济发展水平进行分组

为了检验不同经济发展水平国家对外直接投资对母国全球价值链质量是否产生同样的促进作用，本章对61个国家进行分组检验。首先将61个国家按照经济发展程度不同分为发达国家和发展中国家两类，其中发达国家包括27个，发展中国家包括34个，分别检验发达国家、发展中国家对外直接投资对母国全球价值链质量的影响情况。回归结果见表5-6。

表5-6 发达国家与发展中国家分组回归结果

变量	发达国家			发展中国家		
	(1)	(2)	(3)	(4)	(5)	(6)
	ln$QGVC$	ln$EfGVC$	ln$StGVC$	ln$QGVC$	ln$EfGVC$	ln$StGVC$
ln$ofdi$	0.840***	0.001**	1.030***	0.772***	0.001	0.725*
	(3.08)	(2.00)	(3.36)	(3.55)	(1.27)	(1.73)
lnGDP	3.806***	0.030***	−0.138	2.029**	0.007***	1.451
	(4.75)	(8.29)	(−0.16)	(2.20)	(4.76)	(1.08)
ln$Hfimport$	3.006***	0.032***	5.243***	2.501***	0.006***	1.488
	(4.55)	(7.43)	(10.82)	(4.07)	(3.90)	(1.43)
ln$Insti$	8.646**	0.043***	24.067***	2.325	−0.003	−1.366
	(2.18)	(5.86)	(5.85)	(0.61)	(−0.59)	(−0.43)
tfp	2.613***	0.102***	0.513	3.787***	0.030***	3.423***
	(5.73)	(25.85)	(0.93)	(4.46)	(12.97)	(2.62)
lnWeb	−0.118***	−0.002***	0.033	0.222***	0.000***	0.166**
	(−3.01)	(−8.80)	(0.56)	(3.64)	(3.15)	(2.52)
ln$labor$	−2.053	−0.025*	3.806**	−14.753**	−0.027***	−14.736
	(−0.68)	(−1.76)	(2.13)	(−2.30)	(−2.89)	(−1.52)
ln$Fixcapt$	−3.698***	−0.066***	−1.304***	−4.804***	−0.024***	−2.206*
	(−8.46)	(−25.32)	(−2.94)	(−9.58)	(−14.74)	(−1.68)
L.ln$QGVC$	0.328***			0.912***		
	(4.26)			(12.19)		
L.ln$EfGVC$		0.095***			0.226***	
		(7.78)			(4.20)	
L.ln$StGVC$			0.298***			0.584***
			(3.95)			(4.49)
样本量	277	277	277	213	213	213
AR(2)-P值	0.369	0.541	0.427	0.362	0.114	0.107
Hansen-P值	0.463	0.997	0.380	0.894	0.795	0.990

注：*、**、***分别表示在10%、5%、1%的置信水平上显著，括号内为t值。

发达国家分组中，核心解释变量对外直接投资均显著为正，表明发达国家对外直接投资显著地提升了母国参与全球价值链质量及分指标母国参与全球价值链效率、全球价值链稳定性。发展中国家对外直接投资显著地提升了母国参与全球价值链质量及分指标全球价值链稳定性，而对分指标全球价值链效率的提升不明显。当被解释变量为全球价值链质量及分指标全球价值链稳定性时，发达国家分组中对外直接投资的系数均大于发展中国家的系数，表明与发展中国家相比，发达国家对外直接投资的全球价值链质量提升效应要大于发展中国家。主要原因在于：第一，本书测算的全球价值链为广义的全球价值链（Meng et al.，2013）①，全球价值链的国内环节占有很大比重，发达国家集技术、创新、资源及品牌等优势于一体，其中间品生产效率、中间品供应稳定性较高，同时主导全球价值链，与其他国家间的生产关联较高，因此，其参与全球价值链质量较高。第二，发达国家对外直接投资形成全球生产网络是巩固和提升其全球价值链分工获利的重要手段，发达国家对外直接投资更能促进母国全球价值链地位的提升（余海燕、沈桂龙，2020），全球价值链地位提升意味着中间品的价值增值能力提升，更有助于提升其参与全球价值链质量。

（二）按照是否是"一带一路"沿线国家进行分组

本章将61个研究主体按照是否为"一带一路"沿线国家进行分组，其中包括35个"一带一路"沿线国家②、26个非"一带一路"沿线国家或地区。回归结果见表5-7。当被解释变量为全球价值链质量时，无论在"一带一路"沿线分组中还是在非"一带一路"沿线分组中，核心解释变量 ln$ofdi$ 均显著为正，表明无论是"一带一路"沿线国家还是非"一带一路"沿线国家的对外直接投资均可提高其参与全球价值链质量。当被解释变量为全球价值链稳定性时，两组中 ln$ofdi$ 均显著为正，表明一国对外直接投资对全球价值链稳定性的影响并不存在地理位置的差异。"一带一路"沿线的政治、经济环境复杂，这些国家对外直接投资仍可以提高其全球价值链稳定性，这主要归功于"一带一路"倡议带来的贸易效应，"一带一路"倡议的提出，强化了沿线国家间的经济贸易往来，提升了国

---

① Meng 等（2013）认为，广义的全球价值链不仅包括涉及中间品跨境贸易的生产活动（狭义的全球价值链），而且包括全球价值链的国内环节。

② 具体名单见表4-2。

家间的生产关联度，从而促进了全球价值链稳定性。然而，当被解释变量为全球价值链效率时，两组存在明显差别，"一带一路"沿线分组中，ln$ofdi$ 为正值但并不显著，表明"一带一路"沿线国家直接投资对其参与全球价值链效率提升的作用并不明显，主要原因在于："一带一路"沿线以发展中国家为主，发展中国家的技术水平相对较低，中间品生产效率较低，导致其参与全球价值链效率相对较低；此外，"一带一路"沿线国家或地区对母国对外直接投资的逆向技术溢出吸收效应有限，短时间内难以提升母国技术水平，中间品生产效率改善甚微，因此，这些国家对外直接投资对母国全球价值链效率的促进作用有限，"一带一路"沿线国家参与全球价值链效率有继续提升的空间。"一带一路"沿线国家要提高其全球价值链效率，仅依靠本国对外直接投资获取逆向技术溢出的作用有限，还需要增强本国的自主创新能力，同时强化本国的外来技术吸收能力。

表 5-7　　是否为"一带一路"沿线国家的分组回归结果

变量	"一带一路"沿线			非"一带一路"沿线		
	(1)	(2)	(3)	(4)	(5)	(6)
	ln$QGVC$	ln$EfGVC$	ln$StGVC$	ln$QGVC$	ln$EfGVC$	ln$StGVC$
ln$ofdi$	0.208*	0.0002	0.231***	0.792***	0.002*	0.805**
	(1.95)	(1.55)	(2.59)	(2.63)	(1.95)	(2.23)
lnGDP	1.454**	0.004	0.833	1.804	0.053***	-1.636
	(2.30)	(1.46)	(0.83)	(0.83)	(12.59)	(-1.04)
ln$Hfimport$	1.502***	0.004**	2.330***	3.659***	0.005	4.215***
	(3.22)	(2.30)	(3.06)	(3.20)	(0.67)	(3.37)
ln$Insti$	-2.292*	-0.006	0.798	12.321	0.018	-10.654
	(-1.72)	(-0.82)	(0.28)	(1.00)	(1.64)	(-1.35)
tfp	2.190***	0.039***	1.054*	3.969***	0.108***	4.378***
	(6.21)	(16.56)	(1.71)	(2.69)	(18.75)	(3.82)
lnWeb	0.064**	0.001***	0.091	-0.182	-0.001***	-0.092
	(2.55)	(13.19)	(1.35)	(-1.26)	(-3.43)	(-0.66)
ln$labor$	-4.939**	-0.065***	-2.190	5.369	-0.170***	9.014
	(-2.06)	(-5.35)	(-0.43)	(0.46)	(-7.76)	(0.91)

续表

变量	"一带一路"沿线			非"一带一路"沿线		
	(1)	(2)	(3)	(4)	(5)	(6)
	ln$QGVC$	ln$EfGVC$	ln$StGVC$	ln$QGVC$	ln$EfGVC$	ln$StGVC$
ln$Fixcapt$	-2.153***	-0.027***	-1.281**	-4.396***	-0.066***	-3.449***
	(-5.27)	(-15.06)	(-2.51)	(-4.13)	(-19.61)	(-6.93)
L.ln$QGVC$	0.523***			0.177		
	(8.02)			(1.18)		
L.ln$EfGVC$		0.186***			-0.038	
		(5.35)			(-1.56)	
L.ln$StGVC$			0.524***			0.337***
			(3.96)			(2.91)
样本量	276	276	276	214	214	214
AR(2)-P值	0.241	0.698	0.055	0.397	0.100	0.785
Hansen-P值	0.999	0.999	0.999	0.999	0.997	0.965

注：*、**、***分别表示在10%、5%、1%的置信水平上显著，括号内为t值。

（三）不同全球价值链质量水平下对外直接投资的影响效应

为了研究对外直接投资影响效应随全球价值链质量高低的演化过程，本部分采用面板分位数回归进行检验，选择0.2、0.35、0.6、0.75共四个不同的分位数，回归结果见表5-8。第一，在四种不同分位数上回归，对外直接投资均显著为正，与基准回归结果一致，进一步证明基准回归结果的稳健性；第二，对外直接投资的显著性及系数大小在不同分位数上存在差异，对外直接投资对全球价值链质量影响的效应先减小再增大，呈现正"U"形特征，当全球价值链质量较低时，对外直接投资的促进作用较大，随着全球价值链质量的提高，对外直接投资的促进作用减少，当全球价值链质量达到一定水平时，对外直接投资的全球价值链质量提升效应达到最小值而后随着全球价值链质量的升高而增加，总体来看，母国全球价值链质量较低时，对外直接投资的提升效应最明显。总之，对外直接投资对母国全球价值链质量的影响存在异质性，即低分位国家、中分位国家和高分位国家对外直接投资的影响效应不同。

表 5-8 采用面板分位数回归的结果

变量	(1) QR_0.2 ln$QGVC$	(2) QR_0.35 ln$QGVC$	(3) QR_0.6 ln$QGVC$	(4) QR_0.75 ln$QGVC$
ln$ofdi$	0.400** (2.20)	0.292*** (2.81)	0.158* (1.82)	0.190* (1.77)
lnGDP	2.969*** (5.30)	2.177*** (3.43)	1.309*** (3.33)	1.403*** (2.87)
ln$Hfimport$	0.949 (1.45)	1.066* (1.94)	0.762* (1.91)	0.949* (1.92)
ln$Insti$	2.700 (1.22)	−0.003 (−0.00)	1.875 (1.39)	2.510 (1.50)
tfp	1.777* (1.85)	1.417* (1.85)	2.492*** (4.12)	2.498*** (3.33)
lnWeb	−0.037 (−0.83)	0.022 (0.36)	0.044 (1.19)	0.065 (1.42)
ln$labor$	−6.517*** (−3.86)	−6.701*** (−3.76)	−3.577*** (−2.93)	−3.246** (−2.14)
ln$Fixcapt$	−2.165*** (−3.10)	−1.284* (−1.89)	−1.925*** (−3.60)	−2.042*** (−3.08)
样本量	546	546	546	546
控制个体	是	是	是	是
控制变量	是	是	是	是

注：*、**、***分别表示在10%、5%、1%的置信水平上显著，括号内为t值。

四　机制检验

基于前文对外直接投资对母国全球价值链质量影响的理论机制，本章采用中介效应模型对影响途径进行实证检验。本章借鉴温忠麟等（2004）的中介效应模型设定检验步骤：第一，检验解释变量对外直接投资对母国全球价值链质量的影响是否显著，只有系数 c 显著时，进行中介效应检验的条件成立；第二，检验对外直接投资是否显著影响中介变量，控制对外直接投资变量、检验中介变量 M 是否显著影响全球价值链质量，即系数 m、系数 n 是否显著；第三，如果系数 m 和系数 n 均显著，检验

c'是否显著,若c'不显著,表明只存在中介效应,若c'显著,则可能存在其他中介。进一步判断mn与c'是否符号相同,如果同号,存在部分中介效应,如果不同号,则存在遮掩效应(温忠麟、叶宝娟,2014)。中介效应具体见图5-4。

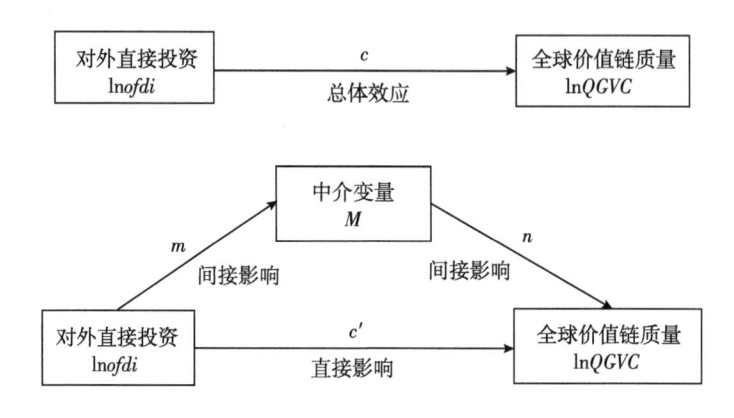

图 5-4 中介效应示意

基于以上中介检验步骤,本章设置如下实证模型:

$$\ln QGVC_{it} = \beta_1 \ln ofdi_{it} + \tau_1 \ln GDP_{it} + \tau_2 \ln Hfimport_{it} + \tau_3 \ln Insti_{it} + \tau_4 tfp_{it} +$$
$$\tau_5 \ln Web_{it} + \tau_6 \ln labor_{it} + \tau_7 \ln Fixcapt_{it} + \varepsilon_{it} \quad (5-4)$$

$$M_{it} = \gamma_1 \ln ofdi_{it} + \rho_1 \ln GDP_{it} + \rho_2 \ln Hfimport_{it} + \rho_3 \ln Insti_{it} + \rho_4 tfp_{it} + \rho_5 \ln Web_{it} +$$
$$\rho_6 \ln labor_{it} + \rho_7 \ln Fixcapt_{it} + \varepsilon_{it} \quad (5-5)$$

$$\ln QGVC_{it} = \delta_0 M + \delta_1 \ln ofdi_{it} + \theta_1 \ln GDP_{it} + \theta_2 \ln Hfimport_{it} + \theta_3 \ln Insti_{it} + \theta_4 tfp_{it} +$$
$$\theta_5 \ln Web_{it} + \theta_6 \ln labor_{it} + \theta_7 \ln Fixcapt_{it} + \varepsilon_{it} \quad (5-6)$$

式(5-5)中,M表示中介变量,本章从不同角度出发设置了四组中介变量:第一组,从对外直接的经济效应出发,将母国技术水平提升效应、产业结构优化效应、贸易促进效应作为中介变量;第二组,从全球价值链质量测算指标拆分角度,将全球价值链效率、全球价值链稳定性作为中介变量;第三组,从全球价值链质量参与主体的地域出发,将全球价值链拆分为国内价值链质量和狭义全球价值链质量,本章将国内价值链质量、国内价值链效率、国内价值链稳定性作为中介变量;第四组,从对外直接投资对全球价值链质量影响的途径选择,将中间品生产率作为中介变量。具体分析结果如下。

(一)将技术水平、产业结构优化程度、贸易规模作为中介变量

技术水平、产业结构优化程度、贸易规模三个中介变量分别采用一国的专利申请量、产业结构层次系数、货物出口额表示。专利申请量可用来衡量一国的技术创新能力,通过加总一国居民专利申请量和非居民专利申请量得到;由于部分国家、部分年份存在缺失值,本章采用均值法和平均增长率法进行补充。对外直接投资主要促进了母国出口,对进口的影响并不明显,因此本章采用货物出口额表示贸易促进效应。产业结构层次系数反映了三大产业由低水平状态向高水平状态顺次演进的过程,是产业结构升级的重要指标,因此本章采用产业结构层次系数表示产业结构优化程度;本章以份额比例为权重加总三类产业的增加值占比得到产业结构层次系数(刘伟等,2008),具体计算公式如下:

$$SH_{i,t} = \sum_{n=1}^{3} y_{i,n,t} \times n \tag{5-7}$$

其中,$SH_{i,t}$ 表示 i 国在第 t 年的产业结构优化程度;$y_{i,n,t}$ 表示 i 国在第 t 年第 n 产业的增加值占国家总 GDP 的比重;$n=1,2,3$。

专利申请量(居民、非居民)、货物出口额、产业增加值占比等数据均来源于世界银行数据库。

1. 对外直接投资的母国技术水平提升效应

检验结果见表5-9。第(1)列中,当母国技术水平为被解释变量时,核心解释变量对外直接投资在1%的水平上显著为正,表明一国对外直接投资整体促进了母国技术水平的提升。第(2)列中,当全球价值链质量为被解释变量时,中介变量母国技术水平在1%的水平上显著为正,表明母国技术水平通过中介变量检验,一国对外直接投资通过母国技术水平提升效应提高了其参与全球价值链质量。此外,本章还检验了对外直接投资影响全球价值链效率、全球价值链稳定性的机制,第(3)列中,当被解释变量为全球价值链效率时,母国技术水平提升为正值但不显著,表明对外直接投资通过母国技术水平提升效应影响全球价值链效率的作用有限,原因可能在于:第一,专利申请与实际科技成果、产品技术含量等存在一定差异,如虽然当前中国是专利申请大国,但是与欧洲等专利申请量少的国家相比,技术创新水平还存在一定差距;第二,发展中国家的对外直接投资逆向技术溢出效应较明显,与此同时,这些国家也是技术创新、基础设施建设薄弱的国家,技术吸收能力较低,导致中间品生产效率提升作用

不明显，全球价值链效率提升作用有限。第（4）列中，当被解释变量为全球价值链稳定性时，技术水平在1%的水平上显著为正，表明对外直接投资通过母国技术水平提升效应促进了全球价值链稳定性。

表 5-9　　母国技术水平提升效应的检验结果

变量	(1) ln$patent1$	(2) ln$QGVC$	(3) ln$EfGVC$	(4) ln$StGVC$
ln$patent1$		0.275*** (2.84)	0.0001 (1.25)	0.752*** (4.69)
ln$ofdi$	0.110*** (10.61)	0.077*** (3.23)	-0.001 (-1.30)	0.140*** (6.38)
lnGDP	0.121 (1.39)	0.579** (2.04)	0.001 (0.99)	0.906*** (4.58)
ln$Hfimport$	0.166*** (3.26)	2.297*** (15.88)	-0.005*** (-6.47)	2.410*** (11.32)
ln$Insti$	0.606*** (9.75)	1.148** (2.08)	0.000 (0.03)	1.025 (0.93)
tfp	-0.180*** (-3.80)	3.213*** (24.15)	0.072*** (32.36)	2.772*** (10.98)
lnWeb	-0.058*** (-15.72)	0.084*** (3.77)	0.002*** (25.96)	0.163*** (6.02)
ln$labor$	1.596*** (5.56)	-3.270*** (-4.23)	-0.080*** (-15.02)	-8.823*** (-5.00)
ln$Fixcapt$	0.264*** (5.28)	-2.514*** (-14.01)	-0.046*** (-31.93)	-2.302*** (-12.28)
L.ln$patent1$	0.060*** (3.35)			
L.ln$QGVC$		0.465*** (10.26)		
L.ln$EfGVC$			0.240*** (32.78)	
L.ln$StGVC$				0.638*** (14.87)

续表

变量	(1) lnpatent1	(2) lnQGVC	(3) lnEfGVC	(4) lnStGVC
样本量	490	490	490	490
AR(1)-P值	0.074	0.000	0.022	0.000
AR(2)-P值	0.595	0.317	0.219	0.126
Hansen-P值	0.762	0.552	0.989	0.493

注：**、***分别表示在5%、1%的置信水平上显著，括号内为z值。

2. 对外直接投资的母国产业结构优化效应

检验结果见表5-10。第（1）列中，当被解释变量为产业结构优化程度时，核心解释变量对外直接投资在1%的水平上显著为正，表明一国对外直接投资显著促进了母国产业结构优化。第（2）列中，当被解释变量为全球价值链质量时，中介变量产业结构优化程度在1%的水平上显著为正，表明一国对外直接投资通过优化母国产业结构提升了其参与的全球价值链质量。第（3）—（4）列中，当被解释变量分别为全球价值链效率、全球价值链稳定性时，产业结构优化程度均在1%的水平上显著为正，表明对外直接投资通过母国产业结构优化效应显著提高了全球价值链效率、增强了全球价值链稳定性。对外直接投资优化母国产业结构，提高了国内资源配置效率，可将国内资源主要用于高附加值、高技术含量产业的发展，提升了全球价值链效率；对外直接投资的产业结构优化提升了国际产品的竞争力，降低了与其他国家间的产品技术差距，有助于提升国家间生产关联度，增强全球价值链稳定性。

表5-10　　　　母国产业结构优化效应的检验结果

变量	(1) lnSH	(2) lnQGVC	(3) lnEfGVC	(4) lnStGVC
lnSH		15.998*** (9.35)	0.064*** (5.41)	19.722*** (10.30)
lnofdi	0.001*** (10.58)	0.077*** (2.58)	0.0003 (1.42)	0.085*** (2.99)
lnGDP	0.017*** (5.85)	0.687*** (4.20)	-0.007*** (-5.56)	1.076*** (3.91)

续表

变量	(1) lnSH	(2) lnQGVC	(3) lnEfGVC	(4) lnStGVC
ln$Hfimport$	−0.000	2.462***	0.005***	2.859***
	(−0.07)	(12.91)	(2.88)	(11.45)
ln$Insti$	0.044***	0.640	−0.006***	1.464**
	(12.04)	(1.07)	(−3.49)	(2.20)
tfp	−0.022***	3.527***	0.074***	2.375***
	(−10.87)	(15.83)	(26.79)	(10.56)
lnWeb	−0.000***	0.036	0.001***	0.024
	(−3.08)	(1.61)	(12.08)	(1.15)
ln$labor$	0.066***	−4.832***	−0.024***	−4.694***
	(5.63)	(−5.61)	(−3.81)	(−4.10)
ln$Fixcapt$	−0.010***	−2.241***	−0.047***	−1.415***
	(−3.66)	(−9.99)	(−17.85)	(−5.34)
L.lnSH	0.099***			
	(4.56)			
L.ln$QGVC$		0.447***		
		(13.65)		
L.ln$EfGVC$			0.108***	
			(9.17)	
L.ln$StGVC$				0.360***
				(11.88)
样本量	486	486	486	486
AR(1)-P值	0.237	0.001	0.045	0.000
AR(2)-P值	0.749	0.581	0.410	0.109
Hansen-P值	0.884	0.518	0.453	0.512

注：**、***分别表示在5%、1%的置信水平上显著，括号内为z值。

3. 对外直接投资的贸易促进效应

检验结果见表5-11。第（1）列中，当被解释变量为贸易规模时，对外直接投资在1%的水平上显著为正，验证了对外直接投资可促进母国出口规模的结论（张纪凤、黄萍，2013）。第（2）列中，当被解释变量为全球价值链质量时，中介变量贸易规模在1%的水平上显著为正，表明一国对外直接投资通过贸易促进效应提升了其参与全球价值链质量。第（3）—（4）列中，当被解释变量为全球价值链效率、全球价值链稳定性时，贸易规模分别在1%、5%的水平上显著为正，表明对外直接投资通过贸易促进效应提高了全球价值链效率、增强了全球价值链稳定性。对外直接投资可显著促进一国出口规模，规模化生产可降低企业的生产成本、提高企业的生产效率，从而提高全球价值链效率；对外直接投资的贸易促进效应可带动非出口企业向出口企业转型，增加一国出口行业和产品的多元化，供应多元化有助于增强全球价值链稳定性，从而提升全球价值链质量。

表 5-11　　　　　　　　　　贸易促进效应的检验结果

变量	(1) ln$Htrade1$	(2) ln$QGVC$	(3) ln$EfGVC$	(4) ln$StGVC$
ln$Htrade1$		0.624*** (2.65)	0.005*** (7.20)	0.368** (2.27)
ln$ofdi$	0.014*** (5.57)	0.208*** (11.24)	0.0001 (1.15)	0.243*** (11.38)
lnGDP	0.736*** (20.42)	0.442** (2.30)	−0.007*** (−7.79)	0.580*** (2.66)
ln$Hfimport$	0.524*** (24.55)	1.667*** (6.44)	−0.004** (−2.42)	1.881*** (8.65)
ln$Insti$	0.066 (0.66)	1.674 (0.96)	−0.012** (−2.17)	2.268** (2.27)
tfp	1.843*** (90.32)	2.208*** (3.80)	0.062*** (23.83)	1.929*** (4.79)
lnWeb	0.014*** (8.02)	0.049* (1.71)	0.001*** (22.58)	0.078*** (2.98)
ln$labor$	−2.688*** (−16.84)	−2.819** (−2.31)	−0.012** (−2.03)	−3.038** (−2.46)
ln$Fixcapt$	−1.247*** (−48.32)	−1.680*** (−3.58)	−0.041*** (−22.50)	−1.595*** (−5.30)

续表

变量	(1) lnHtrade1	(2) lnQGVC	(3) lnEfGVC	(4) lnStGVC
L.ln*Htrade*1	0.060*** (6.72)			
L.ln*QGVC*		0.465*** (11.69)		
L.ln*EfGVC*			0.139*** (14.91)	
L.ln*StGVC*				0.542*** (20.95)
样本量	490	490	490	490
AR(1)-P值	0.818	0.000	0.054	0.000
AR(2)-P值	0.662	0.247	0.412	0.102
Hansen-P值	0.992	0.956	0.965	0.954

注：*、**、***分别表示在10%、5%、1%的置信水平上显著，括号内为z值。

（二）将全球价值链效率、全球价值链稳定性分别作为中介变量

本章首先将全球价值链效率、全球价值链稳定性分别作为中介变量，检验对外直接投资通过提高全球价值链效率促进全球价值链质量、通过提高全球价值链稳定性促进全球价值链质量的影响路径。回归结果见表5-12。

表5-12 将全球价值链效率和全球价值链稳定性作为中介变量的检验结果

变量	(1) lnQGVC	(2) lnEfGVC	(3) lnQGVC	(4) lnQGVC	(5) lnStGVC	(6) lnQGVC
ln*EfGVC*			6.225*** (4.99)			
ln*StGVC*						0.794*** (51.04)
ln*ofdi*	0.053*** (2.85)	0.002*** (3.03)	0.041** (2.24)	0.053*** (2.85)	0.040* (1.87)	0.021*** (2.75)

续表

变量	(1) ln$QGVC$	(2) ln$EfGVC$	(3) ln$QGVC$	(4) ln$QGVC$	(5) ln$StGVC$	(6) ln$QGVC$
lnGDP	0.007 (0.53)	0.001*** (2.78)	-0.001 (-0.06)	0.007 (0.53)	0.021 (1.47)	-0.010* (-1.96)
ln$Hfimport$	0.036 (0.57)	-0.0003 (-0.12)	0.038 (0.61)	0.036 (0.57)	0.084 (1.16)	-0.031 (-1.18)
ln$Insti$	0.722*** (2.72)	0.021** (2.29)	0.593** (2.27)	0.722*** (2.72)	0.202 (0.66)	0.561*** (5.10)
tfp	2.305*** (6.26)	0.099*** (7.97)	1.687*** (4.43)	2.305*** (6.26)	1.478*** (3.50)	1.131*** (7.34)
lnWeb	0.092*** (5.93)	-0.001 (-0.98)	0.095*** (6.26)	0.092*** (5.93)	0.129*** (7.24)	-0.010 (-1.53)
ln$labor$	-1.465*** (-6.47)	-0.085** (-11.08)	-0.936*** (-3.81)	-1.465*** (-6.47)	-0.370 (-1.42)	-1.171*** (-12.48)
ln$Fixcapt$	-1.239*** (-5.44)	-0.038*** (-4.87)	-1.006*** (-4.42)	-1.239*** (-5.44)	-1.290*** (-4.94)	-0.215** (-2.24)
常数项	-6.494*** (-6.05)	-0.342*** (-9.44)	-4.361*** (-3.84)	-6.494*** (-6.05)	2.036* (1.65)	-8.111*** (-18.22)
样本量	546	546	546	546	546	546
R^2	0.5853	0.7774	0.597	0.5853	0.2088	0.928
F	94.76	234.45	90.736	94.76	17.72	782.068
Sobel-P 值			0.0095			0.0613

注：*、**、***分别表示在10%、5%、1%的置信水平上显著，括号内为t值。

第（1）—（3）列是中介变量为全球价值链效率的回归结果，第（4）—（6）列是中介变量为全球价值链稳定性的回归结果。第（1）列中 ln$ofdi$ 显著为正，表明进行中介效应检验的前提条件成立，第（3）列中 ln$EfGVC$、ln$ofdi$ 均显著为正，ln$EfGVC$ 作为中介变量通过检验，对外直接投资通过提升母国全球价值链效率促进全球价值链质量提升。第（2）列中 ln$ofdi$ 系数为正，第（3）列中 ln$EfGVC$、ln$ofdi$ 系数也均为正，表明存在部分中介效应，即对外直接投资对母国全球价值链质量的影响除了通过提升全球价值链效率的途径，还存在其他途径。第（4）列中 ln$ofdi$

显著为正，表明进行中介效应检验的前提条件成立，第（6）列中 ln*St-GVC*、ln*ofdi* 均显著为正，表明 ln*StGVC* 作为中介变量通过检验，对外直接投资通过提升母国全球价值链稳定性促进全球价值链质量提升。第（5）列中 ln*ofdi* 系数为正，第（6）列中 ln*StGVC*、ln*ofdi* 系数也均为正，表明存在部分中介效应，即对外直接投资对母国全球价值链质量的影响除了通过提升全球价值链稳定性的途径，还存在其他途径。

此外，本章考察了两组中介效应模型的 Sobel-P 值。当将全球价值链效率作为中介变量时，Sobel 值在 1% 的水平上显著，通过检验；当将全球价值链稳定性作为中介变量时，Sobel 值在 10% 的水平上显著，也通过检验，验证了中介效应的稳健性。可见，对外直接投资通过提升全球价值链效率、全球价值链稳定性提升了全球价值链质量。

（三）将国内价值链质量、国内价值链效率、国内价值链稳定性作为中介变量

表 5-13 中第（1）列是中介变量为国内价值链质量的检验结果。国内价值链质量、对外直接投资系数均在 1% 的水平上显著，表明对外直接投资通过提升母国国内价值链质量促进了其参与全球价值链质量的提升。由于国内价值链质量系数显著为正、对外直接投资系数显著为负，存在遮掩效应。第（2）列是中介变量为国内价值链效率的检验结果。国内价值链效率、对外直接投资系数均显著，表明对外直接投资通过提升母国国内价值链效率促进了其参与全球价值链质量的提升。由于国内价值链效率、对外直接投资系数均显著为正，表明存在部分中介效应。第（3）列是中介变量为国内价值链稳定性的检验结果。国内价值链稳定性系数显著、对外直接投资系数不显著，表明对外直接投资通过提升母国国内价值链稳定性促进了其参与全球价值链质量的提升。此外，第（1）—（3）列回归结果中 Sobel-P 值均显著，验证了中介效应检验的稳定性。可见，对外直接投资通过提高国内价值链质量、国内价值链效率、国内价值链稳定性提升了全球价值链质量。

（四）将中间品生产率作为中介变量

对外直接投资对母国具有技术提升效应，促进母国中间品生产率，从而促进母国全球价值链质量的提升。本部分将中间品生产率 ln*vla* 作为中介变量，检验机制效应。中间品生产率采用增加值与劳动人数的比值衡量。检验结果见表 5-14。第（1）—（2）列中对外直接投资在 1%

表 5-13 将国内价值链质量、国内价值链效率和国内价值链稳定性作为中介变量的检验结果

变量	(1) ln$QGVC$	(2) ln$QGVC$	(3) ln$QGVC$
ln$QNVC$	0.790*** (67.96)		
ln$EfNVC$		2.989*** (3.80)	
ln$StNVC$			0.636*** (42.50)
ln$ofdi$	-0.022*** (-3.66)	0.045** (2.41)	0.015 (1.63)
lnGDP	0.012*** (3.09)	0.002 (0.16)	-0.005 (-0.81)
ln$Hfimport$	0.058*** (2.81)	0.015 (0.24)	0.031 (1.01)
ln$Insti$	-0.004 (-0.05)	0.744*** (2.84)	0.196 (1.53)
tfp	0.381*** (3.12)	1.959*** (5.22)	1.365*** (7.68)
lnWeb	0.046*** (9.04)	0.096*** (6.23)	0.038*** (5.00)
ln$labor$	-0.187** (-2.47)	-1.142*** (-4.77)	-1.303*** (-12.01)
ln$Fixcapt$	-0.257*** (-3.44)	-1.130*** (-4.99)	-0.355*** (-3.20)
常数项	-0.678* (-1.90)	-5.168*** (-4.63)	-7.900*** (-15.34)
样本量	546	546	546
R^2	0.956	0.589	0.904
F	1321.645	87.938	568.195
Sobel-P 值	0.000	0.024	0.019

注：*、**、*** 分别表示在 10%、5%、1% 的置信水平上显著，括号内为 t 值。

表 5-14　　将中间品生产率作为中介变量的检验结果

变量	(1) lnQGVC	(2) lnvla	(3) lnQGVC
lnvla			0.437***
			(3.38)
lnofdi	0.053***	0.023***	0.043**
	(2.85)	(3.79)	(2.29)
lnGDP	0.007	0.002	0.006
	(0.53)	(0.55)	(0.45)
lnHfimport	0.036	-0.013	0.042
	(0.57)	(-0.61)	(0.66)
lnInsti	0.722***	0.231***	0.621**
	(2.72)	(2.63)	(2.34)
tfp	2.305***	1.063***	1.841***
	(6.26)	(8.73)	(4.72)
lnWeb	0.092***	-0.002	0.093***
	(5.93)	(-0.46)	(6.05)
lnlabor	-1.465***	-0.986***	-1.034***
	(-6.47)	(-13.18)	(-4.01)
lnFixcapt	-1.239***	-0.321***	-1.099***
	(-5.44)	(-4.27)	(-4.80)
常数项	-6.494***	-3.935***	-4.776***
	(-6.05)	(-11.09)	(-4.05)
样本量	546	546	546
R²	0.5853	0.8771	0.587
F	94.76	479.00	87.126
Sobel-P 值			0.012

注：**、***分别表示在5%、1%的置信水平上显著，括号内为t值。

的置信水平上显著为正，第（3）列中 lnvla 在 1% 的置信水平上显著为正，表明 lnvla 作为中介变量通过检验，对外直接投资通过提升母国中间品生产率促进全球价值链质量的提升。第（2）列中对外直接投资系数符号为正，第（3）列中 lnvla、lnofdi 符号均为正，表明存在部分中介效应。

第五章　对外直接投资对母国全球价值链质量影响的实证检验

本部分还进行了 Sobel 检验，Sobel 值在 5% 的置信水平上显著，验证了中介检验的稳定性。

第五节　本章小结

本章在全球价值链质量数据测算的基础上，采用 2009—2019 年 61 个国家或地区的国别数据实证检验了对外直接投资对母国全球价值链质量的影响及机制，同时进行了稳健性检验和异质性检验。主要结论包括：第一，对外直接投资显著促进了母国参与全球价值链质量的提升，尤其是对其全球价值链效率、全球价值链稳定性的提升。第二，替换被解释变量、控制变量及替换回归方法后，对外直接投资对母国全球价值链质量的促进作用同样显著，该结论具有稳健性。第三，对外直接投资对母国全球价值链质量的提升作用因国家经济发展程度、地理位置不同而具有异质性，如发达国家对外直接投资的母国全球价值链质量提升效应更明显；无论是"一带一路"沿线国家或地区还是非"一带一路"沿线国家或地区，对外直接投资均提升其参与的全球价值链质量，但是"一带一路"沿线国家或地区对外直接投资的全球价值链效率提升效应不显著，而全球价值链稳定性提升效应更加明显。第四，在机制检验方面，分别将母国技术水平、产业结构优化程度、贸易规模作为中介变量，将全球价值链效率、全球价值链稳定性作为中介变量，将国内价值链质量、国内价值链效率、国内价值链稳定性作为中介变量，将中间品生产效率作为中介变量，采用中介效应模型验证了对外直接投资对母国全球价值链质量的影响路径。研究发现，对外直接投资通过提升母国技术水平、优化母国产业结构、促进母国贸易规模等提升了母国全球价值链质量；对外直接投资通过提升国内价值链效率、国内价值链稳定性提升国内价值链质量，从而促进了全球价值链质量提升；对外直接投资通过提升全球价值链效率、全球价值链稳定性提升了母国全球价值链质量；对外直接投资还通过提升母国中间品生产效率提升了母国全球价值链质量。

第六章 中国对外直接投资对全球价值链质量影响的实证检验

前文采用世界 61 个国家或地区的数据检验了一国对外直接投资对母国全球价值链质量（包括全球价值链效率、全球价值链稳定性）的促进作用，那么中国对外直接投资对全球价值链质量产生怎样的影响呢？本章采用中国对外直接投资数据，建立实证模型首先检验了中国对外直接投资对东道国全球价值链质量的影响；由于中国对外直接投资与东道国建立了双边贸易联系，很可能对双边价值链质量产生影响，所以本章还实证检验了中国对外直接投资对双边价值链质量的影响。

第一节 中国对外直接投资影响东道国参与全球价值链质量的实证检验

一 模型设定

为了检验中国对外直接投资对东道国全球价值链质量的影响，本节首先设定如下模型：

$$\ln QGVC_{it} = \gamma_1 \ln ofdi_{it} + \delta_1 X_{it} + \varepsilon_{it} \tag{6-1}$$

$$\ln EfGVC_{it} = \gamma_2 \ln ofdi_{it} + \delta_2 X1_{it} + \beta_{it} \tag{6-2}$$

$$\ln StGVC_{it} = \gamma_3 \ln ofdi_{it} + \delta_3 X2_{it} + \mu_{it} \tag{6-3}$$

其中，$\ln QGVC_{it}$ 表示 t 年东道国 i 的全球价值链质量，$\ln EfGVC_{it}$ 表示东道国全球价值链效率，$\ln StGVC_{it}$ 表示东道国全球价值链稳定性；$\ln ofdi_{it}$ 表示 t 年中国对 i 国家的直接投资存量；X_{it}、$X1_{it}$、$X2_{it}$ 表示 t 年 i 国家的控制变量，具体包括东道国人均 GDP（$\ln GDPp$）、东道国城镇化人口（$\ln Citypop$）、东道国贸易开放度（$\ln open$）、东道国外商直接投资净流入（$\ln FDI$）、东道国政府支出（$\ln Govepp$）、东道国高科技出口（$\ln hte$）、东道国制度质量（Insti）、东道国数字基础设施（lnweb）。本模型主要关注 γ_1、γ_2、γ_3 的符号及显著性，若均显著为正，表明中国对外直接投资显著促进了东道国全球价值链质量、全球价值链效率、全球价值链稳定性。

二 变量说明与数据来源

被解释变量为东道国全球价值链质量$\ln QGVC_{it}$、全球价值链效率$\ln EfGVC_{it}$、全球价值链稳定性$\ln StGVC_{it}$。根据前文对全球价值链的拆分，全球价值链可以拆分为国内价值链和进口价值链两部分，本章以东道国为价值链质量研究主体，主要考察全球价值链、国内价值链两部分。本章界定的价值链质量主要由价值链效率和价值链稳定性两部分组成。本章除了考察中国对外直接投资对全球价值链质量和国内价值链质量的影响，还检验了中国对外直接投资对全球价值链效率、全球价值链稳定性和国内价值链效率、国内价值链稳定性的影响。因此，模型被解释变量还包括国内价值链质量$\ln QNVC_{it}$、国内价值链效率$\ln EfNVC_{it}$、国内价值链稳定性$\ln StNVC_{it}$，具体测算方法与结果详见第四章。

核心解释变量为中国对外直接投资 $\ln ofdi_{it}$。本章采用 ADB 投入产出数据计算全球价值链质量，其中包括 63 个国家或地区的投入产出数据。但是，由于中国对外直接投资存量数据来源于历年《中国对外直接投资统计公报》，缺少世界其他地区、不丹的中国对外直接投资数据，故从样本中剔除；此外，由于中国台湾的控制变量数据缺失严重，同样剔除。因此，本部分中国对外直接投资数据采用中国对 ADB 投入产出数据库中 61 个国家或地区的直接投资存量数据。

控制变量 X_{it}。主要包括东道国人均 GDP（ln$GDPp$）、东道国城镇化水平（ln$Citypop$）、东道国贸易开放度（ln$open$）、东道国外商直接投资（lnFDI）、东道国政府支出水平（ln$Govepp$）、东道国制度质量（$Insti$）、东道国高科技出口（lnhte）、东道国数字基础设施（lnweb）。其中，东道国城镇化水平（ln$Citypop$）采用东道国城镇化人口占总人口比重衡量；东道国贸易开放度（ln$open$）采用贸易占 GDP 比重衡量；东道国外商直接投资（lnFDI）采用外商直接投资净流入衡量；东道国政府支出水平（ln-$Govepp$）采用东道国政府支出费用占 GDP 的比重衡量；东道国数字基础设施（lnweb）采用每百万人安全互联网服务器衡量；东道国制度质量（$Insti$）采用 WGI 数据库中的政治稳定性、政府效率、监管质量、法制完善程度、腐败控制五个指标的平均值衡量，该值越大，制度质量越高，由于缺少2019年数据，根据2007—2018年变化趋势进行补充。以上数据均来自世界银行数据库。

三 数据初步分析

本章采用Stata16对各个变量数据进行统计性分析，具体见表6-1。

表6-1 主要变量的统计性描述

变量类别	变量名	观察值数	平均值	标准差	最小值	最大值
被解释变量	$\ln QGVC$	660	2.292017	0.920313	0.4249	6.018076
	$\ln EfGVC$	660	0.052812	0.04028	0.003636	0.211223
	$\ln StGVC$	660	5.395051	0.72624	3.803374	8.532041
	$\ln QNVC$	660	2.139479	1.13672	0.044397	6.187197
	$\ln EfNVC$	660	0.054996	0.053154	0.000888	0.334005
	$\ln StNVC$	660	5.289265	0.867632	3.350917	8.694695
核心解释变量	$\ln ofdi$	645	10.94321	2.601532	4.007333	18.66391
控制变量	$\ln Citypop$	660	4.134384	0.396252	2.858422	4.61512
	$\ln GDPp$	659	9.561769	1.304436	6.172062	11.6854
	$\ln FDI$	613	22.55451	2.079645	14.78996	26.96048
	$\ln Govepp$	534	3.368428	0.405882	2.303174	4.146771
	$\ln open$	643	4.743673	0.650751	3.317351	6.570376
	$\ln hte$	589	2.566353	0.859888	8.76E-05	4.198225
	$\ln web$	600	6.490753	2.726209	0.185056	12.53226
	$Insti$	660	2.571437	0.858933	0.821767	3.872992

注：由Stata16统计所得。

本节采用Stata16查看了中国对外直接投资与东道国全球价值链质量之间的散点关系，详见图6-1至图6-6。初步检验发现，中国对外直接投资与东道国全球价值链质量及分指标全球价值链效率、全球价值链稳定性，国内价值链质量及分指标国内价值链效率、国内价值链稳定性呈现正相关关系。

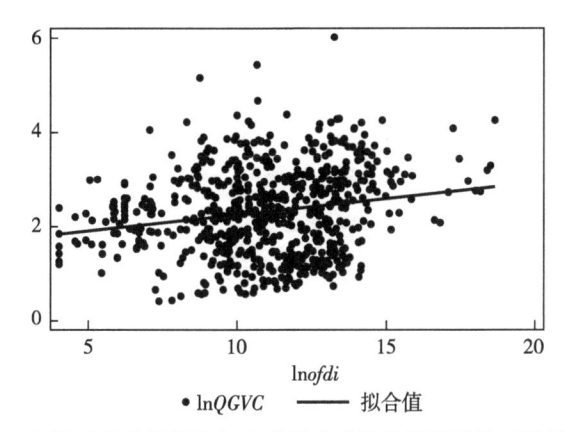

图 6-1 中国对外直接投资与东道国全球价值链质量关系的散点示意

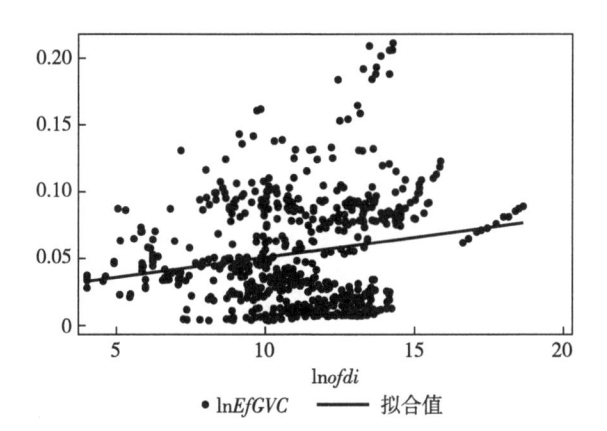

图 6-2 中国对外直接投资与东道国全球价值链效率关系的散点示意

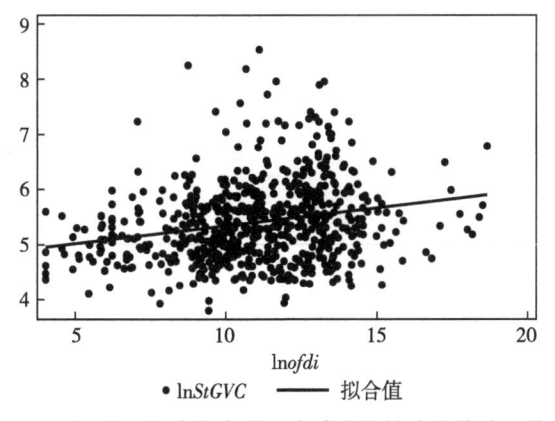

图 6-3 中国对外直接投资与东道国全球价值链稳定性关系的散点示意

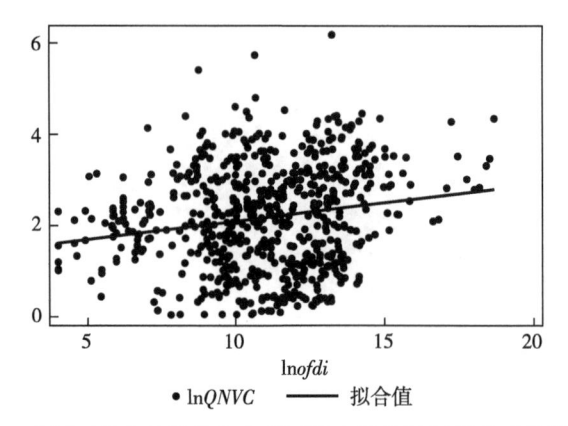

图 6-4　中国对外直接投资与东道国国内价值链质量关系的散点示意

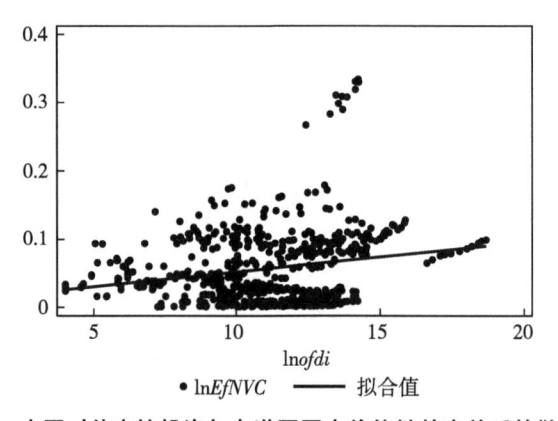

图 6-5　中国对外直接投资与东道国国内价值链效率关系的散点示意

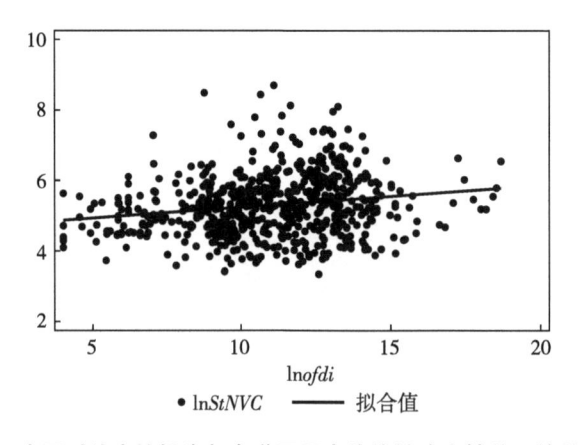

图 6-6　中国对外直接投资与东道国国内价值链稳定性关系的散点示意

四 实证结果与分析

(一) 基准回归结果

本节采用稳健标准误的面板回归固定效应进行实证检验,结果见表 6-2。无论被解释变量是全球价值链还是国内价值链,核心解释变量 ln$ofdi$ 均在1%的水平上显著为正,表明中国对外直接投资均显著促进了东道国价值链质量、效率和稳定性。具体表现在:第一,两国间贸易促进效应。中国对外直接投资可以带动其对东道国的中间品和最终品出口,也就是增加东道国对中国高质量中间品和最终品的进口,从而提高东道国使用中间品的质量、增加两国间的生产关联度,提高东道国的全球价值链效率、稳定性与质量。第二,东道国技术提升效应。中国对技术发展水平较低的发展中国家直接投资,可以将中国的先进技术带到东道国,促进东道国技术水平提升;中国对外直接投资强化了与东道国的经济联系,增强东道国对中国高质量产品的进口,东道国通过学习模仿高质量进口品提高产品生产加工技术,此外,进口高质量产品加剧了本国产品的市场竞争,激励本国企业通过加大研发投入提高技术水平。东道国技术水平提升,有助于提供高质量国内中间品,提高其国内价值链质量、效率与稳定性,通过国内价值链质量提升带动全球价值链质量提升。第三,东道国资源配置提升效应。中国对外直接投资促进东道国增加对中国产品的进口,东道国可以将本国资源集中用于具有比较优势的产品生产,提高东道国国内资源配置能力,从而提高其国内价值链效率、稳定性和质量,带动其参与全球价值链效率、稳定性与质量的提升。

表 6-2 中国对外直接投资对东道国全球价值链质量影响的基准回归结果

变量	全球价值链			国内价值链		
	(1) 质量	(2) 效率	(3) 稳定性	(4) 质量	(5) 效率	(6) 稳定性
	ln$QGVC$	ln$EfGVC$	ln$StGVC$	ln$QNVC$	ln$EfNVC$	ln$StNVC$
ln$ofdi$	0.084***	0.001***	0.118***	0.149***	0.002***	0.136***
	(3.22)	(3.79)	(2.86)	(3.49)	(4.26)	(2.73)
ln$GDPp$	1.047***		0.669***	1.161***		0.418
	(4.69)		(2.65)	(3.53)		(1.38)
ln$Citypop$	-1.319	-0.003***	1.782	1.201	-0.041**	3.152
	(-0.74)	(-2.62)	(1.02)	(0.42)	(-2.21)	(1.49)

续表

变量	全球价值链			国内价值链		
	(1) 质量	(2) 效率	(3) 稳定性	(4) 质量	(5) 效率	(6) 稳定性
	ln$QGVC$	ln$EfGVC$	ln$StGVC$	ln$QNVC$	ln$EfNVC$	ln$StNVC$
ln$open$	0.464*	-0.002	0.262	0.207	-0.002	-0.318
	(1.76)	(-0.71)	(0.73)	(0.51)	(-0.70)	(-0.74)
lnFDI	-0.043**	0.000	-0.063*	-0.054*	0.000	-0.059
	(-2.21)	(0.77)	(-1.72)	(-1.86)	(0.96)	(-1.35)
ln$Govepp$	0.568*			0.465		
	(1.89)			(1.26)		
lnhte	0.057	0.002*		-0.024	0.002	
	(0.55)	(1.78)		(-0.13)	(1.41)	
$Insti$	0.722*	0.010***	0.699*		0.013***	1.051**
	(1.78)	(3.24)	(1.89)		(3.63)	(2.36)
lnweb			0.072***	-0.049*		0.024
			(2.90)	(-1.69)		(0.81)
常数项	-8.482	0.177	-11.691*	-16.659	0.171	-13.181
	(-1.18)	(3.08)	(-1.71)	(-1.41)	(2.40)	(-1.60)
样本量	457	543	531	416	543	531
R^2	0.3007	0.0250	0.0089	0.5799	0.0677	0.003
F	8.969	4.60	18.354	4.265	5.79	9.353

注：*、**、***分别表示在10%、5%、1%的置信区间上显著，括号内为t值。

在控制变量方面，具体如下。东道国人均GDP几乎均在1%的水平上显著为正，表明东道国经济发展水平越高，其全球价值链质量、国内价值链质量越高。东道国制度质量系数均显著为正，表明东道国制度质量越高，其国内价值链质量、参与全球价值链质量越高。一国的制度质量有利于降低参与全球价值链的成本、提高全球价值链中的分工地位和获利能力（戴翔、郑岚，2015）。当被解释变量为全球价值链效率、国内价值链效率时，东道国城镇化水平显著为负，表明东道国城镇化人口越多，全球价值链效率和国内价值链效率越低，该结论与价值链效率的衡量指标有关，在价值链效率的测算指标中，中间品质量采用增加值与劳动力人数的比值衡量，因此，劳动力人口越多，全球价值链效率越低，而城镇人口数与劳动力人数直接相关，其与价值链效率具有同样关系。东道国贸易开放度仅在被解释变量为全球价值链质量时显著为正，表明东道国贸易开放度越高，与其他国家间的生产关联度越高，全球价值链质量越高；当被解释变量为国内价值链时，并不显著，该结论与事实一致，国内价值链并不涉及贸易往来，因此，贸易开放度的高低并不是直接影响国内价值链质量的重要因素。东道国外商直接投资几乎均显著为负，表明东道国外商直接投资净流入越高，其全球价值链质量和效率越低、国内价值链质量越低，对外直接投资越多的国家越有能力培育大型跨国企业，跨国企业是主动构建高质量全球价值链的主导力量（葛琛等，2020），而接受外商直接投资越多的国家在全球价值链参与中越缺少主导优势，其以承接低附加值生产阶段为主，价值链参与质量和效率相对较低。东道国政府支出为正，在被解释变量为全球价值链质量时显著，表明政府支出越高，其参与全球价值链质量越高。东道国高科技出口在被解释变量为全球价值链效率时显著为正，表明东道国高科技出口占比越高，国内技术水平越高，全球价值链效率越高。被解释变量为全球价值链稳定性时，东道国数字基础设施在1%的水平上显著为正，表明东道国数字基础设施建设有助于提升全球价值链的稳定性。

（二）稳健性检验

本部分通过增加控制变量、替换回归方法进行稳健性检验，结果见表6-3。表6-3中，第（1）列、第（2）列增加了控制变量 Time#BR，该变量用来衡量"一带一路"倡议。本章以2013年为界限设置时间虚拟变量 Time，2013年之后的时间为1，2013年之前的时间为0；同时，设置东道国是否是"一带一路"沿线国家或地区的虚拟变量 BR，当东道国属于"一带一路"沿线国家或地区时，BR 设置为1，否则 BR 为0。在增加控制变量 Time#BR 后，核心解释变量 lnofdi 在5%的置信水平上显著为正，验证了模型设定的稳健性。第（3）列和第（5）列采用两阶段最小二乘法，将核心解释变量 lnofdi 的滞后一期作为工具变量，处理模型潜在的内生性问题。第（4）列和第（6）列将被解释变量的滞后一期作为解释变量加入模型，同时，将 lnofdi 的滞后项作为工具变量。无论采用两阶段最小二乘法还是系统 GMM，核心解释变量 lnofdi 均在1%的水平上显著为正，再次验证了模型设定的稳健性。

表 6-3　中国对外直接投资对东道国全球价值链质量影响的稳健性检验结果

变量	(1) 面板固定效应 ln$QGVC$	(2) 面板固定效应 ln$QNVC$	(3) IV-2SLS ln$QGVC$	(4) 系统 GMM ln$QGVC$	(5) IV-2SLS ln$QNVC$	(6) 系统 GMM ln$QNVC$
ln$ofdi$	0.072** (2.08)	0.073** (1.97)	0.135*** (3.19)	0.128*** (3.04)	0.134*** (2.65)	0.135*** (3.50)
$Time\#BR$	0.180* (1.85)	0.193* (1.83)				
ln$GDPp$	1.110*** (5.18)	1.092*** (4.77)	1.048*** (4.29)	1.609*** (3.19)	0.988*** (3.38)	1.205*** (2.72)
ln$Citypop$	-3.414** (-2.11)	-2.136 (-1.28)	-2.451 (-1.28)	-1.700 (-1.23)	-1.404 (-0.61)	-1.860 (-1.44)
ln$open1$	0.230 (1.30)	-0.064 (-0.22)		0.480 (0.88)		0.324 (0.77)
lnFDI	-0.056*** (-2.81)	-0.062* (-1.81)	-0.055* (-1.81)	-0.325** (-1.97)	-0.050 (-1.37)	-0.251* (-1.70)
lnhte	-0.100 (-1.01)	-0.114 (-1.14)	0.043 (0.31)	0.081 (0.14)	-0.015 (-0.09)	0.065 (0.12)
$Insti$	0.255 (0.58)	0.435 (1.37)	0.791** (2.28)	-1.058 (-1.61)	1.027** (2.47)	-0.465 (-0.76)
ln$open$			0.603* (1.69)		0.250 (0.58)	
ln$Govepp$			0.656** (2.01)	0.303 (0.45)	0.523 (1.34)	0.798 (1.06)
$L.$ln$QGVC$				0.375*** (2.60)		
$L.$ln$QNVC$						0.452*** (2.67)
常数项	4.716 (0.86)	0.511 (0.08)	-5.140 (-0.67)	-1.671 (-0.26)	-7.517 (-0.82)	-1.571 (-0.25)
样本量	543	543	416	425	416	425
R^2	0.175	0.030				
F	12.908	9.289				

注：*、**、*** 分别表示在 10%、5%、1% 的置信区间上显著，括号内为 t 值。

(三) 异质性检验

1. 顺逆梯度对外直接投资分组检验

本部分按照东道国经济发展程度不同，将中国对外直接投资划分为顺梯度对外直接投资和逆梯度对外直接投资两类。其中，逆梯度对外直接投资是指中国投向发达国家的直接投资，顺梯度对外直接投资是指中国投向发展中国家的直接投资。中国逆梯度和顺梯度对外直接投资对东道国全球价值链质量的影响见表6-4。在逆梯度对外直接投资分组中，当被解释变量分别为全球价值链质量、效率和稳定性时，核心解释变量 $\ln ofdi$ 均在1%的水平上显著为正，表明中国对发达国家直接投资促进了东道国全球价值链质量、效率及稳定性的提升。在顺梯度对外直接投资分组中，仅当被解释变量为全球价值链效率时，$\ln ofdi$ 在1%的水平上显著为正，表明中国对发展中国家直接投资促进了东道国全球价值链效率的提升，对东道国全球价值链质量、全球价值链稳定性的提升效果并不明显，这可能是由于中国对发展中国家的直接投资存在较高的投资风险，如东道国政治制度不稳定、基础设施不健全等导致其参与全球价值链稳定性较低。

表6-4 中国逆梯度对外直接投资和顺梯度对外直接投资影响东道国
全球价值链质量的实证结果

变量	逆梯度对外直接投资			顺梯度对外直接投资		
	(1) 质量	(2) 效率	(3) 稳定性	(4) 质量	(5) 效率	(6) 稳定性
	$\ln QGVC$	$\ln EfGVC$	$\ln StGVC$	$\ln QGVC$	$\ln EfGVC$	$\ln StGVC$
$\ln ofdi$	0.103***	0.001***	0.197***	0.099	0.002***	0.083
	(3.28)	(1.83)	(4.59)	(1.32)	(4.35)	(0.83)
$\ln GDPp$	1.242***		1.024***	0.405		0.290
	(3.26)		(2.71)	(1.39)		(0.75)
$\ln Citypop$	-7.649*	-0.080	-6.195	1.425	-0.042***	1.989
	(-1.96)	(-1.60)	(-1.26)	(0.62)	(-3.53)	(0.79)
$\ln open$	0.801*	-0.008	1.115*	0.581	0.004	0.234
	(1.98)	(-1.6)	(1.96)	(1.54)	(1.40)	(0.47)
$\ln FDI$	-0.050***	-0.000	-0.070*	0.016	0.001***	0.021
	(-2.84)	(-0.52)	(-1.83)	(0.39)	(3.27)	(0.28)

续表

变量	逆梯度对外直接投资			顺梯度对外直接投资		
	（1）质量	（2）效率	（3）稳定性	（4）质量	（5）效率	（6）稳定性
	ln$QGVC$	ln$EfGVC$	ln$StGVC$	ln$QGVC$	ln$EfGVC$	ln$StGVC$
ln$Govepp$	0.849 (1.58)			-0.242 (-0.62)		
lnhte	0.335* (1.98)	0.002 (0.65)		-0.090 (-0.67)	0.001* (1.71)	
$Insti$	0.818 (1.32)	0.029*** (4.17)	1.541*** (2.63)	0.685 (1.10)	0.003 (1.51)	0.462 (0.93)
lnweb			-0.013 (-0.36)			0.134*** (3.63)
常数项	12.605 (0.69)	-0.057 (-0.19)	10.763 (0.50)	-11.793 (-1.57)	0.162 (1.64)	-8.652 (-0.99)
样本量	281	294	276	176	249	255
R^2	0.135	-0.011	0.074	0.174	0.010	0.168
F	11.352	5.456	8.444	7.438	5.906	12.062

注：*、***分别表示在10%、1%的置信区间上显著，括号内为t值。

中国逆梯度和顺梯度对外直接投资对东道国国内价值链质量影响的实证结果见表6-5。在逆梯度对外直接投资分组中，当被解释变量为国内价值链质量、国内价值链效率、国内价值链稳定性时，核心解释变量ln$ofdi$显著为正，表明中国对外直接投资显著促进了国内价值链质量、国内价值链效率、国内价值链稳定性。在顺梯度对外直接投资分组中，仅当被解释变量为国内价值链效率时，ln$ofdi$显著为正，表明中国对外直接投资显著促进了东道国国内价值链效率，对国内价值链质量、国内价值链稳定性的作用不明显。总体来说，中国逆梯度对外直接投资更能促进东道国国内价值链质量提升，主要原因在于其对国内价值链稳定性的提升作用更明显，中国与发达国家间的直接投资更能促进中国对东道国高质量中间品的出口，从而增强国家间的生产关联度。

表 6-5　中国逆梯度对外直接投资和顺梯度对外直接投资影响东道国国内价值链质量的实证结果

变量	逆梯度对外直接投资			顺梯度对外直接投资		
	（1）质量	（2）效率	（3）稳定性	（4）质量	（5）效率	（6）稳定性
	ln$QNVC$	ln$EfNVC$	ln$StNVC$	ln$QNVC$	ln$EfNVC$	ln$StNVC$
ln$ofdi$	0.231***	0.002***	0.247***	0.118	0.002***	0.098
	(5.36)	(3.12)	(4.78)	(1.01)	(3.99)	(0.83)
ln$GDPp$	1.788***		0.840*	0.644		-0.078
	(4.07)		(1.85)	(1.14)		(-0.17)
ln$Citypop$	-2.136	-0.028	-10.053*	1.966	-0.046**	3.234
	(-0.41)	(-0.45)	(-1.70)	(0.51)	(-3.10)	(1.08)
ln$open$	1.569**	-0.005	0.935	-0.157	0.001	-0.345
	(2.69)	(-0.92)	(1.36)	(-0.27)	(0.41)	(-0.59)
lnFDI	-0.044*	-0.000	-0.064	0.027	0.001***	0.049
	(-1.84)	(-0.40)	(-1.40)	(0.32)	(3.22)	(0.54)
ln$Govepp$	1.029*			-0.508		
	(1.85)			(-0.82)		
lnhte	0.565**	0.000		-0.171	0.001*	
	(2.45)	(0.00)		(-0.88)	(1.76)	
lnweb	-0.153***		-0.093**	0.015		0.111**
	(-3.10)		(-2.08)	(0.56)		(2.53)
$Insti$		0.037***	2.132***		0.006*	0.759
		(4.22)	(3.03)		(1.75)	(1.29)
常数项	-19.792	0.105**	28.324	-11.191	0.127*	-9.045
	(-0.83)	(0.40)	(1.09)	(-0.85)	(2.35)	(-0.87)
样本量	254	294	276	162	237	255
R^2	0.134	0.098	0.005	0.074	0.1446	0.073
F	7.541	4.680	5.496	8.171	5.75	7.588

注：*、**、***分别表示在10%、5%、1%的置信区间上显著，括号内为t值。

2. 不同动机对外直接投资影响检验

本部分参照赵甜和方慧（2019）的研究，按照中国对外直接投资的东道国要素禀赋不同，对中国对外直接投资进行分类。本章将东道国经济水平（GDP）、东道国技术水平（每百万人中研发人员数量、研发支出占 GDP 的比例）、东道国市场消费水平（人均 GDP）、东道国自然资源水平（矿石、金属、燃料出口占商品出口比例）作为分类指标，采用 SPSS19 系统聚类中的 ward 及余弦区间法将所有东道国分类为商贸服务型、生产型、研究开发型、资源获取型四种不同类型的对外直接投资。具体分类结果见表 6-6。

表 6-6　　　采用聚类法对中国对外直接投资分类的结果

序号	对外直接投资类型	国家或地区
1	研究开发型对外直接投资	英国、美国、澳大利亚、奥地利、比利时、加拿大、丹麦、芬兰、法国、德国、中国香港、爱尔兰、意大利、日本、卢森堡、荷兰、挪威、新加坡、西班牙、瑞典、瑞士
2	商贸服务型对外直接投资	捷克、爱沙尼亚、韩国、葡萄牙、斯洛文尼亚、孟加拉国、斐济
3	生产型对外直接投资（垂直和水平生产型）	保加利亚、巴西、柬埔寨、塞浦路斯、克罗地亚、匈牙利、印度、印度尼西亚、吉尔吉斯斯坦、立陶宛、拉脱维亚、马来西亚、墨西哥、马尔代夫、马耳他、巴基斯坦、菲律宾、波兰、罗马尼亚、斯里兰卡、斯洛伐克、泰国、土耳其、越南
4	资源获取型对外直接投资	蒙古国、俄罗斯、文莱、希腊、哈萨克斯坦、老挝、不丹

注：根据 SPSS19 结果整理得到。

中国不同类型对外直接投资对东道国全球价值链质量影响的实证结果见表 6-7。由检验结果可知，研究开发型、生产型、资源获取型三类对外直接投资均显著促进了东道国全球价值链质量的提升。中国对东道国进行研究开发型对外直接投资，一般会在东道国建立研发机构，雇用当地研发人员进行技术创新，该类型对外直接投资在东道国会产生技术溢出从而促进东道国国内技术水平提升，提升其参与全球价值链质量。生产型对外直接投资由于涉及生产原料等中间品及设备的国际贸易，扩大东道国进口规模，从而促进东道国全球价值链质量提升。中国进行资源获取型对外直接投资，主要从东道国进口自然资源，促进中国与东道国的贸易往来，促进东道国全球价值链质量提升。商贸服务型对外直接投资并不显著，主要原因在于：第一，通过前文机制分析可以发现，商贸服务型对外直接投资可以通过促进东道国对中国产品的进口，促进中国与东道国两国的生产关联度,但是可能会降低东道国对其他国家产品的需求,降低东道国与其他国家间的生产关联。由于东道国全球价值链质量提升涉及东道国与其他 62 个国家或地区间的生产关联,由实证结果可推测,商贸服务型对外直接投资在促进东道国对中国中间品进口的同时,很可能降低了对其他国家的进口,从而导致商贸服务型对外直接投资对东道国全球价值链质量的影响不够明显。第二,本章以东道国的资源禀赋为依据划分中国对外直接投资的不同类型,可能存在一定程度的识别模糊性。后续研究将继续改进对中国不同类型对外直接投资的划分。

表 6-7　　　　　中国不同类型对外直接投资影响东道国
全球价值链质量的实证结果

变量	(1) 研究开发型 ln$QGVC$	(2) 商贸服务型 ln$QGVC$	(3) 生产型 ln$QGVC$	(4) 资源获取型 ln$QGVC$
ln$ofdi$	0.107**	0.037	0.086**	0.458**
	(2.37)	(0.42)	(2.25)	(3.85)
ln$GDPp$	1.662**	1.210	0.463	−0.534
	(2.36)	(1.51)	(1.21)	(−1.00)
ln$Citypop$	−7.553	−2.158	2.049	−67.455*
	(−0.88)	(−0.62)	(0.89)	(−2.72)
ln$open$	0.429	1.354*	0.911***	−0.044
	(0.53)	(2.22)	(2.90)	(−0.04)
lnFDI	−0.051**	0.001	−0.021	0.044
	(−2.25)	(0.02)	(−0.50)	(0.75)
ln$Govepp$	1.044	0.601	0.026	−2.031*
	(1.06)	(0.59)	(0.06)	(−2.51)
lnhte	0.892*	−0.155	−0.003	−0.182
	(1.83)	(−0.29)	(−0.02)	(−2.27)
$Insti$	1.182	1.119*	0.975*	0.560
	(1.17)	(2.06)	(1.87)	(1.07)
常数项	6.011	−12.156	−17.505**	293.535*
	(0.15)	(−1.17)	(−2.09)	(2.63)
样本量	176	54	185	34

续表

变量	(1) 研究开发型 lnQGVC	(2) 商贸服务型 lnQGVC	(3) 生产型 lnQGVC	(4) 资源获取型 lnQGVC
R^2	0.107	0.261	0.194	0.292
F	7.180	—	18.925	—

注：*、**、***分别表示在10%、5%、1%的置信区间上显著，括号内为 t 值。

本部分还检验了中国不同类型对外直接投资对东道国国内价值链质量的影响，结果见表6-8。中国研究开发型、商贸服务型、生产型及资源获取型对外直接投资均显著促进了东道国国内价值链质量的提升。中国对外直接投资对东道国全球价值链质量的促进作用，主要是通过提升东道国国内价值链质量实现的。东道国全球价值链包括东道国国内价值链、进口价值链两部分，中国对外直接投资直接促进东道国国内价值链质量的提升，研究开发型对外直接投资、生产型对外直接投资和资源获取型对外直接投资在一定程度上促进了进口价值链质量的提升，但是商贸服务型对外直接投资促进了东道国对中国中间品的进口，会降低对其他国家产品的进口，对东道国进口价值链质量产生负面影响。因此，中国商贸服务型对外直接投资显著促进了东道国国内价值链质量的提升，但是对东道国全球价值链质量的提升作用不明显。

表6-8　　　　中国不同类型对外直接投资影响东道国
国内价值链质量的实证结果

变量	(1) 研究开发型 lnQNVC	(2) 商贸服务型 lnQNVC	(3) 生产型 lnQNVC	(4) 资源获取型 lnQNVC
ln*ofdi*	0.302*** (3.65)	0.208** (2.87)	0.136** (2.15)	0.569** (4.75)
ln*GDPp*	2.394*** (3.35)	1.102 (0.70)	0.944 (1.27)	-1.071 (-1.98)
ln*Citypop*	-6.180 (-0.49)	1.016 (0.17)	2.832 (0.64)	-114.254** (-4.15)

续表

变量	(1) 研究开发型 lnQNVC	(2) 商贸服务型 lnQNVC	(3) 生产型 lnQNVC	(4) 资源获取型 lnQNVC
lnopen	1.645 (1.43)	0.959 (0.78)	0.195 (0.37)	−0.008 (−0.01)
lnFDI	−0.039 (−1.23)	−0.030 (−0.32)	−0.024 (−0.33)	0.092 (1.00)
lnGovepp	1.534 (1.58)	−0.062 (−0.05)	−0.179 (−0.23)	−3.811** (−5.62)
lnhte	1.121* (1.82)	−0.294 (−0.59)	0.041 (0.22)	−0.345 (−2.12)
lnweb	−0.187** (−2.34)	−0.094** (−2.72)	−0.010 (−0.24)	0.109 (2.01)
常数项	−13.033 (−0.24)	−16.967 (−1.29)	−19.492 (−1.10)	500.883** (4.13)
样本量	157	49	170	32
R^2	0.121	0.037	0.101	0.296
F	4.823	—	12.146	—

注：*、**、***分别表示在10%、5%、1%的置信区间上显著，括号内为t值。

(四) 空间效应检验

前文实证检验了中国对外直接投资对东道国全球价值链质量的提升作用，中国对外直接投资对东道国全球价值链质量的提升是否具有空间溢出效应呢？根据全球价值链质量测算结果的地图展示图（见图4-9）可知，全球价值链质量以北美、欧盟、东亚、东南亚、其他地区五个区域为核心，呈现较明显的空间集聚效应。

1. 基本模型设定及说明

基于以上典型事实分析和理论机制分析，本部分采用空间计量模型实证检验中国对外直接投资对东道国全球价值链质量影响的空间溢出效应。空间杜宾模型（SDM）可以得到无偏估计，在实际应用中最具有价值（Das，1987；Kokko，1994），其不仅包括被解释变量的空间滞后效应，而且包括解释变量的空间滞后效应，前者反映空间相邻个体被解释变量的空间相关性及溢出效应，后者反映空间相邻个体被解释变量对解释变量的空间依赖。为了检验中国对外直接投资对东道国及邻近国家或地区全球价值链质量的影响，本章设置如下空间杜宾面板模型：

$$\ln QGVC_{it} = \rho_0 \sum_{j=1,\,j\neq i}^{N=59} w_{ij}\ln QGVC_{it} + \tau_0 \ln ofdi_{it} + \theta_0 \sum_{j=1,\,j\neq i}^{N=59} w_{ij}\ln ofdi_{it} + \delta X_{it} + \gamma W X_{it} + \mu_i + \varepsilon_{it} \quad (6-4)$$

其中，$\ln QGVC_{it}$ 为 i 东道国全球价值链质量，$\ln ofdi_{it}$ 为中国对 i 东道国的对外直接投资存量，$\sum_{j=1,\,j\neq i}^{N=59} w_{ij}$ 为空间权重矩阵 W 中的元素，X 为控制变量，与前文模型（6-1）一致，此处不再赘述。本章主要关注系数 θ_0 的符号及显著性，若 θ_0 显著为正，表明中国对外直接投资可显著促进东道国邻近国家或地区全球价值链质量的提升。

2. 空间权重矩阵设定及说明

空间权重矩阵的设定是空间计量模型的关键部分，本部分设置空间邻接权重矩阵、首都地理距离权重矩阵、人口分布加权地理距离权重矩阵三种空间权重矩阵（Etrur，2007；戴翔、宋婕，2020）。

在空间邻接权重矩阵中，对角线上的元素 w_{ii} 均为 0，其他元素设定按照如下标准：若两个国家相邻，则 $w_{ij}=1$，否则 $w_{ij}=0$。

在首都地理距离权重矩阵中，采用两个国家首都地理距离的倒数作为空间权重矩阵的元素，具体公式设定如下：

$$wdc_{ij} = \frac{1}{distcap_{ij}},\ i\neq j;\ wd_{ij}=0,\ i=j \quad (6-5)$$

人口分布加权地理距离权重矩阵中，将人口分布加权地理距离的倒数作为空间权重矩阵的元素，具体公式设定如下：

$$wdt_{ij} = \frac{1}{distw_{ij}},\ i\neq j;\ wd_{ij}=0,\ i=j \quad (6-6)$$

国家是否相邻、首都地理距离、人口分布加权地理距离等数据均来自 CEPII 数据库。本章采用 Julia 高性能动态编程语言将这些基础数据转成 59×59 的空间权重矩阵，并进行标准化处理。由于 CEPII 数据库中不包括罗马尼亚的相关数据，本部分将 ADB 数据库中的 63 个国家或地区剔除罗马尼亚、中国大陆、中国台湾、世界其他地区后的剩余 59 个国家或地区作为研究主体，因此，空间权重矩阵是 59 阶方阵。

3. 空间相关性检验

在进行空间计量回归之前，本部分首先采用 Moran 检验判断空间相关性。本部分对空间邻接矩阵、首都地理距离矩阵、人口分布加权地理距离矩阵三种不同的空间权重矩阵分别进行检验，其中，采用空间邻接矩阵作为权重的检验结果最显著，空间邻接矩阵的散点图显示存在空间正相关，具体见图 6-7。此外，由表 6-9 可知，2009—2019 年 Moran 指数大部分为正值，表明全球价值链质量数据呈现出较强的空间正相关性。

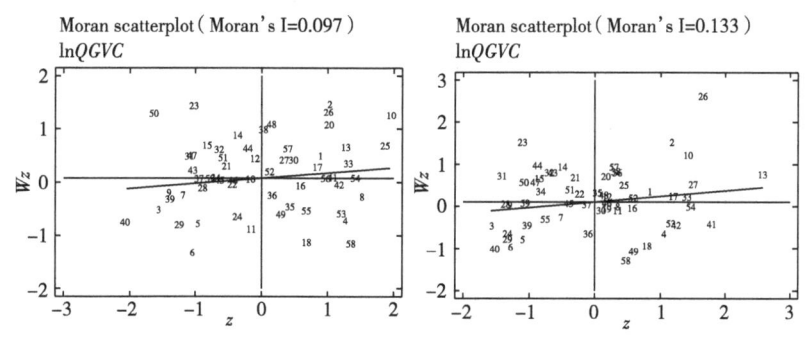

图 6-7 2009 年、2013 年 Moran 检验散点示意（空间邻接矩阵）

表 6-9 被解释变量 ln$QGVC$ 的空间 Moran 检验结果（空间邻接矩阵）

年份	Moran 指数	z 值
2009	0.140	1.747*
2010	0.071	0.975
2011	0.096	1.260
2012	0.066	0.920
2013	0.103	1.327
2014	0.074	1.011
2015	0.054	0.796
2016	0.023	0.451
2017	-0.006	0.125
2018	-0.103	-0.955
2019	-0.076	-0.661

注：* 表示在 10% 的置信水平上显著。

4. 空间杜宾面板模型回归结果及分析

中国对外直接投资对东道国全球价值链质量影响的 SDM 模型估计结果见表 6-10。在空间邻接矩阵、首都地理距离矩阵、人口分布加权地理距离矩阵三种不同的空间权重矩阵设置下,本章验证了中国对外直接投资对东道国及邻近国家或地区的全球价值链质量(包括国内价值链质量)的影响。第(1)列、第(3)列、第(5)列中,中国对外直接投资对东道国全球价值链质量的直接影响系数 ln$ofdi$ 均在1%的水平上显著为正,而中国对外直接投资对东道国邻近国家或地区全球价值链质量的影响系数 Wln$ofdi$ 都显著为正,表明中国对外直接投资对东道国全球价值链质量产生了正向的空间外溢效应,即中国对东道国直接投资提升了东道国邻近国家或地区的全球价值链质量。第(2)列、第(4)列、第(6)列检验了中国对外直接投资对东道国国内价值链质量的直接和间接影响,结果表明中国对外直接投资对东道国国内价值链质量产生了正向的空间外溢效应。中国对外直接投资对东道国全球价值链质量空间溢出效应的作用主要体现在:第一,中国对外直接投资通过技术溢出、贸易促进效应等促进东道国技术水平提升、东道国进口中间品规模扩大,从而促进东道国全球价值链质量提升,东道国生产效率提升、进口规模增大等会通过非自愿、非自觉的扩散、传播等途径对周边邻近国家或地区产生正外部性。第二,邻近国家或地区具有学习、模仿东道国跨国公司先进技术和国际化管理经验的地理位置优势,通过对大型跨国公司及东道国本地优势企业的了解、接触,可促进本国技术水平的提升,通过提升国内价值链质量促进其参与全球价值链质量提升。第三,中国对外直接投资有助于国内企业获取更多东道国及邻近国家或地区的社会经济文化环境信息,降低信息不对称和交易成本,促进中国对东道国邻近国家或地区的直接投资,同时,东道国与邻近国家或地区之间存在竞争效应、国际要素流动效应、产业关联效应等(邵朝对、苏丹妮,2017),从而促进东道国邻近国家或地区全球价值链质量的提升。

表6-10　中国对外直接投资对东道国全球价值链质量影响的 SDM 模型估计结果

变量	空间邻接矩阵		首都地理距离矩阵		人口分布加权地理距离矩阵	
	(1)	(2)	(3)	(4)	(5)	(6)
	ln$QGVC$	ln$QNVC$	ln$QGVC$	ln$QNVC$	ln$QGVC$	ln$QNVC$
ln$ofdi$	0.039***	0.052***	0.047***	0.051***	0.039***	0.048***
	(3.99)	(4.01)	(3.88)	(3.83)	(3.00)	(3.07)

续表

变量	空间邻接矩阵		首都地理距离矩阵		人口分布加权地理距离矩阵	
	(1)	(2)	(3)	(4)	(5)	(6)
	ln$QGVC$	ln$QNVC$	ln$QGVC$	ln$QNVC$	ln$QGVC$	ln$QNVC$
Wln$ofdi$	0.016**	0.015	1.567***	1.814***	2.837***	2.894**
	(1.99)	(1.52)	(3.75)	(3.53)	(3.36)	(2.44)
常数项	-2.524***	-4.114***	-2.582***	-3.910***	-2.297***	-3.760***
	(-4.66)	(-6.06)	(-5.60)	(-6.25)	(-4.50)	(-5.47)
rho	0.122***	0.044	4.569***	1.158	5.751**	0.969
	(4.52)	(1.36)	(3.01)	(1.03)	(2.39)	(0.55)
$sigma2\_e$	0.258***	0.370***	0.260***	0.367***	0.257***	0.366***
	(10.87)	(10.87)	(12.12)	(11.15)	(12.02)	(11.24)
控制变量	是	是	是	是	是	是
样本量	649	649	649	649	649	649
R^2	0.8570	0.8514	0.8647	0.8648	0.8635	0.8628

注：**、***分别表示在5%、1%的置信水平上显著，括号内为z值。

第二节 中国对外直接投资影响双边价值链质量的实证检验

一 模型设定

本节考察了中国对外直接投资对中国与东道国双边价值链质量的影响情况，设置模型如下：

$$\ln qgvcla_{it} = \pi_1 \ln ofdi_{it} + \pi_2 X_{it} + \varepsilon_{it} \tag{6-7}$$

$$\ln eff_{it} = \pi_3 \ln ofdi_{it} + \pi_4 X_{it} + \beta_{it} \tag{6-8}$$

$$\ln stab_{it} = \pi_5 \ln ofdi_{it} + \pi_6 X_{it} + \eta_{it} \tag{6-9}$$

其中，ln$qgvcla_{it}$表示中国与东道国双边价值链质量；lneff_{it}表示中国与东道国双边价值链效率；ln$stab_{it}$表示中国与东道国双边价值链稳定性；ln$ofdi_{it}$表示中国对外直接投资存量；X_{it}表示控制变量，具体包括：东道国城镇化水平（ln$Citypop$）、东道国资本形成总额（ln$Capital$）、东道国服务贸易占比（ln$Sertrade$）、东道国商品贸易占比（ln$Mertrade$）、东道国制度质量（$Insti$）、中国对东道国中间品进口额（ln$inimport$）。本模型主要

关注 π_1、π_2、π_3 的符号与显著性。

二 变量说明与数据来源

被解释变量是双边价值链质量 $\ln qgvcla_{it}$、双边价值链效率 $\ln eff_{it}$ 与双边价值链稳定性 $\ln stab_{it}$。三类指标的具体衡量指标、计算方法及相关数据详见第四章。测算基础数据来源于亚洲开发银行（ADB）编制的世界投入产出数据，时间跨度为 2007—2019 年，但是由于计算双边价值链质量需要用到增加值率的波动性指标，该指标的计算需要三年作为一个观察时间段，以前两年的数据为基期计算得到第三年的波动性，因此经过计算得到 2009—2019 年的双边价值链质量数据。

在核心解释变量方面，中国对外直接投资 $\ln ofdi_{it}$ 与本章第一节一致，不再赘述。

控制变量，主要包括东道国城镇化水平（$\ln Citypop$）、东道国资本形成总额（$\ln Capital$）、东道国服务贸易占比（$\ln Sertrade$）、东道国商品贸易占比（$\ln Mertrade$）、东道国制度质量（$Insti$）及中国对东道国中间品进口额（$\ln inimport$）。控制变量中国对东道国中间品进口额（$\ln inimport$）的数据通过 ADB 投入产出数据计算得到，其余控制变量数据来源于世界银行数据库。

三 数据初步分析

本章采用 Stata16 对各个变量数据进行统计性分析，见表 6-11。

表 6-11　　　　　　　　　主要变量的统计性描述

变量类别	变量名	观察值数	平均值	标准差	最小值	最大值
被解释变量	$\ln qgvcla$	660	0.014157	0.0346376	9.82E-08	0.3154236
	$\ln eff$	660	0.0000697	0.0001613	2.78E-09	0.0010567
	$\ln stab$	660	0.1814684	0.295756	0.0000639	1.884607
核心解释变量	$\ln ofdi$	645	10.94321	2.601532	4.007333	18.66391
控制变量	$\ln Citypop$	660	4.134384	0.396252	2.858422	4.61512
	$Insti$	660	2.571437	0.858933	0.821767	3.872992
	$\ln Capital$	632	3.209828	0.2540581	2.417432	4.256001
	$\ln Sertrade$	657	3.101747	0.8073967	1.597885	5.721217
	$\ln Mertrade$	659	4.24137	0.5819914	2.901239	6.042543
	$\ln inimport$	660	7.268804	2.513758	0.9290425	11.69605

注：由 Stata16 统计所得。

本书采用Stata16初步考察中国对外直接投资与双边价值链质量、效率和稳定性之间的关系。由图6-8至图6-10可见，中国对外直接投资与双边价值链质量、双边价值链效率、双边价值链稳定性分别呈现正相关关系。

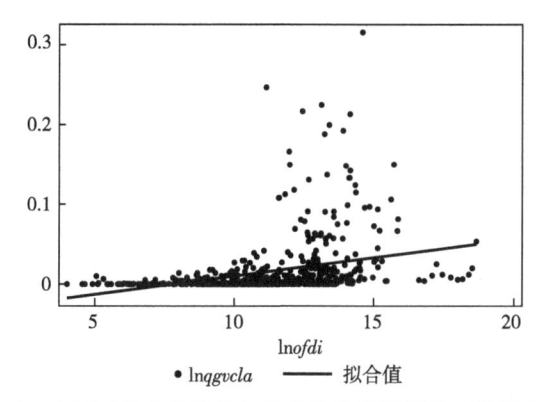

图6-8　中国对外直接投资与双边价值链质量关系的散点示意

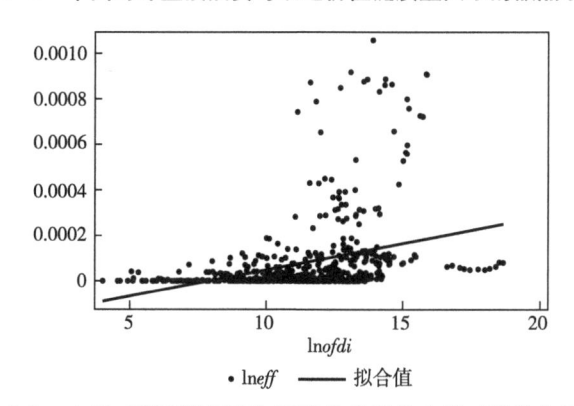

图6-9　中国对外直接投资与双边价值链效率关系的散点示意

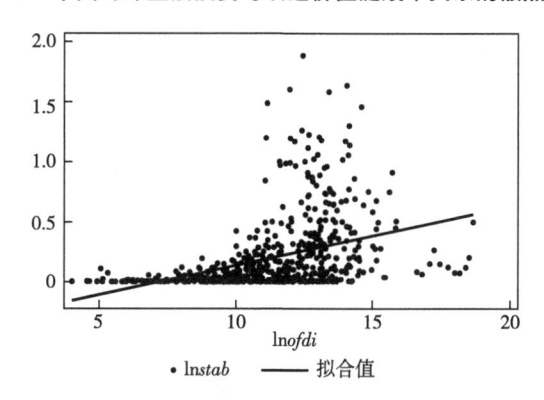

图6-10　中国对外直接投资与双边价值链稳定性关系的散点示意

四 实证结果与分析

(一) 基准回归结果

本部分采用考虑聚类稳健标准误的面板回归固定效应对中国对外直接投资影响双边价值链质量的情况进行实证检验，回归结果见表6-12。回归结果中，第(1)—(3)列仅采用东道国层面的控制变量，而第(4)—(6)列增加了两国双边层面的控制变量中国对东道国中间品进口额。当被解释变量为双边价值链质量时，核心解释变量 $lnofdi$ 在5%的水平上显著为正，表明中国对外直接投资显著促进了中国与东道国两国间的双边价值链质量；当被解释变量为双边价值链效率时，核心解释变量为负值但不显著，中国对外直接投资对双边价值链效率的影响并不明显；当被解释变量为双边价值链稳定性时，$lnofdi$ 分别在5%、10%的置信水平上显著为正，中国对外直接投资促进了双边价值链稳定性。由此可见，中国对外直接投资对双边价值链质量的提升主要是通过提高双边价值链稳定性实现的。

表6-12 中国对外直接投资对双边价值链质量影响的基准回归结果

变量	(1) 质量 $lnqgvcla$	(2) 效率 $lneff$	(3) 稳定性 $lnstab$	(4) 质量 $lnqgvcla$	(5) 效率 $lneff$	(6) 稳定性 $lnstab$
$lnofdi$	0.003** (2.29)	-0.000① (-1.40)	0.016** (2.10)	0.003** (2.20)	-0.000 (-1.47)	0.014* (1.81)
$lnCitypop$	-0.052 (-1.51)	0.000 (0.79)	0.451 (1.12)	-0.060* (-1.81)	0.000 (0.45)	0.354 (0.89)
$lnCapital$	0.004 (0.73)	0.000 (0.45)	-0.032 (-0.52)	0.003 (0.64)	0.000 (0.34)	-0.038 (-0.62)
$lnSertrade$	-0.020** (-2.13)	-0.000* (-1.93)	-0.107* (-1.98)	-0.021** (-2.26)	-0.000* (-2.00)	-0.121** (-2.36)
$Insti$	0.011 (0.78)	-0.000 (-0.24)	0.100 (0.77)	0.007 (0.45)	-0.000 (-0.54)	0.052 (0.40)
$lnMertrade$	0.009 (1.33)	0.000 (0.99)	0.092 (1.59)	0.003 (0.36)	0.000 (0.04)	0.021 (0.32)

① 虽然由于四舍五入、保留小数点后三位，负数没有显示完全，但是这并不影响分析结果。下同。

续表

变量	(1) 质量 lnqgvcla	(2) 效率 lneff	(3) 稳定性 lnstab	(4) 质量 lnqgvcla	(5) 效率 lneff	(6) 稳定性 lnstab
ln*inimport*				0.005** (2.06)	0.000* (1.95)	0.061** (2.40)
常数项	0.182 (1.67)	0.000 (0.07)	−2.077 (−1.40)	0.220** (2.05)	0.000 (0.65)	−1.619 (−1.12)
样本量	621	621	621	621	621	621
R^2	0.007	0.070	0.013	0.010	0.087	0.022
F	1.408	2.244	3.093	2.151	1.625	3.244

注：*、**分别表示在10%、5%的置信区间上显著，括号内为t值。

中国对外直接投资促进双边价值链的稳定性，主要表现在：第一，中国作为最终品生产国，进口其他国家的中间品进行生产，中国对其进行直接投资后，会通过贸易关联效应，促进对东道国中间品的进口，强化两国间的生产关联。第二，中国对外直接投资的很多国家都是与中国建立政治友好关系的国家，比较典型的是"一带一路"沿线国家，中国对这些国家直接投资具有较好的政治基础，两国间的经济贸易往来密切稳定，增强了中国对东道国进口中间品的稳定性。第三，从需求角度考虑，中国对外直接投资，尤其对发达国家直接投资，可以获得逆向技术溢出，提高中国产品生产技术，同时带动中国对高质量中间品的需求，增强两国间的生产关联度。但是，中国对外直接投资并没有提高双边价值链效率，这里可能存在双边价值链效率与稳定性的平衡问题，毕竟价值链条上中间品的绝对安全与最高效率不可兼得（葛琛等，2020）。从价值链组织扁平化的角度来说（对外经济贸易大学全球价值链研究院，2020），价值链条越短越稳定，但同时由于价值链链条缩短，降低了全球生产网络的效率。本章考察中国对外直接投资对中国与东道国的双边价值链效率、双边价值链稳定性的影响结果，恰好证明了这一点。由此可见，中国跨国公司主导的双边价值链主要以价值链稳定性为主，价值链效率有待进一步提高。

在控制变量方面，东道国服务贸易占比的回归系数均显著为负，表明东道国服务贸易占比越大，双边价值链质量越小。本章测算的双边价值链质量、效率和稳定性主要考虑的是中国与东道国之间的中间品贸易往来，服务贸易占比高，在一定程度上挤占了中间品贸易，因此，东道国服务贸易占比与双边价值链质量、效率和稳定性成反比关系。当被解释变量分别为双边价值链质量、双边价值链稳定性时，中国对东道国中间品进口额系数显著为正，表明中国对东道国中间品进口越多，双边价值链质量和双边价值链稳定性越高。

（二）稳健性检验

本部分采用 IV-2SLS、系统 GMM 动态面板两种方法处理潜在的内生性问题，回归结果见表 6-13。第（1）—（3）列采用 IV-2SLS 进行检验，将 ln$ofdi$ 的滞后一期作为工具变量处理模型的潜在内生性问题，结果显示，当被解释变量为双边价值链质量时，核心解释变量 ln$ofdi$ 显著为正；当被解释变量为双边价值链效率时，ln$ofdi$ 显著为负，但是回归系数接近 0，影响并不明显。第（4）—（6）列采用系统 GMM 进行检验，将被解释变量的滞后一期作为控制变量放入回归模型，当被解释变量为双边价值链质量时，将 ln$ofdi$ 的滞后 0—1 期、ln$Citypop$ 的滞后 0—2 期作为工具变量；当被解释变量为双边价值链效率时，将 ln$ofdi$ 的滞后 0—2 期、ln$inimport$ 的滞后 0—2 期作为工具变量；当被解释变量为全球价值链稳定性时，将 ln$ofdi$ 的滞后 0—1 期、ln$Sertrade$ 的滞后 0—2 期作为工具变量。采用系统 GMM 的回归结果显示，中国对外直接投资显著促进了双边价值链质量的提升，对双边价值链效率的影响不明显，显著地促进了双边价值链的稳定性，该结论与基准回归结果一致，验证了模型设定的稳健性。

表 6-13　中国对外直接投资对双边价值链质量影响的稳健性检验结果

变量	(1)	(2)	(3)	(4)	(5)	(6)
	IV-2SLS	IV-2SLS	IV-2SLS	系统 GMM	系统 GMM	系统 GMM
	ln$qgvcla$	lneff	ln$stab$	ln$qgvcla$	lneff	ln$stab$
ln$ofdi$	0.004**	−0.000**	0.021	0.0002***	−0.000***	0.007***
	(2.32)	(−2.35)	(1.48)	(3.44)	(−14.83)	(6.96)
ln$Citypop$	−0.083	0.000	0.143	−0.001	−0.000***	−0.072***
	(−1.41)	(1.07)	(0.31)	(−0.73)	(−6.51)	(−4.43)
ln$Capital$	0.005	0.000	−0.045	0.014***	0.000***	0.021**
	(0.55)	(0.75)	(−0.59)	(3.77)	(5.09)	(2.48)

续表

变量	(1) IV-2SLS lnqgvcla	(2) IV-2SLS lneff	(3) IV-2SLS lnstab	(4) 系统 GMM lnqgvcla	(5) 系统 GMM lneff	(6) 系统 GMM lnstab
ln$Sertrade$	-0.022** (-1.97)	-0.000*** (-4.51)	-0.114 (-1.29)	0.001 (1.45)	0.000*** (3.92)	-0.041*** (-5.13)
$Insti$	0.015 (1.16)	-0.000 (-1.02)	0.069 (0.66)	0.005*** (5.64)	0.00001 (11.73)	0.058*** (8.17)
ln$Mertrade$	0.014 (1.22)	0.000 (0.29)	0.082 (0.90)	-0.001 (-0.57)	-0.000** (-3.77)	0.016* (1.65)
ln$inimport$	0.004 (0.98)	0.000*** (3.13)	0.064** (2.13)	0.002*** (8.70)	0.000*** (8.29)	0.020*** (10.30)
L.ln$qgvcla$				0.603*** (59.16)		
L.lneff					0.802*** (218.01)	
L.ln$stab$						0.696*** (89.23)
常数项	0.235 (1.02)	-0.000 (-0.48)	-1.148 (-0.63)	-0.062*** (-4.38)	-0.000*** (-0.22)	-0.022 (-0.22)
样本量	564	564	564	564	564	564
R^2	0.0258	0.1709	0.3413			
AR(2)				0.110	0.796	0.035
AR(3)				0.290	0.422	0.129
Hansen				0.702	0.986	0.642

注：*、**、***分别表示在10%、5%、1%的置信区间上显著，括号内为t值。

（三）异质性检验

1. 顺逆梯度对外直接投资分组检验

按照赵甜和方慧（2019）的划分方法①，本部分将中国对外直接投资根据东道国不同划分为顺梯度对外直接投资和逆梯度对外直接投资，分

---

① 具体划分见本章第一节内容。

别考察中国顺梯度对外直接投资、逆梯度对外直接投资对双边价值链质量的影响，回归结果见表6-14。

表6-14　中国顺梯度对外直接投资和逆梯度对外直接投资的双边价值链效应检验结果

变量	逆梯度对外直接投资			顺梯度对外直接投资		
	(1) 质量	(2) 效率	(3) 稳定性	(4) 质量	(5) 效率	(6) 稳定性
	lnqgvcla	lneff	lnstab	lnqgvcla	lneff	lnstab
ln$ofdi$	0.004**	−0.000	0.020**	0.001	−0.000*	0.018
	(2.50)	(−0.03)	(2.25)	(1.51)	(−1.91)	(0.86)
ln$Citypop$	−0.181	0.000	−1.288	−0.018	−0.000	0.379
	(−1.29)	(0.46)	(−1.63)	(−0.97)	(−1.00)	(0.80)
ln$Capital$	0.009	−0.000	0.039	−0.000	0.000	−0.052
	(0.74)	(−0.00)	(0.61)	(−0.01)	(1.56)	(−0.47)
ln$Sertrade$	−0.043*	−0.000*	−0.133	−0.002	−0.000**	−0.017
	(−1.82)	(−1.70)	(−1.23)	(−0.80)	(−2.07)	(−0.22)
$Insti$	0.014	−0.000	0.174	0.001	0.000	−0.042
	(0.33)	(−1.04)	(0.83)	(0.12)	(0.94)	(−0.26)
ln$Mertrade$	0.005	0.000	0.058	−0.003	−0.000	−0.070
	(0.34)	(0.02)	(0.67)	(−0.79)	(−0.45)	(−0.61)
ln$inimport$	0.008	0.000	0.024	0.004**	0.000**	0.101*
	(1.42)	(1.53)	(0.77)	(2.12)	(2.70)	(1.91)
常数项	0.747	−0.000	4.934	0.047	0.000	−1.666
	(1.29)	(−0.13)	(1.50)	(0.73)	(0.42)	(−1.02)
样本量	339	339	339	282	282	282
R^2	0.012	0.144	0.003	0.027	0.237	0.045
F	1.626	1.194	1.978	1.339	1.297	2.036

注：＊、＊＊分别表示在10%、5%的置信区间上显著，括号内为t值。

在中国逆梯度对外直接投资分组中，中国对外直接投资促进了双边价值链质量和双边价值链稳定性的提高，但是对双边价值链效率的影响并不明显。在中国顺梯度对外直接投资分组中，中国对外直接投资对双边价值链质量、双边价值链稳定性的影响不明显，对双边价值链效率影响显著但是影响系数几乎为0，因此，总体来说中国顺梯度对外直接投资的双边价值链效应并不明显。中国逆梯度对外直接投资没有促进双边价值链效率的提升，主要原因在于：中国逆梯度对外直接投资的东道国是发达国家，虽然发达国家经济发展水平高，产品生产技术较高，提供中间品质量较高，但是由于采用发达国家中间品的生产成本较高，中国对外直接投资并没有促进中国对发达东道国的中间品进口规模，回归结果中控制变量中国对东道国中间品进口规模 lninimport 系数并不显著也体现了这一点。发达国家政治经济环境较好、基础设施完善、中间品生产增加值较稳定，而中国对这些国家直接投资促进了两国间的生产密切度，因此中国逆梯度对外直接投资促进了双边价值链稳定性。综上所述，中国进行逆梯度对外直接投资更有助于促进双边价值链质量和稳定性的提升。

2. 是否在"一带一路"沿线直接投资

在中国对外直接投资对双边价值链质量的影响方面，本部分按照中国对外直接投资的东道国是否属于"一带一路"沿线进行分组，分组检验结果见表6-15。

表6-15　中国是否对"一带一路"沿线直接投资影响双边价值链质量、效率和稳定性的实证结果

变量	"一带一路"沿线			非"一带一路"沿线		
	(1) 质量	(2) 效率	(3) 稳定性	(4) 质量	(5) 效率	(6) 稳定性
	lnqgvcla	lneff	lnstab	lnqgvcla	lneff	lnstab
lnofdi	0.0004*	−0.000	0.007	0.005*	−0.000	0.023
	(1.91)	(−0.32)	(1.10)	(1.95)	(−1.10)	(1.50)
ln$Citypop$	−0.006	−0.000	0.414	−0.205	0.002*	−1.283
	(−0.52)	(−1.61)	(1.07)	(−0.63)	(1.78)	(−0.71)
ln$Capital$	0.003*	0.000	0.010	0.011	0.000**	−0.094
	(1.83)	(0.82)	(0.16)	(0.45)	(2.13)	(−0.54)
ln$Sertrade$	−0.001	−0.000*	−0.045	−0.055	−0.000**	−0.157
	(−0.70)	(−1.91)	(−0.79)	(−1.21)	(−2.21)	(−0.67)
$Insti$	0.005	−0.000	0.084	−0.006	−0.000	−0.194
	(1.32)	(−0.76)	(0.83)	(−0.10)	(−1.24)	(−0.52)

续表

变量	"一带一路"沿线			非"一带一路"沿线		
	(1) 质量	(2) 效率	(3) 稳定性	(4) 质量	(5) 效率	(6) 稳定性
	lnqgvcla	lneff	lnstab	lnqgvcla	lneff	lnstab
lnMertrade	−0.003	0.000	−0.084	0.020	0.000	0.232
	(−1.49)	(1.07)	(−1.21)	(0.86)	(0.30)	(1.61)
lninimport	0.002**	0.000**	0.068**	0.017*	0.000**	0.081
	(2.37)	(2.16)	(2.22)	(1.84)	(2.46)	(1.36)
常数项	0.004	0.000*	−1.754	0.788	−0.007*	5.406
	(0.12)	(1.78)	(−1.29)	(0.59)	(−1.80)	(0.74)
样本量	359	359	359	262	262	262
R^2	0.018	0.104	0.042	0.020	0.276	0.012
F	1.452	1.447	2.119	2.467	2.504	2.018

注：*、**分别表示在10%、5%的置信区间上显著，括号内为t值。

回归结果显示，无论中国对"一带一路"沿线直接投资，还是对非"一带一路"沿线直接投资，均促进了双边价值链质量的提升，但是对双边价值链效率、双边价值链稳定性的影响并不显著。中国对"一带一路"沿线直接投资的双边价值链质量提升效应为0.04%，而中国对非"一带一路"沿线直接投资的双边价值链质量提升效应为0.5%，可见与中国对"一带一路"沿线直接投资的双边价值链质量提升效应相比，中国对非"一带一路"沿线直接投资的双边价值链质量提升效应更大，同时表明中国对"一带一路"沿线直接投资的双边价值链效应有待进一步提升。随着共建"一带一路"的持续健康发展，中国通过对外直接投资的方式助力沿线国家的基础设施建设或进行技术援助等，都有助于促进沿线国家的中间品质量提升、增强两国间的生产密切度，从而促进中国与"一带一路"沿线双边价值链效应的提升。

（四）空间效应检验

1. 基本模型设定及说明

与本章第一节的空间计量模型类似，本部分也采用空间计量模型分别实证检验中国对外直接投资对双边价值链质量影响的空间溢出效应。本章设置如下空间杜宾面板模型：

$$\ln qgvcla_{it} = \rho_1 \sum_{j=1, j\neq i}^{N=59} w_{ij} \ln qgvcla_{it} + \tau_1 \ln ofdi_{it} + \theta_1 \sum_{j=1, j\neq i}^{N=59} w_{ij} \ln ofdi_{it} + \delta X_{it} +$$
$$\gamma W X_{it} + \mu_i + \varepsilon_{it} \quad (6-10)$$

其中，$\ln qgvcla_{it}$ 表示中国与 i 东道国的双边价值链质量，$\ln ofdi_{it}$ 表示中国对 i 东道国的对外直接投资存量，$\sum_{j=1, j\neq i}^{N=59} w_{ij}$ 为空间权重矩阵 W 中的元素，X 为控制变量，与前文模型（6-7）一致，此处不再赘述。本章主要关注系数 θ_1 的符号及显著性，若 θ_1 显著为正，表明中国对外直接投资可显著促进中国与东道国邻国或地区双边价值链质量的提升。

本模型中空间权重矩阵的设定与第一节中的空间权重矩阵一致，具体采用国家是否相邻、首都地理距离的倒数、人口分布加权地理距离的倒数作为空间权重矩阵的元素设定，详见式（6-5）、式（6-6），此处不再赘述。

2. 空间杜宾面板模型回归结果及分析

中国对外直接投资对中国与东道国双边价值链质量影响的 SDM 估计结果见表 6-16。本次检验采用地理距离作为空间权重矩阵的数据来源，地理距离数据同样来源于 CEPII 数据库，空间权重矩阵的设置与前文一致。由表 6-16 可知，中国对外直接投资对中国与东道国双边价值链质量的直接影响、间接影响均显著，表明中国对外直接投资不仅促进了中国与东道国双边价值链质量的提升，而且对中国与东道国邻近国家或地区间的双边价值链质量的提升也有积极作用，即中国对外直接投资的双边价值链质量提升作用具有空间外溢效应。中国对外直接投资影响双边价值链质量的空间溢出效应主要体现在：中国对外直接投资的母国逆向技术溢出效应、边际产业转移效应及贸易促进效应等，可促进母国技术水平提升、促进中国与东道国间的中间品质量和规模提升，同样通过技术扩散、传播等对东道国邻近国家或地区产生正外部性，地理位置邻近可降低交易成本，提高邻近国家或地区的学习、吸收能力，促进邻近国家或地区中间品生产效率的提升，从而促进其他国家或地区全球价值链质量的提升。此外，中国对外直接投资可以促进中国企业到邻近国家或地区的投资（唐礼智、刘玉，2017），邻近国家或地区的对外直接投资越多，其接受的来自对外直接投资的母国全球价值链质量提升效应越大，空间溢出效应越明显。

表 6-16　中国对外直接投资对双边价值链质量影响的 SDM 估计结果

空间权重矩阵	人口分布加权地理距离矩阵	影响效应
变量	lnqgvcla	
Main		直接效应
lnofdi	0.002*	0.002*
	(1.90)	(1.92)
Wx		间接效应
Wlnofdi	0.251**	0.007**
	(2.19)	(2.26)
Spatial		总效应
rho	3.349	0.009***
	(1.44)	(2.61)
控制变量	是	
固定个体	是	
样本量	649	
R^2	0.0622	

注：*、**、*** 分别表示在 10%、5%、1% 的置信水平上显著，括号内为 z 值。

第三节　本章小结

本章建立实证模型检验了中国对外直接投资对全球价值链质量的影响。已有大量文献研究了中国对外直接投资对东道国或母国的价值链效应，但是仅有少数文献研究中国对外直接投资对双边价值链的影响。因此，本章除了研究中国对外直接投资对东道国全球价值链质量的影响，还考察了中国对外直接投资对双边价值链质量的影响。在中国对外直接投资对东道国全球价值链质量的影响方面，主要结论包括：第一，中国对外直接投资显著地促进了东道国全球价值链质量和国内价值链质量，其对东道国全球价值链和国内价值链效率、东道国全球价值链和国内价值链稳定性的促进效应同样明显。本章采用增加控制变量、替换回归方法两种方式进行稳健性检验，中国对外直接投资对东道国全球价值链质量和国内价值链质量的影响结果与基准回归结果一致。第二，在分组检验中，中国逆梯度对外直接投资对东道国全球价值链质量的促进效应显著，而顺梯度对外直接投资对东道国全球价值链质量的促进效应不显著；中国逆梯度对外直接投资和顺梯度对外直接投资对东道国全球价值链效率的促进作用均显著；中国逆梯度对外直接投资促进了东道国全球价值链稳定性，但顺梯度对外直接投资对东道国全球价值链稳定性作用并不明显；中国顺梯度对外直接投资、逆梯度对外直接投资对东道国国内价值链的影响与东道国全球价值链的影响一致。第三，中国对"一带一路"沿线直接投资促进了东道国全球价值链质量、全球价值链稳定性及国内价值链质量、国内价值链稳定性。第四，中国不同类型对外直接投资显著促进了东道国全球价值链质量提升，如研究开发型、商贸服务型、生产型、资源获取型，这几种不同类型对外直接投资对东道国国内价值链质量的促进作用同样明显。第五，中国对外直接投资对东道国全球价值链质量产生了正向的空间外溢效应。

在中国对外直接投资对双边价值链质量影响方面，主要结论有：第一，中国对外直接投资显著促进了双边价值链质量、双边价值链效率，采用 IV-2SLS 和系统 GMM 处理内生性后，结果依然稳健。第二，在分组检验中，中国逆梯度对外直接投资促进了双边价值链质量、双边价值链稳定性的提高，而顺梯度对外直接投资对双边价值链质量、双边价值链稳定性的影响并不明显。第三，中国对"一带一路"与非"一带一路"沿线直接投资的双边价值链质量效应并不存在明显区别，中国对"一带一路"沿线直接投资显著促进了双边价值链质量的提升，但对双边价值链效率和稳定性的影响并不显著，这表明中国对"一带一路"沿线直接投资的双边价值链效应有待进一步提升。第四，中国对外直接投资不仅促进了中国与东道国双边价值链质量的提升，而且对中国与东道国邻近国家或地区间的双边价值链质量的提升也有积极作用。

第七章　中国制造业对外直接投资对国内价值链质量影响的实证检验

前文系统、全面地考察了对外直接投资对全球价值链质量的影响，在国内国际双循环新发展格局下，作为全球价值链重要部分的国内价值链值得关注，本章主要研究中国制造业对外直接投资对国内价值链质量的影响。中国制造业对外直接投资是否促进了国内价值链质量提升？技术水平不同的行业、要素密集度不同的行业是否存在差异？带着这些问题，本章展开研究。

对外直接投资是构建和连接国内大循环与国际大循环的桥梁，通过"走出去"实现"外循环"赋能"内循环"的战略功能。对外直接投资可将海外优质资源转移至国内从而增强国内技术创新和高端服务要素投入，符合构建新发展格局的内在逻辑，顺应新发展格局的时代潮流。面对世界"百年未有之大变局"，习近平总书记多次强调，构建以国内大循环为主体、国内国际双循环相互促进的新发展格局。然而，以国内大循环为主体，并不是闭关锁国、闭门造车，并不意味着不重视国际经济循环，构建双循环新发展格局是坚持独立自主与对外开放的统一。习近平总书记（2020）指出，"从长远看，经济全球化仍是历史潮流，各国分工合作、互利共赢是长期趋势。我们要站在历史正确的一边，坚持深化改革、扩大开放，加强科技领域开放合作，推动建设开放型世界经济，推动构建人类命运共同体"。中国对外直接投资自 2015 年进入高质量发展阶段（吴福象、汪丽娟，2021），投资结构更加合理、投资态度更加理性。复杂多变的国际政治经济环境并没有阻碍中国对外直接投资规模化扩张的趋势，2020 年中国对外直接投资流量总额达 1329.4 亿美元，同比增长 3.3%，中国对"一带一路"沿线非金融类直接投资同比增长 18.3%。以制造业为例，2018 年中国制造业对外直接投资流量达 191.1 亿美元，在所有产业中排名第三，主要流向汽车制造、计算机/通信及其

第七章 中国制造业对外直接投资对国内价值链质量影响的实证检验

他电子设备制造、专用设备制造等行业；2019 年中国制造业对外直接投资流量达 202.4 亿美元，排名第二，同比增长 6%，占 14.8%[①]，主要流向汽车制造、化学纤维制造、有色金属冶炼和延展加工等行业。在投资规模不断扩大、投资领域不断拓展的发展形势下，中国制造业对外直接投资对国内经济产生了越来越重要的影响，如经济增长效应、逆向技术溢出效应等。具体到本章关心的国内价值链质量，尤其是效率和稳定性指标上，中国制造业对外直接投资对此有何种影响？具体的影响机制如何？这正是本章研究的核心内容。本章研究对于把握新发展格局背景下对外直接投资高质量发展的主线，使高质量对外直接投资成为提升国内价值链经济效益乃至构建国内国际双循环新发展格局的先锋队和主力军具有重要现实指导意义。

本章首先界定国内价值链质量内涵，将效率和稳定性统一纳入国内价值链质量的测算体系，测算了中国制造业 18 个细分行业的国内价值链质量、国内价值链效率、国内价值链稳定性三类数据，同时测算了中国制造业 18 个细分行业对外直接投资逆向技术溢出，作为分行业对外直接投资的代理变量；在数据测算基础上，实证检验了中国制造业对外直接投资对国内价值链质量的影响及机制，并进行了稳健性和异质性检验。本章主要的边际贡献在于：第一，理论方面，本章将中国制造业对外直接投资的母国经济效应拓展到国内价值链质量，并从技术创新和制造业服务化两个方面分析了中国制造业对外直接投资提升国内价值链质量的路径；第二，量化指标方面，采用行业层面平均生产长度波动率的倒数衡量中间品供应稳定性，在此基础上构建了包含中间品生产效率、中间品供应稳定性和行业间生产关联的国内价值链质量量化指标，同时派生出国内价值链效率和国内价值链稳定性两个分指标；第三，结论方面，本章发现中国制造业对外直接投资显著提升了国内价值链质量及分指标国内价值链效率、国内价值链稳定性，不同类型制造业对外直接投资的"强链"和"固链"效应存在差别，逆梯度对外直接投资、中低技术行业对外直接投资、国有对外直接投资及水平型对外直接投资对国内价值链质量的提升效应更加明显。

---

① 数据来源于《2019 年度中国对外直接投资统计公报》。

第一节　行业层面国内价值链质量的测算

国内价值链质量主要是指国内价值链的高效、稳定、协调运行，实现以垂直专业化分工为主要形式的产品（中间品）高质量生产与安全、稳定供应。根据亚当·斯密的分工理论，分工可提高劳动生产效率、增加国民财富。实现高生产效率是专业分工的主要经济效应，而价值链是一种垂直专业化分工，因此，效率是价值链质量提升的重要体现。参考高敬峰和王彬（2019），本章将效率作为评价国内价值链质量的关键因素之一。此外，安全与稳定是高质量发展的重要问题（裴长洪，2020），尤其在逆全球化加剧等因素影响下，国内价值链的稳定性受到冲击，对经济发展造成严重影响，因此本章将稳定性问题纳入国内价值链质量的内涵界定。本书第四章在测算国家层面全球价值链质量时，已经测算了国家层面国内价值链质量，但本章重点研究中国行业层面国内价值链质量。

一　国内价值链的拆分

由于属权特征界定下的国内价值链指标测算在现有统计条件下存在很大难度，本章基于国内价值链分工属地特征的相关概念展开研究，即国内价值链主要指中国国内的垂直专业化分工，所有生产工序均在国内完成，不涉及中间品进口，生产所需原材料均由国内供应。本章借鉴全球价值链测算的思路及方法量化国内价值链质量，首先将国内价值链从世界投入产出表中拆分出来，然后构建包含效率和稳定性的国内价值链质量测算指标。值得说明的是，随着中国区域投入产出表的发布，相关研究由采用区域投入产出数据开始转向采用内嵌区域投入产出数据的世界投入产出数据，国内价值链相关测算指标的数据维度也正从行业单维度层面向省份—行业双维度层面转变，但是由于缺少省份—行业层面的对外直接投资数据，本章仅从行业层面测算国内价值链质量及分指标数据。

根据国内价值链的概念，国内价值链仅采用国内原材料，不涉及中间品进口，因此需要在世界投入产出表中区分国内消耗和国外消耗。本章参照 Wang 等（2017b）的研究，将各国各部门间的直接消耗系数矩阵拆分为国内直接消耗系数矩阵和国外直接消耗系数矩阵两部分，分别用 A^D 和 A^F 表示，可以用如下形式表示：

$$A = A^D + A^F \tag{7-1}$$

其中，A^D 表示的是 $GN \times GN$ 的国内投入产出消耗系数矩阵，具体表达形式如下：

$$A^D = \begin{pmatrix} A^{11} & 0 & \cdots & 0 \\ 0 & A^{22} & \cdots & 0 \\ \vdots & \vdots & \ddots & \vdots \\ 0 & 0 & \cdots & A^{GG} \end{pmatrix} \tag{7-2}$$

代入基本恒等式得到：

$$X = AX + Y = (A^D + A^F)X + Y = A^D X + A^F X + Y \tag{7-3}$$

$$(I - A^D)X = A^F X + Y \tag{7-4}$$

$$X = (I - A^D)^{-1} A^F X + (I - A^D)^{-1} Y \tag{7-5}$$

假设 $L = (I - A^D)^{-1}$，则：

$$X = LA^F X + LY \tag{7-6}$$

由 $X = (I - A)^{-1} Y = BY$ 得到：

$$BY = LY + LA^F BY \tag{7-7}$$

式（7-7）左右两侧均左乘对角矩阵 $\hat{V}$，同时将 Y 转换为对角矩阵 $\hat{Y}$，得到：

$$\hat{V} B \hat{Y} = \hat{V} L \hat{Y} + \hat{V} L A^F B \hat{Y} \tag{7-8}$$

上式将各国各部门增加值在世界范围内的流向和分配拆分为两部分：一国最终产品生产消耗的国内生产要素增加值、一国出口的中间品消耗的国内生产要素增加值。由于国内价值链不涉及中间品的国际贸易，本章计算的国内价值链质量以一国最终产品生产消耗国内增加值 $\hat{V} L \hat{Y}$ 为测算基础。

二　行业层面国内价值链质量及分指标的测算方法

（一）国内价值链质量的测算方法

根据前文国内价值链质量的内涵，本章从链条管理的视角进行量化。价值链是指产品生产从初始研发设计、劳动等要素投入开始，经历中间品加工、组装、流转，到最终消费品的销售及服务的生产过程，以中间品投入为核心的生产要素贯穿价值链的始终，价值链条上中间品生产效率、中间品供应稳定性是影响价值链质量的关键因素。此外，价值链质量还需要考虑价值链条上行业间的生产关联，价值链条上各环节紧密合作、协同生产，才能保证最终产品的高质量生产与安全、稳定供应。

中间品生产效率、中间品供应稳定性是相互影响的，因此，本章将两者相乘，同时乘以行业的生产关联度作为权重加总得到制造业细分行业的国内价值链质量数据。具体计算公式如下：

$$qnvc_j^m = \sum_{i \in m} \left(\frac{Va_i^m}{Labor_i^m} \times \frac{1}{sdBPLP_i^m} \times \frac{\hat{V}L\hat{Y}_{ij}^{mm}}{Y_j^m} \right) \quad (7\text{-}9)$$

其中，$qnvc_j^m$ 表示中国 j 行业的国内价值链质量。$\frac{Va_i^m}{Labor_i^m}$ 表示中国 i 行业中间产品生产效率，采用细分行业增加值 Va_i^m 与就业人数 $Labor_i^m$ 的比值衡量。$\frac{\hat{V}L\hat{Y}_{ij}^{mm}}{Y_j^m}$ 表示行业间生产关联度，采用行业生产消耗的增加值 $\hat{V}L\hat{Y}_{ij}^{mm}$ 与最终产品价值 Y_j^m 的比值衡量。$\frac{1}{sdBPLP_i^m}$ 表示中国 i 行业中间产品供应稳定性。本章采用平均生产长度波动率的倒数衡量中间品供应的稳定性。平均生产长度是指在序贯生产过程中生产要素创造的增加值被计算为总产出的平均次数（Wang et al.，2017b），其实质反映的是产业间的紧密程度，平均生产长度波动越小，产业间的紧密度越稳定，中间品供应稳定性越高。后向平均生产长度的计算公式如下：

$$BPL_j^r = \frac{\sum_{s,i}^{G,N} v_i^s \sum_{r,j}^{G,N} b_{ik}^{st} b_{kj}^{tr} y_j^r}{\sum_{s,i}^{G,N} v_i^s b_{ij}^{sr} y_j^r} = \sum_{r,j}^{G,N} b_{kj}^{tr} \quad (7\text{-}10)$$

式（7-10）计算得到最终品生产国 r 国 j 行业的后向平均生产长度。

参考 John 等（2008）的方法，本章计算后向平均生产长度波动率的具体公式如下：

$$BPLP_{jt} = BPL_{jt} - \overline{BPL_i} \quad (7\text{-}11)$$

$$sdBPLP_{jt} = \sqrt{\frac{1}{T-1} \sum_{t=1}^{T} \left(BPLP_{ij\tau} - \frac{1}{T} \sum_{t=1}^{T} BPLP_{ij\tau} \right)^2} \quad (7\text{-}12)$$

式（7-11）中，$BPLP_{jt}$ 表示剔除系统风险后的中国 j 行业后向平均生产长度；BPL_{jt} 表示 t 年 j 行业后向平均生产长度；$\overline{BPL_i}$ 为所有行业的后向平均生产长度的平均值,定义为系统风险。式(7-12)中 $sdBPLP_{jt}$ 表示 j 行业在第 t 年的后向平均生产长度波动率,$BPLP_{ij\tau}$ 表示在第 τ 个观测时段内剔除系统风险后的后向平均生产长度,τ 表示观测时段。本章设置三年期为一个观测时间段,即 T 为 3,采用 2007—2018 年数据,按照 2007—2009 年、2008—2010 年……2016—2018 年划分为 10 个三年期观测时间段,得到 2009—2018 年后向平均生产长度波动率。

(二)国内价值链质量分指标的测算方法

根据国内价值链质量的内涵,本章派生出两个分指标:国内价值链效率、国内价值链稳定性。国内价值链效率主要是指国内中间品供应链的高效率运转,是国内供应链的整体运行效率,本章参照高敬峰和王彬(2019)的研究,以行业间生产关联度为权重加总的行业中间品生产效率的值来衡量。$efnvc_j^m$ 表示中国 j 行业的国内价值链效率,具体公式如下:

$$efnvc_j^m = \sum_{i \in m}\left(\frac{Va_i^m}{Labor_i^m} \times \frac{\widehat{VL}\widehat{Y}_{ij}^{mm}}{Y_j^m}\right) \qquad (7-13)$$

国内价值链稳定性是指国内供应链、产业链间稳定协作,不易出现断链,具体采用以行业间关联度为权重加总的行业中间品供应稳定性来衡量。$stnvc_j^m$ 表示中国 j 行业的国内价值链稳定性,具体公式为:

$$stnvc_j^m = \sum_{i \in m}\left(\frac{1}{sdBPLP_i^m} \times \frac{\widehat{VL}\widehat{Y}_{ij}^{mm}}{Y_j^m}\right) \qquad (7-14)$$

本章投入产出数据来自 WIOD2016 和 ADB-MRIO(以下简称 ADB 数据库)两个数据库,由于 WIOD2016 数据仅更新到 2014 年,本章利用 ADB 数据库补充到 2018 年。鉴于 ADB 数据库的细分行业与中国行业统计数据的分类不同,为保障控制变量数据选取的可行性,本章参照 WIOD2016 年行业分类,将 ADB 数据库中的制造业参照 WIOD 数据行业分类进行对接①。式(7-9)—式(7-14)中,Va_i^m、$\widehat{VL}\widehat{Y}_{ij}^{mm}$、$Y_j^m$ 均来自基于 2009—2018 年 ADB 数据库并经笔者手工计算的 $\widehat{VL}\widehat{Y}_{ij}^{mm}$ 矩阵;2009—2014 年行业就业人数来自 WIOD-SEA 数据库,由于缺少 2015 年以后的分行业就业数据,2015—2018 年的行业就业数据根据投入产出占比对总劳动力人数进行拆分得到,总劳动力人数来源于世界银行 WDI 数据库。

---

① 具体行业对接表限于篇幅原因,留存备索。

第二节　作用机理

中国制造业对外直接投资是国内价值链质量提升的技术创新动力和高端服务要素来源。本章主要从技术创新和制造业服务化两条途径分析中国制造业对外直接投资的国内价值链质量提升效应，同时分析不同类型对外直接投资对国内价值链质量影响的差异。

第一，中国制造业对外直接投资通过技术创新提高国内价值链质量。技术创新是国内价值链质量提升的根本动力。中国制造业对外直接投资除通过在东道国设立研发机构、加强与东道国技术合作等直接学习、模仿及知识共享的方式增强母国技术创新能力外，还通过出口促进效应间接促进母国创新能力。对外直接投资可促进母国出口规模（Pfaffermayr，1996；Clausing，2000），大量企业进入该行业将增强母国市场竞争强度，倒逼母国企业增加研发投入、提高创新能力。母国制造业技术创新水平的提升，有助于升级价值链链条上工艺生产流程，提高中间品生产效率；有助于扩大高技术复杂度产品的生产，实现产品升级，保障高质量中间品供应，增强中间品供应稳定性；可推动链条上企业向更高附加值阶段转移以实现功能升级，增强产品生产或服务能力，提高中间品生产效率和供应稳定性；还可以通过链条升级向高附加值产品价值链条转移，提升行业生产关联（Humphrey and Schmitz，2002）。制造业对外直接投资的技术创新效应主要通过实现价值链链条上工艺升级、产品升级、功能升级、跨链条升级提升中间品生产效率、中间品供应稳定性及行业生产关联，从而提升国内价值链质量。

第二，中国制造业对外直接投资通过制造业服务化提升国内价值链质量。中国对外直接投资可显著促进制造业服务化（聂飞，2020），主要通过在东道国开展生产、合作研发等活动拓宽母国获得人才培养、品牌知识、咨询管理等高质量服务要素的机会与渠道，为国内价值链质量的提升提供高质量要素投入。高端服务作为一种特殊生产要素参与生产过程，可降低企业生产、管理及运营成本，有助于企业形成高效的运作、产品开发及人力资源管理体系，提高企业中间品生产效率（刘斌等，2016）；服务中间品可通过"投入—产出"关系影响产业链、供应链上行

第七章　中国制造业对外直接投资对国内价值链质量影响的实证检验

业间的合作（Grossman and Rossi-Hansberg，2008），使行业间合作更加密切，提高行业间的生产关联度；此外，制造业服务化可提高企业高效调整生产要素的能力，降低企业生产不确定性和风险（Moreno et al.，2002；王永进等，2010），提高中间品供应稳定性。制造业对外直接投资通过增加高端服务要素投入提升中间品生产效率、中间品供应稳定性及行业生产关联，从而提升国内价值链质量。见图7-1。

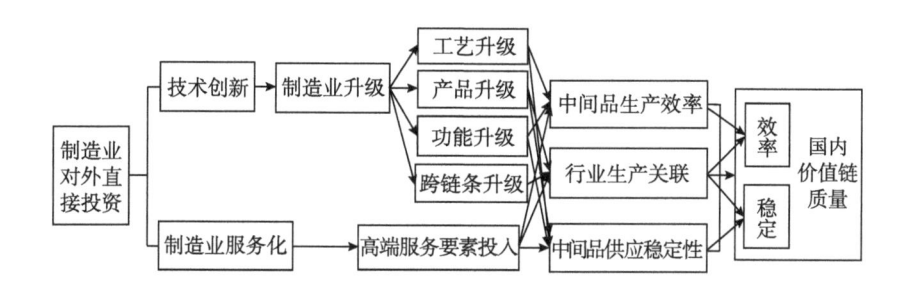

图7-1　制造业对外直接投资对国内价值链质量的影响机制

基于以上分析，本章提出以下假设。

假设1：中国制造业对外直接投资显著提升了国内价值链质量，对分指标国内价值链效率、国内价值链稳定性的影响同样显著，即中国制造业对外直接投资具有显著的"强链""固链"效应。

假设2：中国制造业对外直接投资的国内价值链质量提升效应主要通过技术创新、制造业服务化两条途径来实现。

中国制造业对外直接投资在东道国经济发展程度、所属行业技术高低、投资主体、综合投资目的四个方面存在差异，不同类型对外直接投资对国内价值链质量的提升效应不同。

首先，由于发达国家技术创新、研发投入、人才教育、品牌管理、咨询服务等水平较高，中国对这些国家的直接投资，即逆梯度对外直接投资，可通过在东道国设立研究机构、合作研发等方式可获得逆向技术溢出和高端服务要素，促进投资母国的技术创新能力。投资到发展中国家的制造业对外直接投资，即顺梯度对外直接投资，主要以转移失去比较优势或即将失去比较优势的产业为主，向发展中东道国技术输出或援助，短期内无法获得较高的技术创新及高级服务要素投入，因此，顺梯度对外直接投资的国内价值链质量提升效应不明显。

其次，高技术制造业的顺梯度对外直接投资主要以市场寻求、资源寻求或效率寻求为主，受限于东道国发展中国家的技术创新水平，无法获得技术溢出或高端服务要素；高技术制造业的逆梯度对外直接投资以技术寻求、战略资产寻求为主，然而由于受到发达东道国技术封锁、安全审查等限制性政策的影响，母国获得逆向技术溢出有限。此外，高技术行业的技术门槛较高，很难在短时间内增强母国技术创新能力。因此，与低技术行业相比，高技术行业对外直接投资无论从技术创新来源还是技术创新基础来说，对国内价值链质量的影响都不明显。

再次，国有企业、非国有企业对外直接投资在投资规模、绩效等方面存在差异，其对国内价值链质量的影响不同。国有企业是中国对外直接投资的主力军和先行者（赵勇、初晓，2021），在政策导向、资金支持、合作资源等方面具有较强优势，对外直接投资的机会或规模更大，对国内价值链质量的提升作用更明显。国有企业更倾向于采取试探性和防御性的战略，可降低非理性投资，提升对外直接投资绩效。此外，随着国有企业所有权和经营权分离，国有企业对外直接投资绩效越好，母公司研发投入和创新产出越多（刘和旺等，2015），对国内价值链质量的提升作用更明显。

最后，垂直型对外直接投资和水平型对外直接投资的综合投资目的不同，对国内价值链质量的影响不同。垂直型对外直接投资是充分利用东道国低成本生产要素的成本驱动型投资项目，水平型对外直接投资主要是开发东道国市场潜力的市场驱动型投资项目（Engel and Procher，2012；杨连星等，2019）。水平型对外直接投资在开发东道国市场潜力的同时，可加强投资母国与东道国的技术合作，为投资母国人力资本、品牌服务、先进管理技术等高端服务要素的获取提供平台，推动投资母国制造服务化从而提升其国内价值链质量。此外，水平型对外直接投资可以充分获取东道国市场需求信息，为投资母企业产品生产方案调整提供信息来源，倒逼国内产品质量提高，增强国内中间品生产效率和供应稳定性。与水平型对外直接投资相比，垂直型对外直接投资主要获取资源、劳动等低成本生产要素，获得技术溢出及高端服务要素的机会相对较少，因此，垂直型对外直接投资的国内价值链质量效应较弱。

基于以上分析，本章提出如下假设。

假设3：中国制造业逆梯度、中低技术、国有、水平型对外直接投资的国内价值链质量提升效应更明显。

第三节　模型设定与数据来源

一　模型设定

为了检验中国制造业对外直接投资对国内价值链质量的影响情况，本章设定如下模型：

$$\ln qnvc_{kt} = \alpha_0 + \alpha_1 \ln ofdi\_hsp_{kt} + \sum_{j=2}^{6} \alpha_j X_{kt} + v_k + \gamma_t + \varepsilon_{kt} \tag{7-15}$$

其中，被解释变量 $\ln qnvc_{kt}$ 表示第 t 年中国制造业细分 k 行业的国内价值链质量。核心解释变量 $\ln ofdi\_hsp_{kt}$ 表示第 t 年中国制造业细分 k 行业的对外直接投资。控制变量 X_{kt} 具体包括行业研发投入（$\ln rdnbzc$）、行业资源投入（$\ln nyxf$）、行业资本投入（$\ln trjf$）、行业利润（$\ln prof$）、行业中间品投入波动率（$sdBPL$）五个变量。本章主要关注系数 α_1 的符号及显著性。

二　变量说明与数据来源

核心解释变量为对外直接投资（$\ln ofdi\_hsp_{kt}$）。由于无法获得连续年份制造业细分行业的对外直接投资数据，本章参照杨连星和罗玉辉（2017），从对外直接投资的母国经济效应角度切入，采用中国对外直接投资获得的国外研发溢出衡量中国对外直接投资。从政策引导层面看，中国对外直接投资是"资金换技术"国家策略的具体实践，政府鼓励具有国际化管理能力的企业"走出去"建立国外技术向国内传导的路径（陈经伟、姜能鹏，2020），技术寻求是中国对外直接投资的主要动机之一。因此，采用国外研发溢出作为制造业细分行业对外直接投资代理变量具有一定可行性。本章参考 Coe 和 Helpman（1995）、Lichtenberg 和 Potterie（1998）、Braconier 等（2001）的计算方法，具体计算公式如下：

$$OFDI\_hsp_{kjt} = \frac{OFDI_{jt}}{Fixcapital_{jt}} S1_{kjt} \tag{7-16}$$

其中，$OFDI\_hsp_{kjt}$ 表示第 t 年中国对外直接投资从东道国 j 国 k 行业获得的研发资本存量；$OFDI_{jt}$ 表示第 t 年中国对 j 国直接投资存量，数据来源于历年《中国对外直接投资统计公报》；$Fixcapital_{jt}$ 表示第 t 年 j 国固定资本形成额，数据来源于世界银行 WDI 数据库；$S1_{kjt}$ 表示第 t 年 j 国 k 行业的研发资本存量，数据经计算得到。

式（7-16）中东道国行业研发资本存量 $S1_{kjt}$ 按照永续盘存法计算，公式如下：

$$S1_{kjt} = (1-\alpha)S1_{kjt-1} + RD_{kjt} \tag{7-17}$$

其中，α 为折旧率，参考 Coe 和 Helpman（1995）的研究，本章取 0.05。RD_{kjt} 表示第 t 年 j 国家 k 行业的研发经费支出，数据来源于 OECD 科技指标数据库。

本章以 2009 年为基期计算东道国行业研发资本存量，具体公式为：

$$S1_{jk2009} = \frac{RD_{jk2009}}{\alpha + mean\_RDg_{jk}} \tag{7-18}$$

其中，$mean\_RDg_{jk}$ 表示 2009—2018 年 j 国 k 行业研发支出的年平均增长率。

本章得到中国对外直接投资从东道国 j 国 k 行业获得的研发资本存量 $OFDI\_hsp_{kjt}$ 后，按照不同行业加总东道国的研发溢出，得到中国制造业对外直接投资，具体公式如下：

$$OFDI\_hsp_{kt} = \sum_{j=1}^{N} OFDI\_hsp_{kjt} \tag{7-19}$$

其中，N 表示中国对外直接投资的东道国数量①。

本章控制变量中的行业研发投入采用研发经费内部支出衡量，数据来源于《中国科技统计年鉴》；行业资源投入采用行业能源消耗量衡量，行业资本投入采用行业投入经费衡量，行业利润采用行业规模以上企业利润总额衡量，三类数据均来源于 EPS 数据库；行业中间品投入波动率采用未经调整的行业生产长度波动率衡量，根据投入产出表经笔者计算得到。

---

① 中国对外直接投资的东道国主要包括爱尔兰、爱沙尼亚、奥地利、澳大利亚、比利时、波兰、丹麦、德国、法国、芬兰、韩国、荷兰、加拿大、捷克、拉脱维亚、立陶宛、卢森堡、罗马尼亚、美国、墨西哥、挪威、葡萄牙、日本、瑞典、瑞士、斯洛伐克、斯洛文尼亚、土耳其、西班牙、希腊、新加坡、匈牙利、意大利、英国等。

三 数据初步分析

本章采用 Stata 16 查看所有变量的统计性描述,见表 7-1。

表 7-1　　　　　　　　主要变量的统计性描述

变量类别	变量名称	观察值	平均值	标准差	最小值	最大值
被解释变量	lnqnvc	180	10.89071	1.01907	8.62999	13.22487
	lnefnvc	180	9.89087	0.35876	8.96204	10.86383
	lnstnvc	180	1.40456	0.71814	0.25722	3.56684
核心解释变量	lnofdi_hsp	174	4.89622	1.65736	1.14188	9.84421
控制变量	lnrdnbzc	163	8.68429	3.07008	2.52779	16.16334
	lnrdkts	180	5.20213	1.70443	0.69315	9.12413
	lnnyxf	177	8.57114	1.32204	5.95324	11.37196
	sdBPL	180	0.58151	0.60450	0.02907	3.40919
	lnvago	180	-1.55060	0.25100	-2.10410	-0.85072
	lncz	180	10.35258	0.98276	7.99729	13.48325

本章对变量间的多重共线性问题进行检验,首先检验了解释变量间的相关系数。解释变量间的相关系数几乎都在0.5以下,变量间的相关系数较小,同时检验了方差膨胀系数,vif值为1.85,远小于5。因此,解释变量不存在多重共线性的问题。

回归检验之前,本章首先对核心解释变量中国制造业对外直接投资与被解释变量国内价值链质量之间的相关性进行初步分析。本章使用Stata 16分析得到散点图,见图7-2至图7-4。由图可见,中国制造业对外直接投资与国内价值链质量存在明显的正比例关系,即一国对外直接投资增加时,其参与全球价值链的质量增加。此外,对外直接投资与国内价值链效率、国内价值链稳定性之间存在正比例关系。

本章实证样本为面板数据,采用豪斯曼检验判定采用固定效应还是随机效应。经过检验,P值为0.0001,因此本章采用面板回归固定效应方法进行实证检验。

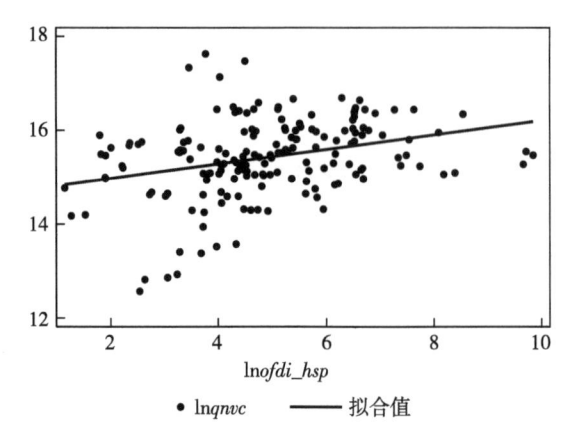

图 7-2　中国制造业对外直接投资与国内价值链质量关系的散点示意

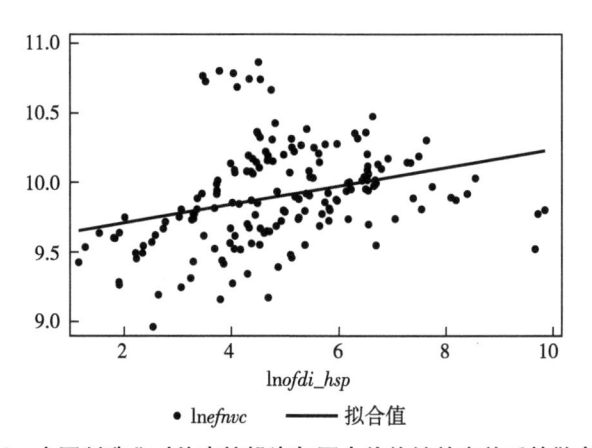

图 7-3　中国制造业对外直接投资与国内价值链效率关系的散点示意

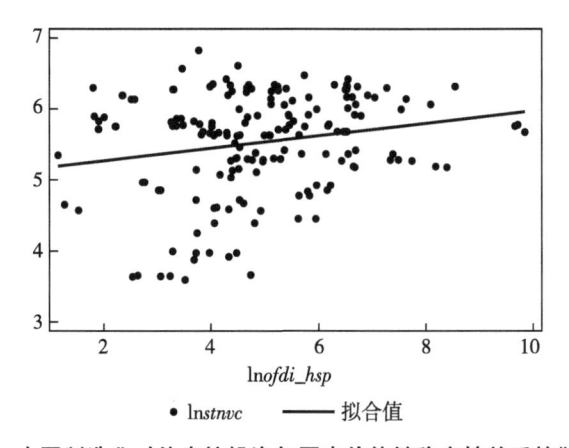

图 7-4　中国制造业对外直接投资与国内价值链稳定性关系的散点示意

第四节 中国制造业对外直接投资影响国内价值链质量的实证结果与分析

一 基准回归结果

中国制造业对外直接投资对国内价值链质量影响的基准回归结果见表7-2。第（1）列、第（4）列核心解释变量对外直接投资分别在1%、5%的置信水平上显著为正，表明中国制造业对外直接投资显著提升了国内价值链质量。中国制造业对外直接投资促进国内价值链质量提高主要表现在：第一，近年来中国对外直接投资规模快速增长，2015年中国对外直接投资首次超过外商直接投资规模。中国制造业对外直接投资可以获得东道国研发劳动力和资本溢出以增强国内技术创新能力。国际市场竞争的压力，倒逼中国制造业对外直接投资企业提高生产效率。此外，企业对外直接投资可以学习东道国先进的管理模式，从而提升母国企业的管理效率，先进管理模式与高效管理方式对企业生产率提升也具有重要的促进作用（Bloom et al., 2016; Oyer et al., 2010）。生产效率高的企业可增强其对新技术的吸收转化能力（Dunning, 1981），从而提高企业技术创新能力。第二，中国制造业对外直接投资除了获得研发溢出、管理经验，还可以与国外开展经济技术合作，在合作中学习、模仿国外先进品牌推动运输、金融、电信等生产性服务业与制造业的融合发展，提升中间品生产效率、中间供应稳定性及行业间关联度，从而提高国内价值链质量。

表7-2　　　　　　　　　　基准回归结果

变量	质量	效率	稳定性	质量	效率	稳定性
	(1) lnqnvc	(2) lnefnvc	(3) lnstnvc	(4) lnqnvc	(5) lnefnvc	(6) lnstnvc
对外直接投资	0.254***	0.046**	0.179***	0.110**	0.027***	0.073*
	(4.25)	(2.53)	(3.85)	(2.17)	(3.25)	(1.67)
研发投入	0.039**	0.018***	0.017	-0.012	-0.001	-0.010
	(2.06)	(3.14)	(1.18)	(-0.75)	(-0.45)	(-0.73)

续表

变量	质量	效率	稳定性	质量	效率	稳定性
	(1) lnqnvc	(2) lnefnvc	(3) lnstnvc	(4) lnqnvc	(5) lnefnvc	(6) lnstnvc
资源投入	0.060	0.537***	−0.422	−0.652*	−0.021	−0.561*
	(0.14)	(4.02)	(−1.24)	(−1.79)	(−0.35)	(−1.79)
资本投入	0.092**	0.029***	0.057**	−0.003	0.006	−0.004
	(2.54)	(2.66)	(2.05)	(−0.11)	(1.25)	(−0.18)
行业利润	0.371***	0.070**	0.261***	0.157*	0.015	0.126*
	(3.73)	(2.31)	(3.37)	(1.94)	(1.15)	(1.80)
中间品投入波动	−1.143***	−0.087***	−0.602***	−0.809***	0.008	−0.395***
	(−15.34)	(−3.83)	(−10.40)	(−12.13)	(0.70)	(−6.88)
常数项	5.739*	4.100***	1.834	14.632***	9.427***	4.939*
	(1.67)	(3.90)	(0.68)	(5.03)	(19.77)	(1.97)
控制行业	是	是	是	是	是	是
控制年份	否	否	否	是	是	是
样本量	157	157	157	157	157	157
R^2	0.711	0.432	0.526	0.838	0.908	0.674
F	67.905	23.570	32.689	56.087	105.018	23.680

注：*、**、***分别表示在10%、5%、1%的置信水平上显著，括号内为t值。

同时，本章还检验了中国制造业对外直接投资对分指标国内价值链效率及国内价值链稳定性的影响。第（2）列、第（5）列中，核心解释变量对外直接投资分别在5%、1%的置信水平上显著为正，表明中国制造业对外直接投资显著提升了国内价值链效率。中间品生产效率、行业生产关联度是影响国内价值链效率的关键因素。中国制造业对外直接投资通过技术创新促进了制造业产业内升级，工艺升级、产品升级、功能升级和跨链条升级均可提升中间品生产的效率及行业生产的关联。中国制造业对外直接投资还可以获得高质量服务要素投入，通过产业间的制造业服务化提升中间品生产的效率及行业生产的关联。中间品生产效率的提高、行业生产关联度的增加直接提升了国内价值链的效率。第（3）列、第（6）列中，核心解释变量对外直接投资分别在1%、10%的置信水平上显著为正，表明中国制造业对外直接投资显著增强了国内价值链稳定性。中间品供应稳定性、行业生产关联是影响国内价值链稳定性的关键因素。中国制造业对外直接投资通过技术创新提升价值链链条上的功能升级和工艺升级保证了高稳定性中间品供应，通过产品升级、链条升级增强行业生产关联；此外，中国制造业对外直接投资获得高质量服务要素投入增强了中间品供应稳定性及行业生产关联，如物联网技术在运输中应用保障产品得到实时监控，提高了供应链的效率与稳定性。

在控制变量方面，第（1）—（2）列中行业研发投入显著为正，表明研发投入越多，国内价值链质量及分指标效率越高，控制年份后，行业研发投入大部分不显著，这可能是中国制造业细分行业研发投入不是逐年递增造成的。第（4）列、第（6）列中行业资源投入显著为负，这可能是中国制造业资源投入的成果转化率较低造成的。第（1）—（3）列中行业资本投入显著为正，行业资本投入越多，国内价值链质量及分指标效率、稳定性越高。行业利润大都显著为正，表明行业利润越高，该行业资源转化的增值能力越强，国内价值链质量越高。行业中间品投入波动率大都在1%的置信水平上显著为负，表明中国制造业行业中间品投入的波动率越高，国内价值链越不稳定，国内价值链质量越低。

二 稳健性检验

（一）替换被解释变量和增加控制变量

行业增加值稳定性也可以用来衡量价值链稳定性，本部分采用行业增加值波动率代替行业生产长度波动率，测算国内价值链质量，具体计算公式如下：

$$qnvc1_j^m = \sum_{i \in m} \left[\frac{Va_i^m}{Labor_i^m} \times (1 - sdVaP_i^m) \times \frac{\hat{V}L\hat{Y}_{ij}^{mm}}{Y_j^m} \right] \quad (7-20)$$

本部分采用 $1 - sdVaP_i^m$ 衡量细分行业增加值率的稳定性。其中，$sdVaP_i^m$ 表示中国制造业 i 行业的增加值波动率，增加值波动率的计算方法参考前文式（7-11）—式（7-12），行业增加值数据根据世界投入产出数据计算得到。稳健性检验结果见表7-3第（1）—（2）列，其中，对外直接投资均显著为正，表明中国制造业对外直接投资显著提升了国内价值链质量。因此，在替换国内价值链质量的测算方法后，基准回归结果仍是稳健的。

此外，本部分在原有控制变量的基础上增加行业竞争强度（lnnumb），进一步检验模型的稳健性。本部分采用行业规模以上工业企业数量衡量行业竞争强度，数据来源于EPS数据库。行业中规模以上工业企业数量越多,表明该行业的市场竞争强度越高,行业提供的产品质量越高,该行业的国内价值链质量越高。表 7-3 中第(3)—(5)列对外直接投资仍然显著为正,表明制造业对外直接投资显著提升国内价值链效率、国内价值链稳定性的结论不变,验证了模型设定的稳健性。

表 7-3　　　　　　　　　稳健性检验结果

变量	替换被解释变量		增加控制变量		
	(1) lnqnvc1	(2) lnqnvc1	(3) lnqnvc	(4) lnefnvc	(5) lnstnvc
对外直接投资	0.024***	0.028***	0.115**	0.030***	0.076*
	(3.12)	(3.28)	(2.24)	(3.75)	(1.73)
研发投入		-0.002	-0.012	-0.001	-0.010
		(-0.65)	(-0.74)	(-0.41)	(-0.72)
资源投入		-0.023	-0.724*	-0.068	-0.610*
		(-0.38)	(-1.93)	(-1.16)	(-1.89)
资本投入		0.006	-0.003	0.006	-0.005
		(1.18)	(-0.12)	(1.26)	(-0.18)
行业利润		0.015	0.131	-0.002	0.108
		(1.10)	(1.50)	(-0.14)	(1.43)
中间品投入波动		0.008	-0.811***	0.006	-0.397***
		(0.74)	(-12.14)	(0.59)	(-6.88)
行业竞争强度			0.164	0.108***	0.113
			(0.81)	(3.41)	(0.65)
常数项	9.413***	9.450***	13.809***	8.884***	4.370
	(261.26)	(19.66)	(4.48)	(18.34)	(1.64)
控制行业	是	是	是	是	是
控制年份	是	是	是	是	是
样本量	174	157	157	157	157
R^2	0.913	0.907	0.838	0.915	0.673
F	184.166	103.777	52.480	107.625	22.124

注:*、**、***分别表示在10%、5%、1%的置信水平上显著,括号内为 t 值。

(二) 内生性处理

价值链质量较高的制造业如计算机通信制造业等更有可能进行对外

第七章 中国制造业对外直接投资对国内价值链质量影响的实证检验

直接投资，因此，本模型可能存在双向因果导致内生性问题。为了解决潜在的内生性问题，本部分采用 GMM 和 IV-2SLS 两种方法进行回归。回归结果见表 7-4，第（1）—（3）列为采用差分 GMM 的回归结果，本部分将 $sdBPL$ 的滞后 0—2 期作为工具变量，通过二阶自相关检验和 Hansen 检验；第（4）—（5）列为 IV-2SLS 的回归结果，将对外直接投资的滞后一期作为工具变量，通过不可识别和弱工具变量检验。两种方法的回归结果显示，核心解释变量都显著为正，对外直接投资显著提升了国内价值链质量及分指标国内价值链效率、国内价值链稳定性，与基准回归结果一致。

表 7-4　　　　　　　　　处理内生性后的检验结果

变量	GMM			IV-2SLS		
	(1) lnqnvc	(2) lnefnvc	(3) lnstnvc	(4) lnqnvc	(5) lnefnvc	(6) lnstnvc
对外直接投资	0.420***	0.088***	0.309***	0.070***	0.224***	0.309***
	(9.28)	(3.80)	(3.47)	(2.99)	(3.06)	(3.47)
研发投入	0.017	0.020***	0.038**	0.016***	0.018	0.038**
	(1.07)	(3.05)	(2.06)	(3.27)	(1.23)	(2.06)
资源投入	1.036*	1.464***	-0.353	0.406***	-0.688*	-0.353
	(1.94)	(4.39)	(-0.70)	(3.04)	(-1.66)	(-0.70)
资本投入	-0.012	-0.007	0.095***	0.020**	0.066**	0.095***
	(-0.55)	(-0.67)	(2.69)	(2.20)	(2.29)	(2.69)
行业利润	0.101	-0.096**	0.238**	0.001	0.212***	0.238**
	(1.61)	(-2.55)	(2.37)	(0.05)	(2.58)	(2.37)
中间品投入波动	-1.209***	-0.012	-1.205***	-0.053**	-0.669***	-1.205***
	(-32.57)	(-1.01)	(-14.17)	(-2.36)	(-9.60)	(-14.17)
被解释变量滞后一期	0.037***					
	(4.05)					
被解释变量滞后一期		-0.010				
		(-0.12)				
被解释变量滞后一期			0.080***			
			(2.81)			
样本量	123	123	123	140	140	140

续表

变量	GMM			IV-2SLS		
	(1)lnqnvc	(2)lnefnvc	(3)lnstnvc	(4)lnqnvc	(5)lnefnvc	(6)lnstnvc
R^2				0.698	0.288	0.515
F				57.844	14.382	28.646
AR(2)	0.316	0.177	0.233			
Hansen	0.671	0.568	0.671			
不可识别检验 LM值				64.122	64.053	64.051
LM P值				0.0000	0.0000	0.0000
弱工具变量检验 F值				63.703	63.558	63.554

注：*、**、***分别表示在10%、5%、1%的置信水平上显著，括号内为z或t值。

三 异质性检验

（一）投资东道国是否为发达国家

本部分按照中国对外直接投资的东道国是否为发达国家将对外直接投资分为逆梯度对外直接投资和顺梯度对外直接投资两类。回归结果见表7-5。第（1）—（3）列，核心解释变量逆梯度对外直接投资均显著为正，表明中国制造业对发达国家对外直接投资显著促进了国内价值链质量及分指标国内价值链效率、国内价值链稳定性的提升；第（4）—（6）列，核心解释变量顺梯度对外直接投资均不显著，表明中国制造业对发展中国家对外直接投资的国内价值链效应并不明显。发达国家经济实力较强，科研水平较高，中国对这些国家直接投资可以通过学习、模仿等途径提升国内中间品生产效率和中间品供应稳定性，从而促进国内价值链质量提升。此外，中国制造业对外直接投资面临发达东道国较强的市场竞争压力，倒逼投资母国通过增加研发投入等方式增强母国创新能力，因此中国制造业逆梯度对外直接投资可显著提升国内价值链质量。中国对发展中国家直接投资主要以获取自然资源或市场规模为主，受限于当地经济技术水平，中国制造业对外直接投资获得的研发溢出及高端服务要素投入较少，对国内产业内的制造业升级效应和产业间的制造业服务化效应影响有限，因此，对国内价值链质量的提升作用不明显。

表 7-5　　　　　　投资东道国是否为发达国家的分组结果

变量	逆梯度对外直接投资			顺梯度对外直接投资		
	（1）lnqnvc	（2）lnefnvc	（3）lnstnvc	（4）lnqnvc	（5）lnefnvc	（6）lnstnvc
对外直接投资	0.120**	0.029***	0.079*	0.002	−0.021	0.005
	(2.43)	(3.66)	(1.87)	(0.02)	(−1.39)	(0.06)
研发投入	−0.012	−0.001	−0.010	−0.021	−0.003	−0.016
	(−0.77)	(−0.47)	(−0.74)	(−1.30)	(−1.02)	(−1.17)
资源投入	−0.664*	−0.024	−0.569*	−0.565	0.011	−0.497
	(−1.84)	(−0.40)	(−1.83)	(−1.51)	(0.18)	(−1.55)
资本投入	−0.005	0.006	−0.006	−0.025	0.005	−0.023
	(−0.17)	(1.17)	(−0.22)	(−0.80)	(0.95)	(−0.84)
行业利润	0.154*	0.014	0.124*	0.160*	0.017	0.127*
	(1.91)	(1.10)	(1.78)	(1.87)	(1.15)	(1.74)
中间品投入波动	−0.810***	0.008	−0.395***	−0.784***	0.011	−0.378***
	(−12.20)	(0.70)	(−6.90)	(−11.48)	(0.97)	(−6.46)
常数项	14.756***	9.457***	5.019**	14.614***	9.284***	4.920*
	(5.10)	(20.04)	(2.01)	(4.81)	(18.00)	(1.89)
控制行业	是	是	是	是	是	是
控制年份	是	是	是	是	是	是
样本量	157	157	157	151	151	151
R^2	0.840	0.910	0.676	0.830	0.896	0.668
F	56.701	107.400	23.855	51.039	88.035	22.295

注：*、**、***分别表示在10%、5%、1%的置信水平上显著，括号内为t值。

（二）按照行业技术高低分组

本章根据对外直接投资 ISIC rev.3 制造业分类标准，将所有样本按照行业技术水平的不同分为中高、高技术行业和低、中低技术行业两组①，简称高技术行业和中低技术行业。表 7-6 第（1）—（3）列为高技术行业分组，对外直接投资并不显著，表明中国高技术制造业对外直接投资

---

① 高技术行业包括化学品和化学产品的制造，基础药物产品和药物制剂制造，计算机制造，电子和光学产品制造，电气设备制造，机械设备制造，汽车、拖车和半挂车制造，其他运输设备制造共 7 个细分行业，其余细分行业为中低技术行业。

对国内价值链质量及分指标国内价值链效率、国内价值链稳定性的促进作用并不明显。出现这种现象的主要原因在于：第一，高技术行业的技术提升门槛较高，而对外直接投资的逆向技术溢出在短时间内无法提升创新技术水平，中间品生产效率提升作用有限，对国内价值链质量及效率、稳定性的提升作用不明显；第二，中国的高技术行业对外直接投资，如信息与电子通信行业，以海外建立分销机构的市场寻求为主，获得的逆向技术溢出较少。此外，高技术制造业正是美国等国家对中国实施技术封锁的主要对象，尤其是2015年以后，以美国为首的发达国家开始加强对新兴技术领域的投资、贸易等方面的安全审查，中国获得的技术溢出有限。第（4）—（5）列为中低技术行业分组，对外直接投资均在1%的置信水平上显著为正，表明中国中低技术行业对外直接投资显著提升了国内价值链质量，对国内价值链效率的提升作用同样明显。中国制造业中的中低技术行业技术提升空间比较大，中国制造业对外直接投资可获取国外高水平的知识溢出，国内技术水平提升门槛低、技术吸收转化率较高，较容易提升国内中间品生产率，从而提高国内价值链质量，尤其是国内价值链效率的提升。

表 7-6　　　　　　　　　　按照技术高低的分组结果

变量	高技术行业			中低技术行业		
	(1) lnqnvc	(2) lnefnvc	(3) lnstnvc	(4) lnqnvc	(5) lnefnvc	(6) lnstnvc
对外直接投资	−0.000	0.004	−0.001	0.266**	0.112***	0.125
	(−0.00)	(0.60)	(−0.02)	(2.33)	(5.95)	(1.21)
研发投入	0.027	0.001	0.024	−0.012	0.008**	−0.016
	(0.87)	(0.32)	(0.97)	(−0.51)	(2.12)	(−0.79)
资源投入	0.714	0.106	0.525	−0.913*	−0.095	−0.714*
	(0.86)	(1.20)	(0.79)	(−1.96)	(−1.23)	(−1.69)
资本投入	−0.027	−0.001	−0.018	0.025	0.021***	0.011
	(−0.49)	(−0.14)	(−0.42)	(0.62)	(3.20)	(0.29)
行业利润	−0.048	0.041**	−0.060	0.172*	−0.024	0.159*
	(−0.26)	(2.09)	(−0.41)	(1.79)	(−1.50)	(1.82)
中间品投入波动	−0.973***	−0.015	−0.525***	−0.790***	0.010	−0.371***
	(−8.34)	(−1.19)	(−5.61)	(−8.16)	(0.62)	(−4.22)

续表

变量	高技术行业			中低技术行业		
	(1)lnqnvc	(2)lnefnvc	(3)lnstnvc	(4)lnqnvc	(5)lnefnvc	(6)lnstnvc
常数项	5.151 (0.83)	8.426*** (12.78)	-2.642 (-0.53)	16.365*** (4.23)	9.836*** (15.34)	6.086* (1.73)
控制行业	是	是	是	是	是	是
控制年份	是	是	是	是	是	是
样本量	58	58	58	99	99	99
R^2	0.845	0.958	0.697	0.849	0.919	0.682
F	22.110	88.659	10.162	38.258	75.340	15.692

注：*、**、***分别表示在10%、5%、1%的置信水平上显著，括号内为t值。

（三）投资主体是否为国有企业

本部分按照对外直接投资主体是否为国有企业进行分组。由于尚无制造业细分行业的国有企业和非国有企业对外直接投资数据，本章采用《中国对外直接投资统计公报》中对外直接投资整个行业的国有企业或非国有企业占比数据①进行映射。检验结果见表7-7，在国有企业对外直接投资分组中，核心解释变量均显著为正，而非国有企业对外直接投资分组中，仅在被解释变量为国内价值链效率时核心解释变量显著为正，表明与非国有企业对外直接投资相比，国有企业对外直接投资的国内价值链质量提升效应更明显，其对分指标国内价值链效率、国内价值链稳定性的提升作用同样显著。国有企业对外直接投资依靠政策倾斜获取竞争优势，无论在资金来源还是在投资行业等方面都得到切实保障。此外，国有企业所有权和经营权分离，获得政策和金融支持后具有较高的风险偏好，高风险高收益，国有企业对外直接投资收益越多，国有企业的研发投入和创新产出越多（刘和旺等，2015），因此，国有企业对外直接投资的国内价值链质量提升作用更显著。国有企业对外直接投资的国内价值链质量提升效应主要体现在国内价值链稳定性的提升上，与非国有企业相比，国有企业更倾向于采取试探性和防御性的战略（Peng et al., 2004），其对外直接投资依靠政府有掌握更多关键性研发资源和信息的优

---

① 2009—2018年中国对外直接投资国有成分占比分别为69.2%、66.2%、62.7%、59.8%、55.2%、53.6%、50.4%、54.3%、49.1%、48.0%。

势,降低了生产研发的不确定性,提高了国有企业对外直接投资的国内价值链稳定性。然而,在国内价值链效率提升方面,非国有企业的国内价值链效率提升效应更加明显。非国有企业对外直接投资以追求市场利润为主,追求资本效益最大化和企业可持续发展,投资于技术创新的激励较大,而且非国有企业具有较强的经营灵活性和产品升级、工艺升级、流程升级及功能升级的自主权,其对国内价值链效率的提升效应更加明显。

表 7-7　　按照是否为国有企业对外直接投资的分组结果

变量	国有企业对外直接投资			非国有企业对外直接投资		
	(1) lnqnvc	(2) lnefnvc	(3) lnstnvc	(4) lnqnvc	(5) lnefnvc	(6) lnstnvc
对外直接投资	0.167**	0.039***	0.117*	0.229	0.064***	0.128
	(2.31)	(3.29)	(1.88)	(1.57)	(2.67)	(1.02)
研发投入	−0.012	−0.001	−0.010	−0.013	−0.001	−0.011
	(−0.77)	(−0.50)	(−0.73)	(−0.82)	(−0.50)	(−0.81)
资源投入	−0.638*	−0.015	−0.558*	−0.617*	−0.017	−0.522
	(−1.77)	(−0.26)	(−1.80)	(−1.67)	(−0.29)	(−1.65)
资本投入	0.000	0.007	−0.002	−0.008	0.005	−0.007
	(0.00)	(1.40)	(−0.09)	(−0.27)	(0.97)	(−0.29)
行业利润	0.149*	0.013	0.120*	0.165**	0.018	0.128*
	(1.85)	(1.00)	(1.74)	(2.00)	(1.31)	(1.81)
中间品投入波动	−0.810***	0.008	−0.396***	−0.806***	0.008	−0.393***
	(−12.17)	(0.69)	(−6.91)	(−11.99)	(0.75)	(−6.80)
常数项	14.514***	9.388***	4.891*	14.522***	9.429***	4.778*
	(5.02)	(19.78)	(1.97)	(4.93)	(19.42)	(1.88)
控制行业	是	是	是	是	是	是
控制年份	是	是	是	是	是	是
样本量	157	157	157	157	157	157
R^2	0.839	0.908	0.676	0.836	0.906	0.670
F	56.406	105.241	23.867	54.965	102.127	23.236

注:*、**、***分别表示在10%、5%、1%的置信水平上显著,括号内为 t 值。

(四)不同类型对外直接投资影响检验

本部分参照徐国祥和张正(2020)的做法,按照《中国企业境外投资机构名录》中企业对外直接投资行业信息，将中国制造业对外直接投资划分为垂直型对外直接投资和水平型对外直接投资两部分。由于《中国企业境外投资机构名录》仅更新到 2015 年，因此，本部分仅统计了 2009—2015 年中国企业垂直型对外直接投资和水平型对外直接投资的投资次数。具体统计方法是：首先将《中国企业境外投资机构名录》的企业经营行业中包含"制造""生产""加工制造"等关键词的企业对外直接投资信息挑选出来，然后手工统计垂直型对外直接投资和水平型对外直接投资次数[①]。本章根据企业垂直型对外直接投资次数、水平型对外直接投资次数占比，计算中国制造业两种不同类型对外直接投资，具体公式如下：

$$ofdi\_hspv_{kt} = \frac{m_t}{N_t} \times ofdi\_hsp_{kt} \tag{7-21}$$

$$ofdi\_hsph_{kt} = \frac{n_t}{N_t} \times ofdi\_hsp_{kt} \tag{7-22}$$

式（7-21）中，$ofdi\_hspv_{kt}$ 表示第 t 年制造业细分 k 行业垂直型对外直接投资，m_t 表示第 t 年企业进行垂直型对外直接投资的次数，N_t 表示第 t 年制造业企业对外直接投资总次数。式（7-22）中，$ofdi\_hsph_{kt}$ 表示第 t 年制造业细分 k 行业水平型对外直接投资，n_t 表示第 t 年企业进行水平型对外直接投资的次数。

垂直型对外直接投资和水平型对外直接投资对国内价值链质量及分指标影响的检验结果见表 7-8。第（1）—（3）列中，核心解释变量均显著为正，表明垂直型对外直接投资显著提升了国内价值链质量，对分指标国内价值链效率、国内价值链稳定性的提升作用同样显著。第（4）—（6）列中，核心解释变量均显著为正，表明水平型对外直接投资同样显著提升了国内价值链质量。由回归系数可知，水平型对外直接投资的国内价值链质量提升效应更大，主要表现在其对国内价值链效率的提升作用。水平型对外直接投资主要以服务东道国市场为主，将产品内分工完全转移到东道国，可充分学习东道国先进的工艺流程，获得国外研发劳动力和资本溢出，提高中间品生产效率，此外，企业可直接根据

---

① 垂直型对外直接投资与水平型对外直接投资的划分参照 Engel 和 Procher（2012）、杨连星等（2019）的研究，前者具体包括矿产资源开采对外直接投资项目、以转口贸易为主在东道国设立子公司的投资项目等，后者具体包括在东道国设立的市场销售类投资项目等。

东道国市场需求调整产品生产流程,促进产品质量的提高。而垂直型对外直接投资主要利用东道国的低价劳动力或者提供的转运贸易,获得的高质量国外研发溢出或高端服务要素投入相对较少。

表7-8 垂直型对外直接投资和水平型对外直接投资的分组结果

变量	垂直型对外直接投资			水平型对外直接投资		
	(1)lnqnvc	(2)lnefnvc	(3)lnstnvc	(4)lnqnvc	(5)lnefnvc	(6)lnstnvc
对外直接投资	0.1216**	0.0156**	0.0912**	0.1219***	0.0168**	0.0906**
	(2.63)	(2.25)	(2.38)	(2.69)	(2.46)	(2.41)
研发投入	-0.0104	-0.0002	-0.0092	-0.0103	-0.0001	-0.0092
	(-0.67)	(-0.07)	(-0.72)	(-0.66)	(-0.06)	(-0.71)
资源投入	-1.0940***	-0.0867	-0.8745***	-1.0788***	-0.0866	-0.8620***
	(-2.91)	(-1.53)	(-2.80)	(-2.88)	(-1.54)	(-2.77)
资本投入	-0.0098	0.0033	-0.0059	-0.0083	0.0035	-0.0048
	(-0.34)	(0.76)	(-0.25)	(-0.29)	(0.82)	(-0.20)
行业利润	0.0642	0.05767***	0.0063	0.0619	0.0572***	0.0046
	(0.73)	(4.36)	(0.09)	(0.71)	(4.35)	(0.06)
中间品投入波动	-0.7207***	-0.0153	-0.3127***	-0.7236***	-0.0156	-0.3149***
	(-11.16)	(-1.57)	(-5.84)	(-11.23)	(-1.61)	(-5.89)
常数项	19.132***	9.786***	8.442***	18.9504***	9.7724***	8.2984***
	(6.27)	(21.26)	(3.34)	(6.25)	(21.44)	(3.30)
控制行业	是	是	是	是	是	是
控制年份	是	是	是	是	是	是
样本量	110	110	110	110	110	110
R^2	0.808	0.940	0.569	0.809	0.941	0.570
F	40.697	145.113	14.410	40.847	146.930	14.439

注:**、***分别表示在5%、1%的置信水平上显著,括号内为t值。

四 机制检验

中国制造业对外直接投资是如何提升国内价值链质量的呢?前文从技术创新、制造业服务化两个角度进行了理论分析,本部分将采用中介效应模型进行实证检验。参照温忠麟等(2004)的研究,设置如下模型:

$$M_{it} = \rho_0 + \rho_1 \ln ofdi\_hsp_{kt} + \pi X_{kt} + \varepsilon_{kt} \tag{7-23}$$

$$\ln qnvc_{kt} = \delta_1 M_{kt} + \delta_2 \ln ofdi\_hsp_{kt} + \tau X_{kt} + \varepsilon_{kt} \qquad (7-24)$$

其中，M_{it} 表示中介变量，具体指技术创新、制造业服务化两个变量。由于本部分的技术创新传导路径主要通过制造业升级来体现，因此采用行业增加值率（lnvago）作为技术创新的代理变量，行业增加值率越高，表明总投入中增加值占比越大，也就是说总投入中创造的价值越高，行业技术创新越高（霍经纬、田成诗，2021）；行业增加值率采用制造业细分行业增加值与总投入的比例衡量，数据根据 ADB 投入产出表计算得到。关于制造业服务化的衡量，本部分参照聂飞（2020），计算了 ADB 投入产出表中 C3-C16 制造业细分行业（14 个行业）的服务化程度，具体采用 $\hat{V}B\hat{Y}$ 矩阵中服务业的增加值与服务业和制造业增加值的比例衡量。计算公式如下：

$$Servicier = \frac{\sum_{i=1}^{44}\sum_{d=17}^{35} v_i^{ind} b_{ichina}^{dm} Y_{China}^{d}}{\sum_{i=1}^{44}\sum_{d=17}^{35} v_i^{ind} b_{ichina}^{dm} Y_{China}^{d} + \sum_{i=1}^{44}\sum_{d=3}^{16} v_i^{ind} b_{ichina}^{dm} Y_{China}^{d}} \qquad (7-25)$$

其中，$Servicier$ 表示制造业服务化程度，m 表示制造业细分行业，d 表示行业排序，i 表示国家。本部分采用 ADB 投入产出数据进行计算，其中制造业为 C3-C16，服务业为 C17-C35[①]。根据式（7-25），计算得到 14 个制造业细分行业的服务化程度。本部分按照 2014 年 WIOD 制造业 18 个行业的总产出占比，将 ADB 划分的 14 个行业的服务化程度拆分为 18 个 WIOD 制造业细分行业，以便与前文数据进行合并。

以技术创新作为中介变量的回归结果见表7-9。第（1）列中，技术创新为被解释变量，核心解释变量在1%的显著水平上为正，表明中国制造业对外直接投资显著提升了制造业技术创新水平。第（2）—（4）列中，被解释变量分别为国内价值链质量及分指标国内价值链效率、国内价值链稳定性，将技术创新加入回归模型，技术创新均显著为正，表明对外直接投资通过技术创新显著促进了国内价值链质量及分指标国内价值链效率、国内价值链稳定性的提升。

---

① 具体行业包括：电、气、水供应；建筑；汽车、摩托车销售、维修、保养；燃油零售；批发贸易和委托贸易（机动车、摩托车除外）；零售行业（机动车、摩托车除外）；家居用品修理；酒店和餐馆；内陆运输；水路运输；航空运输；其他辅助运输活动；旅行社的活动；邮电；金融中介；房地产活动；租赁机电设备等经营活动；公共管理和国防；强制性的社会保险；教育；卫生和社会工作；其他社区、社会和个人服务；有雇员的私人住户。

表 7-9　　技术创新作为中介变量的回归结果

变量	技术创新	质量	效率	稳定性
	(1)ln*vago*	(2)ln*qnvc*	(3)ln*efnvc*	(4)ln*stnvc*
对外直接投资	0.410***	0.146**	0.031	0.100**
	(4.63)	(2.45)	(1.58)	(2.15)
技术创新		0.263***	0.038**	0.191***
		(4.86)	(2.13)	(4.48)
研发投入	0.089***	0.016	0.015**	0.000
	(3.17)	(0.86)	(2.50)	(0.03)
资源投入	−0.480	0.187	0.555***	−0.331
	(−0.74)	(0.46)	(4.20)	(−1.04)
资本投入	0.233***	0.030	0.021*	0.013
	(4.37)	(0.85)	(1.77)	(0.46)
行业利润	0.427***	0.259***	0.054*	0.180**
	(2.89)	(2.73)	(1.75)	(2.41)
中间品投入波动	−0.738***	−0.949***	−0.059**	−0.462***
	(−6.69)	(−11.92)	(−2.29)	(−7.37)
常数项	−4.476	6.916**	4.268***	2.688
	(−0.88)	(2.16)	(4.10)	(1.07)
控制行业	是	是	是	是
控制年份	是	是	是	是
样本量	157	157	157	157
R^2	0.482	0.753	0.446	0.585
F	27.998	71.458	21.394	34.903

注：*、**、***分别表示在10％、5％、1％的置信水平上显著，括号内为t值。

制造业服务化程度作为中介变量的结果见表 7-10。第（1）列中，制造业服务化为被解释变量，核心解释变量在 10% 的置信水平上显著为正，表明中国制造业对外直接投资显著促进了制造业服务化，该结论与聂飞（2020）的研究一致。第（2）—（4）列，中介变量制造业服务化程度均在 1% 的置信水平上显著为正，表明中国制造业对外直接投资通过制造业服务化提升了国内价值链质量及分指标国内价值链效率、国内价值链稳定性。制造业服务化通过高端服务要素投入可降低企业经营成本，提高企业中间品生产效率，保障中间品供应稳定性，促进国内价值链质量及分指标的提升。此外，制造服务化可提升产品质量和产品复杂度（刘斌等，2016），增加行业间的生产关联，促进国内价值链质量及分指标的提升。

表 7-10　　　　　　　　制造业服务化作为中介变量的回归结果

变量	制造业服务化 （1）Servicer	质量 （2）lnqnvc	效率 （3）lnefnvc	稳定性 （4）lnstnvc
对外直接投资	0.006* (1.74)	0.215*** (3.82)	0.030* (1.88)	0.159*** (3.47)
制造业服务化		6.087*** (4.67)	2.553*** (6.94)	3.098*** (2.92)
研发投入	0.002* (1.87)	0.026 (1.44)	0.013** (2.50)	0.011 (0.73)
资源投入	0.036 (1.35)	−0.161 (−0.39)	0.444*** (3.84)	−0.535 (−1.61)
资本投入	0.005** (2.37)	0.060* (1.74)	0.016 (1.64)	0.041 (1.47)
行业利润	0.012* (1.87)	0.301*** (3.21)	0.041 (1.54)	0.226*** (2.95)
中间品投入波动	−0.026*** (−5.56)	−0.987*** (−12.84)	−0.022 (−1.01)	−0.523*** (−8.36)
常数项	−0.224 (−1.05)	7.101** (2.21)	4.671*** (5.14)	2.527 (0.96)
控制行业	是	是	是	是
控制年份	是	是	是	是
样本量	157	157	157	157
R^2	0.297	0.750	0.580	0.551
F	14.805	70.408	34.235	30.820

注：*、**、*** 分别表示在10%、5%、1%的置信水平上显著，括号内为t值。

第五节　本章小结

对外直接投资作为连接国内外循环的桥梁，可实现"外循环"赋能"内循环"的重要战略功能，研究中国制造业对外直接投资对国内价值链质量的影响具有重要的实践意义。在逆全球化加剧等因素的影响下，国内价值链的安全与稳定性受到负面冲击，国内价值链质量的实现不仅要考虑效率问题，更要考虑稳定性问题。本章拓展了国内价值链质量的内涵，将效率和稳定性统一纳入国内价值链质量指标，测算了2009—2018年中国制造业18个细分行业的国内价值链质量及分指标国内价值链效率、国内价值链稳定性数据，同时测算了对外直接投资的国外研发溢出作为制造业对外直接投资的代理变量，实证检验了中国制造业对外直接投资对国内价值链质量的影响及机制，并按照对外直接投资东道国经济发展程度不同、行业技术水平高低、投资主体属性不同、投资目的不同进行了异质性检验。主要结论包括：第一，中国制造业对外直接投资显著提升了国内价值链质量，对分指标国内价值链效率、国内价值链稳定性的促进作用同样明显，即中国制造业对外直接投资具有显著的"强链"和"固链"效应，通过替换被解释变量、增加控制变量、处理内生性等稳健性检验后结果依然显著。第二，中国制造业对外直接投资的国内价值链质量提升效应主要通过技术创新和制造业服务化两条途径实现，技术创新主要带来的是制造业产业内升级，制造业服务化主要带来是高端服务要素投入增加，从而提升国内价值链质量。第三，不同类型对外直接投资对国内价值链质量的提升效应不同，投资到发达国家的逆梯度对外直接投资、中低技术行业对外直接投资、投资主体为国有企业的对外直接投资、水平型对外直接投资的国内价值链质量提升效应更加明显。提升国内价值链质量对于实现产业链和供应链现代化建设、构建国内国际双循环新发展格局及推动中国经济高质量发展具有重要现实意义。

第八章 结论、对策建议与研究展望

第一节 主要结论

在当前不确定性、不稳定性加剧的世界经济环境下,全球价值链稳定性已经替代全球价值链效率成为国际贸易领域关注的焦点问题。本书构建充分考虑全球价值链稳定性的全球价值链质量测算指标与方法,主要研究了对外直接投资对全球价值链质量的影响。主要内容包括:第一,在梳理文献的基础上理论分析了对外直接投资对全球价值链质量影响的机制,并分别建立理论模型分析对外直接投资对全球价值链效率、全球价值链稳定性的影响。第二,构建了包括全球价值链效率和全球价值链稳定性两方面内容的全球价值链质量测算指标与方法,采用 Julia 高性能动态编程设计语言和 ADB-MRIO 投入产出数据库,测算了 2009—2019 年包括 63 个国家或地区、35 个行业的全球价值链效率、稳定性及质量数据,此外,测算了中国制造业行业层面的国内价值链质量并进行了统计分析。第三,分别从国别、中国总体、中国制造业细分行业三个层面建立实证模型考察对外直接投资对全球价值链质量的影响。其中,在国别层面,采用世界 61 个国家或地区的总体对外直接投资数据,检验对外直接投资对母国全球价值链质量的影响;在中国总体层面,采用中国与 61 个东道国或地区的对外直接投资数据,检验中国对外直接投资对东道国或地区的全球价值链质量、双边价值链质量的影响;在中国制造业细分行业层面,测算了制造业 18 个细分行业的逆向技术溢出作为对外直接投资的代理变量,检验了中国制造业对外直接投资对国内价值链质量的影响。

本书得到以下主要结论。

第一，全球价值链质量测算结果分析发现：从国别层面来看，瑞士、文莱、加拿大、挪威、卢森堡、澳大利亚、丹麦、德国等国家全球价值链质量较高，而柬埔寨、孟加拉国、哈萨克斯坦、吉尔吉斯斯坦、斯里兰卡、老挝、不丹、尼泊尔等国家全球价值链质量较低。国内价值链质量国家排名与全球价值链质量排名基本一致，但部分国家存在区别，如挪威的全球价值链质量高于卢森堡的全球价值链质量，而国内价值链质量则相反，表明与卢森堡相比挪威进行更多的中间品贸易。从区域层面来看，北美、欧盟、东亚、东南亚及其他地区的全球价值链质量依次降低，国内价值链质量与全球价值链质量排名一致，该结果与实际情况一致，北美、欧盟地区以发达经济体为主，技术创新程度较高，可以提供高质量的中间品，全球价值链质量和国内价值链质量均较高，而东南亚地区、西亚地区以发展中经济体为主，国家内部技术创新程度、劳动生产率较低，因此，其参与全球价值链质量、国内价值链质量也较低。从时间维度来看，全球价值链质量与国内价值链质量趋势一致，欧盟、东亚、东南亚及其他地区的全球价值链质量和国内价值链质量发展比较平稳，而北美地区分别在2013年和2017年出现两次峰值，主要是美国页岩气革命和美国"制造业回流"引起的。

第二，对外直接投资对全球价值链质量影响的理论分析发现：对外直接投资主要通过逆向技术溢出、边际产业转移等促进母国技术进步、产业转型升级，从而提升母国中间品质量和国家间生产关联密切度，提升全球价值链效率；对外直接投资主要通过地理多元化、价值链重构等降低退出全球价值链风险，建立备选价值链，从而提升全球价值链稳定性；对外直接投资从价值链效率提高和价值链稳定性提高两个方面促进全球价值链质量的提高。不同类型对外直接投资影响全球价值链质量的路径存在差异。此外，本书从微观层面建立理论模型分析对外直接投资促进全球价值链质量提升的可行性：首先建立理论模型分析对外直接投资逆向技术溢出促进产品质量提升的可行性，然后分析面对环境风险，多元化对外直接投资降低企业经营风险的可行性。

第三，对外直接投资对母国全球价值链质量影响的实证分析发现：一国对外直接投资显著地促进了其参与全球价值链的质量，采用IV-2SLS、系统GMM处理内生性和替换控制变量后，结果依然显著；在异质性检验中，发达国家对外直接投资的全球价值链质量提升效应更加明显；

无论是"一带一路"沿线国家还是非"一带一路"沿线国家,对外直接投资均提升了其参与全球价值链的质量,但是"一带一路"沿线国家对外直接投资的全球价值链效率提升效应不明显;机制检验发现,对外直接投资通过提升母国技术水平、优化产业结构、贸易促进效应等提升了母国全球价值链质量,对外直接投资通过提升母国中间品生产效率促进了母国全球价值链质量的提升,对外直接投资通过提升全球价值链效率、全球价值链稳定性促进了母国全球价值链质量的提升,对外直接投资还通过提升国内价值链质量、国内价值链效率、国内价值链稳定性促进母国全球价值链质量的提升。

第四,中国对外直接投资对全球价值链质量影响的实证分析发现:其一,在中国对外直接投资对东道国全球价值链质量影响方面,中国对外直接投资显著地提升了东道国全球价值链质量,尤其是对东道国全球价值链效率、全球价值链稳定性的提升。中国对外直接投资对国内价值链质量及效率、稳定性两个分指标的促进作用同样明显。分组检验中,与顺梯度对外直接投资相比,中国逆梯度对外直接投资对东道国全球价值链质量的提升效应更明显;中国顺梯度对外直接投资和逆梯度对外直接投资对东道国全球价值链效率的促进作用均显著;中国逆梯度对外直接投资提高了东道国全球价值链稳定性,但是顺梯度对外直接投资对东道国全球价值链稳定性的作用不明显;中国顺梯度对外直接投资与逆梯度对外直接投资对东道国国内价值链的影响与对东道国全球价值链的影响结论一致。中国对"一带一路"沿线对外直接投资促进了东道国全球价值链质量、全球价值链稳定性及国内价值链质量、国内价值链稳定性。中国研究开发型、生产型、资源获取型三种不同类型对外直接投资显著促进了东道国全球价值链质量的提升。此外,中国对外直接投资对东道国全球价值链质量影响具有积极空间外溢效应。其二,在中国对外直接投资对双边价值链质量影响方面,中国对外直接投资显著促进了双边价值链质量和双边价值链稳定性的提升;分组检验中,中国逆梯度对外直接投资促进了双边价值链质量、双边价值链稳定性的提升,而顺梯度对外直接投资对双边价值链质量和稳定性的促进作用不明显;中国对"一带一路"沿线直接投资显著促进了双边价值链质量的提升;中国对外直接投资不仅促进了中国与东道国双边价值链质量的提升,而且对中国与东道国邻近国家或地区的双边价值链质量也具有促进作用。

第五，中国制造业对外直接投资对国内价值链质量影响的实证分析发现：总体来看，中国制造业对外直接投资显著提升了国内价值链质量及分指标国内价值链效率、国内价值链稳定性；不同类型制造业对外直接投资的"强链"和"固链"效应存在差别，逆梯度对外直接投资、中低技术行业对外直接投资、国有企业对外直接投资及水平型对外直接投资对国内价值链质量的提升效应更加明显；中国制造业对外直接投资的国内价值链质量提升效应主要通过技术创新和制造业服务化两条途径实现。

第二节　对策建议

一　全球价值链质量提升的政策建议

根据以上结论，我们提出促进全球价值链质量提升的对策建议。

（一）鼓励对外直接投资，强化一国参与全球价值链质量

通过本书研究发现，对外直接投资可显著促进一国参与全球价值链和国内价值链质量，无论是对于发达国家还是对于发展中国家。近年来逆全球化不断加剧，大多数发达国家以国家安全为由强化了其对外国投资战略性新兴产业的审查，增加了发展中国家对外直接投资的难度。此外，新冠疫情的发生，对全球对外直接投资造成严重负面影响，增加了全球对外直接投资前景的不确定性。在这种复杂的国际经济形势下，对外直接投资面临较大挑战，各国政府应该制定相关投资政策鼓励企业勇于"走出去"。第一，政府应该提供税收优惠、费用减免等政策措施，鼓励企业向疫情控制较好的国家对外直接投资，从而强化国家间的贸易关联，促进全球价值链质量提升。第二，鼓励国内战略性新兴产业在发达国家直接投资的同时，考虑向消费市场较大的发展中国家进行投资。第三，政府投资促进机构应该及时提供疫情防护、国外投资安全等知识科普和相关服务，为企业对外直接投资提供疫情安全保障。第四，吸引外商直接投资有助于促进国内对外直接投资（李磊等，2018），因此，政府通过促进投资便利化、增强投资激励等措施在吸引外商投资的同时，促进了对外直接投资，企业可以优先对外商直接投资较多来源国进行直接投资。

在疫情环境下，首先，企业应该慎重选择对外直接投资目的地，医疗卫生条件优越、政治经济发展稳定、技术创新能力较高的东道国是海外投资的优质选择，这些国家可以保障投资的安全性和稳健性，同时可强化国家嵌入全球价值链的程度。其次，跨国企业应该加强公司治理，尤其是在不稳定、不确定剧增的国际经济环境下，为应对疫情形势，跨国公司应该详细了解对外直接投资东道国的疫情形势，具备较好的疫情影响预判能力，根据市场需要及时止损，如在疫情期间很多跨国公司将主营业务转向疫情防护、健康医疗等产品的生产销售。此外，对外直接投资的多元化有助于提高全球价值链的稳定性，企业可以通过地理位置多元化的投资方式分散企业经营风险，提高企业抵抗外部环境风险的能力。

（二）加强国内技术创新，提高企业中间产品质量

研究发现，全球价值链质量较高的国家大部分是技术创新程度较高的国家。要提高全球价值链质量，需要一国加强技术创新，通过技术创新提高中间产品质量。当前正处于第四次工业革命阶段（工业4.0），技术创新是提高国家全球竞争力的重要推动力。通过技术创新，提升产业的国际竞争力，将科技成果快速应用到制造业发展中，实现制造业的智能化，采用高效、精准、智慧的生产方式提高产品生产效率和中间品质量。首先，政府部门应该制定知识产权保护相关法律制度，强化知识产权保护的重要性，同时出台相关政策鼓励研发投入和加强高技能创新人才的引进力度，大力支持"产学研用"相结合，充分发挥行业协会、科研机构、高校等在技术创新成果转化中的重要作用。政府应该鼓励数字技术人才的培养，通过对外直接投资方式引进国外先进技术人才，同时升级国内教育培养体系，以产业需求为主导构建国内研发人才培养方式。其次，政府引导企业加强对人工智能、5G通信技术、物联网技术、3D打印技术、虚拟数字技术等新技术的研发，推动新技术与贸易的有机融合，加快培育贸易发展新动能。最后，政府应该为企业投融资提供有利条件，当前企业尤其是中小企业的融资存在一定困难，政府应该规范投融资机构，开辟中小企业专用融资渠道，为中小企业融资提供便利条件。

制造业企业是全球价值链的参与主体，企业通过技术创新提高生产率和产品质量能够有效提高一国参与全球价值链质量。第一，企业提高技术创新能力的主要途径是加大研发投入和引入高技能人才，此外，大

型跨国企业加强技术寻求型对外直接投资，通过海外建立研发机构等方式提高母国企业的技术创新。第二，通过进口高质量产品，模仿学习新技术、新工艺，也可以促进企业技术创新能力。第三，企业还可以与外商直接投资企业建立合作生产模式，在自主研发的基础上，用本地"资源"换国外"技术"，积极吸收利用外资的先进技术并转化为本土企业所需，在合作中增强企业技术创新能力，提高中间品供应质量，增强企业生产高附加值产品的能力。

（三）供应链数字化助力全球价值链的稳定性

随着信息技术的发展，供应链数字化成为提高供应链效率和稳定性的重要方式。采用大数据、物联网、人工智能等先进技术，建立数字平台，实现供应链从"链"到"网"的转变，构建供应链生态系统，提高供应链整体效率。数字技术的应用，有助于将传统的供应链升级为智能化供应链系统，以提高供应链的灵活度和稳健性，降低生产过程的不确定性、信息传递的不确定性及运输配送环节的不确定性。网状数字化供应链为企业提供多样化的生产采购，可分散单一采购商带来的潜在风险，有助于提高全球价值链的稳定性。第一，政府应通过提供补贴、税收减免等方式全面推广供应链数字化升级，尤其是在产业集聚集中的地区，如国内自贸区、经济特区等。第二，政府应加强通信网络、计算机设备等数字基础设施的建设，为供应链数字化全面推广建立通信和设备基础。第三，制定相关数字经济方面的法律制度，鼓励知识共享、保护信息安全。

（四）构建区域价值链，维持全球价值链的稳定性

逆全球化阻碍了全球价值链的发展，根据《2020年世界投资报告》，2010年以后全球价值链贸易增长放缓，全球价值链生产模式正在发生改变，价值链缩短、增加值集聚及外商直接投资减少是当前国际生产的新趋势。新冠疫情的暴发，对全球价值链造成巨大冲击，甚至出现"断链"。这些新发展趋势对于发展中国家来说是很大的挑战，毕竟以往发展中国家的快速发展都依赖于外商直接投资以提高其在全球价值链中的参与度和增加值获利能力。面对这些挑战，发展中国家应该充分发挥其比较优势，通过对外直接投资的方式主导构建区域价值链，降低疫情发生后外商直接投资下降带来的贸易利益损失。区域价值链的构建有利于维持全球价值链的稳定性。区域间经济合作、产业政策及投资是构建区域

价值链的必要条件（UNCTAD，2020）。各国政府部门应该加强国家间的经济合作，如通过共建"一带一路"的方式加强国家间的经贸往来；根据比较优势，制订地区重点发展产业规划，鼓励产业集聚发展，同时培育一批外贸集聚区；政府应引导企业在满足国内市场的同时，通过商贸服务型对外直接投资的方式开拓国际市场，提高产品在国际市场上的知名度和占有率，积极引导构建区域价值链。

（五）保持开放贸易，营造良好的贸易与投资环境

各国只有保持开放贸易，营造良好的贸易与投资环境，提高贸易与投资的便利化程度，才能提高其参与全球价值链质量。放宽外商直接投资的负面清单，积极推进贸易便利化；通过签订自贸协定营造良好的贸易与投资环境，如最新签订的《区域全面经济伙伴关系协定》（RCEP）对于建设开放型世界经济、推动贸易便利化、深化区域经济一体化具有重要意义。RCEP 的签订有助于降低参与国家间的关税和非关税壁垒，打开国际贸易与投资市场，促进国家间的贸易规模和相互投资。中国是 RCEP 的重要成员国，加入 RCEP 有助于优化中国的贸易与投资环境，加强与其他成员国之间的贸易往来，为中国主导构建区域价值链奠定基础。

二 中国方案

中国是世界贸易大国，是全球价值链的重要节点国家，在全球生产网络中占据重要地位。在当前中国推动贸易高质量发展的关键时期，如何提高中国参与全球价值链的质量值得关注。根据本书研究结论，结合中国实际发展情况，提出以下政策建议。

第一，合理选择对外直接投资东道国，促进中国参与全球价值链质量提升。通过第五章实证检验发现，一国对外直接投资可显著促进母国全球价值链质量提升，发展中国家对外直接投资的母国全球价值链质量提升效应更加明显。中国作为全球发展中国家之一，开展对外直接投资可以有效促进母国全球价值链质量提升。中国对外直接投资应该如何选择东道国呢？通过第六章的实证检验发现，中国对外直接投资可以显著促进双边价值链质量提升，逆梯度对外直接投资的双边价值链质量提升作用更加明显。从双边价值链质量提升角度，建议中国具有国际化实力的企业向技术水平较高、创新能力较强的发达国家进行直接投资。中国对东道国的中间品进口越多，双边价值链质量提升效应越高，因此，中国应该优先选择那些向中国出口中间品较多的国家。中国对"一带一

路"沿线直接投资显著促进了双边价值链质量提升，且"一带一路"沿线国家的疫情处于可控范围内，因此，与中国地理位置邻近的国家或地区，如越南、柬埔寨、缅甸等，成为中国对外直接投资目的地的较好选择。

第二，强化中国市场竞争环境，充分发挥对外直接投资逆向技术溢出的全球价值链质量提升效应。发展中国家对外直接投资的母国国内价值链质量提升作用要比发达国家对外直接投资的提升作用更加显著，这主要是由于发展中国家的逆向技术溢出效应提升了国内价值链质量，第七章中国制造业对外直接投资逆向技术溢出效应显著促进了国内价值链质量的提升，证明了这一点。中国对美国、日本、英国等发达国家的直接投资可以获得逆向技术溢出，而逆向技术溢出效应的大小还取决于投资母国的市场成熟度、技术吸收能力、制度水平等因素。中国已经在制度环境等方面有了很大改善，但在市场竞争等方面还存在不足，应该加强市场竞争等方面的法律建设，以确保高生产效率企业能够在市场竞争中取得优势。

第三，推动技术、资本密集型行业开展多种类型对外直接投资。中国制造业对外直接投资可以促进国内价值链质量的提升，其中技术、资本密集型制造业的促进作用更加明显。信息技术、大数据等都是典型技术、资本密集型行业，在当前中国推动数字经济快速发展的大背景下，中国应该鼓励这些行业在国内投资的同时积极开展对外直接投资，将其产业布局到海外，尤其是"一带一路"沿线国家或地区。通过开展数字经济产业的海外投资，中国不仅可以充分发挥在数字技术方面的比较优势，而且有助于主动构建区域全球价值链、提升参与全球价值链质量。当前，信息技术行业对外直接投资中占比最大的是商贸服务型对外直接投资，即国内企业通过在东道国建立办事处或销售子公司的方式开展对外直接投资，该类对外直接投资提升国内价值质量的作用有限，因此，国内企业应该开展多种类型的对外直接投资，如技术寻求型、垂直生产型、水平生产型等，促进企业对外直接投资类型的多元化。

第四，中国对发展中国家直接投资主动构建区域价值链，提升全球价值链质量。中国顺梯度对外直接投资可以显著促进东道国全球价值链效率、东道国国内价值链效率，因此，中国对发展中国家对外直接投资可以主动构建利好东道国经济发展的区域价值链。中国在积极嵌入发达国家价值链的同时,应该主动打造并引领与发展中国家的价值链(洪俊杰、商辉,2019)。"一带一路"沿线以发展中国家或地区为主,中国可以充分利用共建"一带一路"的政策优势,主动构建"一带一路"区域价值链。此外,随着《区域全面经济伙伴关系协定》(RCEP)协议的签订,中国应积极开展与 RCEP 国家(尤其是东盟 10 国)的投资与贸易往来,通过对外直接投资的方式构建区域价值链,为中国参与全球价值链提供"备链",提高中国参与全球价值链的稳定性。

第五,积极引导培育大型跨国企业,重视国内价值链质量的提升。中国跨国企业在"双循环"新发展格局中扮演着"引领者"和"桥梁者"的双重战略角色,前者凭借创新实力引领国内经济实现创新驱动发展,后者综合利用国内国际两个市场两种资源在赋能国内循环的同时实现了国内资源在国际市场的循环畅通(许晖,2021)。鼓励具有国际化经营能力的企业"走出去"主动融入全球生产网络,通过学习、模仿等方式提升国内资源的配置能力和生产效率,为中国企业主导构建国内大循环、强化国内循环与国际循环的耦合协调,乃至提升中国企业在国际生产分工中的获利能力奠定基础。

第六,创新中国制造业对外直接投资模式,为实现国内价值链质量提供外生力量。构建中国制造业对外直接投资创新模式,需要明确中国产业优势和全球价值链定位,合理选择投资产业和投资区位。鼓励具有国际化管理优势的中低技术行业企业"走出去",在国际市场竞争中提升技术创新能力,减少行业间的技术差距,推动价值链向高附加值延伸。在区位选择方面,鼓励企业向技术创新能力较强的发达国家直接投资,通过高质量对外直接投资获取国外先进技术、前沿知识等战略性资产。虽然当前以美国为首的部分发达国家对中国实施技术封锁,在一定程度上阻碍了中国对外直接投资的步伐,但这只是暂时的,对外开放与合作共赢才是永恒的主题。此外,《区域全面经济伙伴关系协定》(RCEP)、《中欧全面投资协定》的签订,将为中国高质量"走出去"开辟了新空间,协定成员国中的发达国家有望成为中国制造业对外直接投资的新出路。在对外直接投资投资主体方面,国有企业是中国对外直接投资的主力军和先行者,国有企业在"走出去"过程中应平衡投资效率与投资安全问题,同时鼓励非国有企业强化对外直接投资风险管理,两类不同企业应在高质量"走出去"过程中积累跨国企业管理经验,为国内国际双循环新发展格局建设贡献力量。

第七，加强国内企业自主创新能力和高端服务要素投入，培育国内循环的内生动力。在复杂的国际政治经济环境下，政府应通过资金扶持、税收减免等方式支持国内企业加大研发投入，鼓励企业研发具有自主知识产权的新产品、新技术，有效降低高技术领域"卡脖子"风险，增强国内产业链、价值链的自主性和韧性。加强生产性服务业，强化国内高端服务要素投入，促进服务业和制造业深度融合。现代制造服务的发展，不仅有助于提高价值链的效率，而且有助于维护制造业价值链的稳定性、增强产业链的韧性。以《关于加快推动制造服务业高质量发展的意见》为指导，政府主导培育现代制造服务业，如信息技术服务、工业物联网、智能物流等，鼓励企业加快发展生产性服务业，并向专业化和价值链高端延伸。

第三节 研究展望

第一，研究内容方面，本书在理论机制中提出对外直接投资的地理多元化可降低退出全球价值链的风险从而提升全球价值链稳定性，对外直接投资的价值链重构效应也可以增强全球价值链的稳定性。受限于宏观数据对地理多元化及价值链重构的衡量，本书尚未在实证研究中验证此机制。此外，影响参与全球价值链质量的因素众多，除了本书主要研究的对外直接投资，还包括国家制度、营商环境、基础设施发展水平等多个方面，后续将在本书的基础上深入研究其他因素与对直接投资共同对全球价值链质量提升的影响。

第二，全球价值链质量测算有待进一步改进。本书对全球价值链质量的测算基础包括中间品质量、生产关联度两部分，并没有考虑最终品生产国的要素禀赋、生产制造能力等因素。在全球价值链稳定性测算方法方面，将会涌现一批测算指标与方法。关于全球价值链稳定性的测算，未来可能会从价值链生产长度方面继续进行扩展，全球价值链生产长度越长，稳定性越差。本书测算全球价值链稳定性是从全球价值链获利能力的角度切入，随着研究推进，将有从其他角度测算全球价值链稳定性的相关研究。

第八章　结论、对策建议与研究展望 ┃ 189

第三，随着国家—行业层面数据的不断更新，实证研究内容将会更加丰富。由于 ADB 投入产出数据时间区间为 2007—2019 年，缺少世界 63 个国家或地区行业层面详细数据，因此，本书仅采用国别层面数据进行实证检验，无法建立国家—行业两维数据进行实证检验。随着数据的不断丰富，后期将加强对国家—行业层面更加详细数据的考察。此外，在后续研究中可以采用微观企业层面数据检验对外直接投资对全球价值链质量的影响。

第四，本书考察了中国对外直接投资对母国全球价值链质量和国内价值链质量的影响，但是尚未结合"国内循环为主，国内国际双循环"新格局展开研究。在后续研究中，将对此内容进行补充研究。此外，在数字经济快速发展的背景下，如何充分发挥数字技术在对外直接投资提升中国参与全球价值链质量、效率与稳定性中的作用，值得研究。

附 录

附表 A　中国与 62 个国家或地区的双边价值链效率、双边价值链稳定性平均值数据

名称	Eff	Stab	名称	Eff	Stab
澳大利亚	0.00068335	0.85485072	马耳他	4.63E-07	0.00072841
奥地利	3.18E-05	0.07295654	荷兰	0.00011299	0.19810833
比利时	5.77E-05	0.13064446	挪威	8.71E-05	0.05711286
保加利亚	1.16E-06	0.01576403	波兰	9.37E-06	0.07667669
巴西	6.81E-05	0.61233778	葡萄牙	4.65E-06	0.02033254
加拿大	0.0001245	0.93305868	罗马尼亚	2.39E-06	0.00709637
瑞士	9.02E-05	0.31524193	俄罗斯	8.80E-05	0.69007793
斯洛伐克	2.27E-06	0.0065649	塞浦路斯	5.35E-07	0.00229755
斯洛文尼亚	1.57E-06	0.00779344	捷克	7.10E-06	0.03854694
瑞典	5.18E-05	0.11272322	德国	0.00036281	1.28683701
丹麦	3.06E-05	0.0440068	土耳其	1.28E-05	0.18661788
西班牙	2.94E-05	0.11694596	中国台湾	0.00032008	0.69829937
爱沙尼亚	7.18E-07	0.02423968	美国	0.00083666	1.1180436
芬兰	2.66E-05	0.05295657	孟加拉国	1.43E-07	0.03187179
法国	0.00013474	0.32342743	马来西亚	1.96E-05	0.43659863
英国	0.00012118	0.30305222	菲律宾	2.68E-06	0.42681779
希腊	6.11E-06	0.01442215	泰国	1.55E-05	0.7230313
克罗地亚	1.02E-06	0.00577246	越南	2.18E-06	0.41917526
匈牙利	3.31E-06	0.01801548	哈萨克斯坦	1.32E-05	0.0879293
印度尼西亚	1.63E-05	0.82244041	蒙古国	1.80E-06	0.0230463
印度	8.21E-06	0.7048985	斯里兰卡	1.46E-07	0.00260983

续表

名称	Eff	Stab	名称	Eff	Stab
爱尔兰	4.74E-05	0.05467279	巴基斯坦	8.01E-07	0.15448351
意大利	7.03E-05	0.19257318	斐济	3.27E-08	0.00048269
日本	0.00051038	2.04919071	老挝	1.33E-07	0.00767138
韩国	0.00027888	1.8057606	文莱	4.59E-06	0.02931795
立陶宛	1.21E-06	0.00540133	不丹	1.28E-08	0.00029738
卢森堡	2.16E-05	0.00824532	吉尔吉斯斯坦	1.91E-08	0.00175234
拉脱维亚	5.85E-07	0.00574777	柬埔寨	3.17E-08	0.00407188
墨西哥	1.25E-05	0.15841048	马尔代夫	1.09E-07	0.00109688
新加坡	1.00E-04	0.13652316	尼泊尔	3.69E-09	0.00042111
中国香港	6.22E-05	0.19005276	世界其他地区	0.00041325	3.43095053

注：带 E 的数据太小，显示不全，下同；表中数据是根据双边价值链效率、双边价值链稳定性的计算公式采用 Julia1.5.3 计算得到；其中，Eff 表示双边价值链效率、Stab 表示双边价值链稳定性，表中数据是 2009—2019 年数据的平均值。

附表 B　　WIOD 和 ADB 数据库行业对接情况

WIOD 制造业代码	WIOD 制造业行业	ADB 制造业代码	ADB 制造业行业
R5	食品、饮料和烟草制品的制造	C3	食物、饮料和烟草
R6	纺织品、服装和皮革制品的制造	C4-C5	纺织品及纺织产品；皮革、皮革制品和鞋类
R7	木材和木制品和软木制品的制造，家具除外；制造稻草和编结材料制品	C6	木材及木材和软木制品
R8	纸和纸制品的制造	C7	纸浆、纸张、纸制品、印刷及出版
R9	打印和复制录制的媒体	C7	纸浆、纸张、纸制品、印刷及出版
R10	焦炭和精炼石油产品的制造	C8	焦炭、精炼石油和核燃料
R11	化学品和化学产品的制造	C9	化学及化工产品
R12	基础药物产品和药物制剂的制造	C9	化学及化工产品
R13	橡胶和塑料制品的制造	C10	橡胶和塑料
R14	制造其他非金属矿物制品	C11	其他非金属矿物

续表

WIOD 制造业代码	WIOD 制造业行业	ADB 制造业代码	ADB 制造业行业
R15	基础金属的制造	C12	基本金属和加工金属
R16	制造金属制品，机械和设备除外	C12	基本金属和加工金属
R17	制造计算机、电子和光学产品	C14	电气及光学设备
R18	电气设备的制造	C14	电气及光学设备
R19	机械设备的制造	C13	机械、电气
R20	汽车、拖车和半挂车的制造	C15	运输设备
R21	制造其他运输设备	C15	运输设备
R22	家具制造；其他制造业	C16	制造；回收

参考文献

边婧、张曙霄:《中国对外直接投资的贸易效应——基于"一带一路"倡议的研究》,《北京工商大学学报》(社会科学版) 2019 年第 5 期。

陈经伟、姜能鹏:《中国 OFDI 技术创新效应的传导机制——基于资本要素市场扭曲视角的分析》,《金融研究》2020 年第 8 期。

陈琳、房超、田素华、俞小燕:《全球生产链嵌入位置如何影响中国企业的对外直接投资?》,《财经研究》2019 年第 10 期。

陈培如、冼国明:《中国对外直接投资的逆向技术溢出效应——基于二元边际的视角》,《科研管理》2020 年第 4 期。

戴翔:《新冠肺炎疫情下全球价值链重构的中国机遇及对策》,《经济纵横》2020 年第 6 期。

戴翔、刘梦:《人才何以成为红利——源于价值链攀升的证据》,《中国工业经济》2018 年第 4 期。

戴翔、宋婕:《中国 OFDI 的全球价值链构建效应及其空间外溢》,《财经研究》2020 年第 5 期。

戴翔、徐柳、张为付:《"走出去"如何影响中国制造业攀升全球价值链?》,《西安交通大学学报》(社会科学版) 2018 年第 2 期。

戴翔、郑岚:《制度质量如何影响中国攀升全球价值链》,《国际贸易问题》2015 年第 12 期。

董虹蔚:《贸易便利化与全球价值链分工》,中国社会科学出版社 2024 年版。

对外经济贸易大学、联合国工业发展组织主编:《全球价值链与工业发展：来自中国、东南亚和南亚的经验》,赵静译,社会科学文献出版社 2019 年版。

对外经济贸易大学全球价值链研究院:《后疫情时代的全球供应链革命——迈向智能、韧性的转型之路》,2020 年 9 月。

方汉明:《后新冠时代全球价值链的重构》,http://jer.whu.edu.cn/jjgc/5/2020-07-14/4882.html,2020年。

方慧、宋玉洁:《东道国风险与中国对外直接投资——基于"一带一路"沿线43国的考察》,《上海财经大学学报》2019年第5期。

高敬峰、王彬:《国内区域价值链、全球价值链与地区经济增长》,《经济评论》2020年第2期。

高敬峰、王彬:《进口价值链质量促进了国内价值链质量提升吗?》,《世界经济研究》2019年第12期。

葛琛、葛顺奇、陈江滢:《疫情事件:从跨国公司全球价值链效率转向国家供应链安全》,《国际经济评论》2020年第4期。

顾雪松、韩立岩、周伊敏:《产业结构差异与对外直接投资的出口效应——"中国—东道国"视角的理论与实证》,《经济研究》2016年第4期。

关利欣、梁威、马彦华:《现代供应链国际比较及其启示》,《国际贸易》2018年第8期。

何帆:《中国对外投资的特征与风险》,《国际经济评论》2013年第1期。

何宇、张建华、陈珍珍:《贸易冲突与合作:基于全球价值链的解释》,《中国工业经济》2020年第3期。

洪俊杰、商辉:《中国开放型经济的"共轭环流论":理论与证据》,《中国社会科学》2019年第1期。

胡琰欣、屈小娥、李依颖:《我国对"一带一路"沿线国家OFDI的绿色经济增长效应》,《经济管理》2019年第6期。

胡昭玲、张玉:《制度质量改进能否提升价值链分工地位?》,《世界经济研究》2015年第8期。

黄建忠:《全球化"熔断"与中国的非稳态战略机遇期》,《探索与争鸣》2020年第8期。

黄群慧、倪红福:《基于价值链理论的产业基础能力与产业链水平提升研究》,《经济体制改革》2020年第5期。

霍经纬、田成诗:《垂直专业化背景下进口中间品对制造业增加值率的影响》,《世界经济与政治论坛》2021年第1期。

贾妮莎、申晨:《中国对外直接投资的制造业产业升级效应研究》,

《国际贸易问题》2016 年第 8 期。

蒋冠宏、蒋殿春：《中国企业对外直接投资的"出口效应"》，《经济研究》2014 年第 5 期。

焦勇、杨蕙馨：《政府干预、两化融合与产业结构变迁——基于 2003—2014 年省际面板数据的分析》，《经济管理》2017 年第 6 期。

康灿华、吴奇峰、孙艳琳：《发展中国家企业的技术获取型 FDI 研究》，《武汉理工大学学报》（信息与管理工程版）2007 年第 10 期。

孔群喜、孙爽、陈慧：《对外直接投资、逆向技术溢出与经济增长质量——基于不同投资动机的经验考察》，《山西财经大学学报》2019 年第 2 期。

孔群喜、王紫绮、蔡梦：《对外直接投资提高了中国经济增长质量吗》，《财贸经济》2019 年第 5 期。

雷少华：《新冠疫情影响下的全球价值链》，《国际政治研究》2020 年第 3 期。

冷艳丽、杜思正：《双向直接投资的经济增长效应分析——来自中国数据的实证检验》，《国际商务（对外经济贸易大学学报）》2017 年第 1 期。

黎峰：《进口贸易、本土关联与国内价值链重塑》，《中国工业经济》2017 年第 9 期。

黎峰：《双重价值链嵌入下的中国省级区域角色——一个综合理论分析框架》，《中国工业经济》2020 年第 1 期。

黎峰：《增加值视角下的中国国家价值链分工——基于改进的区域投入产出模型》，《中国工业经济》2016 年第 3 期。

李超、张诚：《中国对外直接投资与制造业全球价值链升级》，《经济问题探索》2017 年第 11 期。

李成友、刘安然、袁洛琪、康传坤：《养老依赖、非农就业与中老年农户耕地租出——基于 CHARLS 三期面板数据分析》，《中国软科学》2020 年第 7 期。

李成友、孙涛、王硕：《人口结构红利、财政支出偏向与中国城乡收入差距》，《经济学动态》2021 年第 1 期。

李俊久、蔡琬琳：《对外直接投资与中国全球价值链分工地位升级：基于"一带一路"的视角》，《四川大学学报》（哲学社会科学版）

2018 年第 3 期。

李磊、盛斌、刘斌：《全球价值链参与对劳动力就业及其结构的影响》，《国际贸易问题》2017 年第 7 期。

李磊、冼国明、包群：《"引进来"是否促进了"走出去"？——外商投资对中国企业对外直接投资的影响》，《经济研究》2018 年第 3 期。

李梅、柳士昌：《对外直接投资逆向技术溢出的地区差异和门槛效应——基于中国省际面板数据的门槛回归分析》，《管理世界》2012 年第 1 期。

李童、皮建才：《中国逆向与顺向 OFDI 的动因研究：一个文献综述》，《经济学家》2019 年第 3 期。

林创伟、谭娜、何传添：《中国对东盟国家直接投资的贸易效应研究》，《国际经贸探索》2019 年第 4 期。

林梦瑶、张中元：《物流设施质量对中国参与全球价值链的影响》，《经济评论》2019 年第 2 期。

林志帆：《中国的对外直接投资真的促进出口吗》，《财贸经济》2016 年第 2 期。

刘斌、王杰、魏倩：《对外直接投资与价值链参与：分工地位与升级模式》，《数量经济技术经济研究》2015 年第 12 期。

刘斌、王乃嘉、李川川：《贸易便利化与价值链参与——基于世界投入产出数据库的分析》，《财经研究》2019 年第 10 期。

刘斌、魏倩、吕越、祝坤福：《制造业服务化与价值链升级》，《经济研究》2016 年第 3 期。

刘朝刚、马士华：《供应链合作的稳定性分析》，《科技管理研究》2007 年第 2 期。

刘海云、毛海欧：《制造业 OFDI 对出口增加值的影响》，《中国工业经济》2016 年第 7 期。

刘和旺、郑世林、王宇锋：《所有制类型、技术创新与企业绩效》，《中国软科学》2015 年第 3 期。

刘慧、任珊珊、梁凯：《供应链稳定性评价模型的构建与应用》，《中国管理科学》2013 年第 S2 期。

刘景卿、车维汉：《国内价值链与全球价值链：替代还是互补?》，《中南财经政法大学学报》2019 年第 1 期。

刘景卿、于佳雯、车维汉：《FDI 流动与全球价值链分工变化——基于社会网络分析的视角》，《财经研究》2019 年第 3 期。

刘伟、张辉、黄泽华：《中国产业结构高度与工业化进程和地区差异的考察》，《经济学动态》2008 年第 11 期。

刘伟全：《中国 OFDI 逆向技术溢出与国内技术进步研究——基于全球价值链的视角》，博士学位论文，山东大学，2010 年。

刘益、曹英：《关系稳定性与零售商感知的机会主义行为——直接影响与供应商承诺的间接影响》，《管理学报》2006 年第 1 期。

刘志彪、张杰：《全球代工体系下发展中国家俘获型网络的形成、突破与对策：基于 GVC 与 NVC 的比较视角》，《中国工业经济》2007 年第 5 期。

刘志彪、张少军：《中国地区差距及其纠偏：全球价值链和国内价值链的视角》，《学术月刊》2008 年第 5 期。

卢进勇、陈静、王光：《加快构建中国跨国公司主导的跨境产业链》，《国际贸易》2015 年第 4 期。

卢进勇、李小永、张航：《中国国际投资发展史研究：意义、重点和突破点》，《国际经济合作》2019 年第 5 期。

卢潇潇、梁颖：《"一带一路"基础设施建设与全球价值链重构》，《中国经济问题》2020 年第 1 期。

吕越、刘之洋、吕云龙：《中国企业参与全球价值链的持续时间及其决定因素》，《数量经济技术经济研究》2017 年第 6 期。

吕越、罗伟、刘斌：《异质性企业与全球价值链嵌入：基于效率和融资的视角》，《世界经济》2015 年第 8 期。

罗伟、吕越：《外商直接投资对中国参与全球价值链分工的影响》，《世界经济》2019 年第 5 期。

毛海欧、刘海云：《中国 OFDI 如何影响出口技术含量——基于世界投入产出数据的研究》，《数量经济技术经济研究》2018 年第 7 期。

明秀南、阎虹戎、冼国明：《对外直接投资对企业创新的影响分析》，《南方经济》2019 年第 8 期。

穆东：《供应链系统的复杂性与评价方法研究》，清华大学出版社 2010 年版。

倪红福：《全球价值链测度理论及应用研究新进展》，《中南财经政法大学学报》2018 年第 3 期。

倪红福：《全球价值链位置测度理论的回顾和展望》，《中南财经政法大学学报》2019 年第 3 期。

倪红福、龚六堂、夏杰长：《生产分割的演进路径及其影响因素——基于生产阶段数的考察》，《管理世界》2016 年第 4 期。

倪红福、夏杰长：《中国区域在全球价值链中的作用及其变化》，《财贸经济》2016 年第 10 期。

聂飞：《中国对外直接投资推动了制造业服务化吗？基于国际产能合作视角的实证研究》，《世界经济研究》2020 年第 8 期。

潘素昆、袁然：《不同投资动机 OFDI 促进产业升级的理论与实证研究》，《经济学家》2014 年第 9 期。

潘雄锋、闫窈博、王冠：《对外直接投资、技术创新与经济增长的传导路径研究》，《统计研究》2016 年第 8 期。

裴长洪：《"六稳""六保"与高质量发展内在联系探讨》，《财经问题研究》2020 年第 10 期。

彭澎、李佳熠：《OFDI 与双边国家价值链地位的提升——基于"一带一路"沿线国家的实证研究》，《产业经济研究》2018 年第 6 期。

乔翠霞等：《国际技术转移与我国工业结构升级》，山东大学出版社 2023 年版。

沙文兵：《对外直接投资、逆向技术溢出与国内创新能力——基于中国省际面板数据的实证研究》，《世界经济研究》2012 年第 3 期。

邵朝对、李坤望、苏丹妮：《国内价值链与区域经济周期协同：来自中国的经验证据》，《经济研究》2018 年第 3 期。

邵朝对、苏丹妮：《全球价值链生产率效应的空间溢出》，《中国工业经济》2017 年第 4 期。

邵玉君：《FDI、OFDI 与国内技术进步》，《数量经济技术经济研究》2017 年第 9 期。

盛斌、陈帅：《全球价值链、企业异质性与企业的成本加成》，《产业经济研究》2017 年第 4 期。

宋林、张丹、谢伟：《对外直接投资与企业绩效提升》，《经济管理》2019 年第 9 期。

苏丹妮、盛斌、邵朝对：《国内价值链、市场化程度与经济增长的溢出效应》,《世界经济》2019年第10期。

苏丹妮、盛斌、邵朝对、陈帅:《全球价值链、本地化产业集聚与企业生产率的互动效应》,《经济研究》2020年第3期。

孙玉红、陈相香、于美月:《国际投资协定对价值链贸易的影响研究》,《世界经济研究》2020年第8期。

唐礼智、刘玉:《"一带一路"中我国企业海外投资政治风险的邻国效应》,《经济管理》2017年第11期。

唐宜红、张鹏杨:《中国企业嵌入全球生产链的位置及变动机制研究》,《管理世界》2018年第5期。

王彬、高敬峰、宋玉洁:《数字经济对三重价值链协同发展的影响》,《统计研究》2023年第1期。

王聪、林桂军:《"双反"调查与上市公司全球价值链参与——来自美国对华"双反"调查的经验证据》,《国际金融研究》2019年第12期。

王杰、段瑞珍、孙学敏:《对外直接投资与中国企业的全球价值链升级》,《西安交通大学学报》(社会科学版)2019年第2期。

王杰、刘斌、孙学敏:《对外直接投资与企业出口行为——基于微观企业数据的经验研究》,《经济科学》2016年第1期。

王丽、张岩:《对外直接投资与母国产业结构升级之间的关系研究——基于1990—2014年OECD国家的样本数据考察》,《世界经济研究》2016年第11期。

王培志、孙利平:《中国对外直接投资能否提高出口效率》,《国际贸易问题》2020年第6期。

王孝松、吕越、赵春明:《贸易壁垒与全球价值链嵌入——以中国遭遇反倾销为例》,《中国社会科学》2017年第1期。

王永进、盛丹、施炳展、李坤望:《基础设施如何提升了出口技术复杂度?》,《经济研究》2010年第7期。

王振国、张亚斌、单敬、黄跃:《中国嵌入全球价值链位置及变动研究》,《数量经济技术经济研究》2019年第10期。

温忠麟、叶宝娟:《中介效应分析:方法和模型发展》,《心理科学进展》2014年第5期。

温忠麟、张雷、侯杰泰、刘红云:《中介效应检验程序及其应用》,《心理学报》2004年第5期。

吴福象、汪丽娟：《解码中国 OFDI：历史轨迹、发展潜力与布局优化——基于国内国际双循环视角》，《经济学家》2021 年第 4 期。

吴先明、黄春桃：《中国企业对外直接投资的动因：逆向投资与顺向投资的比较研究》，《中国工业经济》2016 年第 1 期。

习近平：《在企业家座谈会上的讲话》（2020 年 7 月 21 日），人民出版社 2020 年版。

肖艳、廖丽婷：《美国制造业回流现状及趋势》，《今日财富（中国知识产权）》2018 年第 6 期。

肖宇、田侃：《融资杠杆率与中国企业全球价值链攀升》，《经济管理》2020 年第 1 期。

肖宇、夏杰长、倪红福：《中国制造业全球价值链攀升路径》，《数量经济技术经济研究》2019 年第 11 期。

肖玉明、汪贤裕：《基于熵理论的供应链稳定性预警分析》，《管理工程学报》2008 年第 3 期。

徐国祥、张正：《我国对外直接投资如何影响出口增加值——基于我国—东道国（地区）产业结构差异的视角》，《统计研究》2020 年第 10 期。

许晖：《中国跨国企业与"双循环"新发展格局：战略角色与微观机制》，《管理世界》2021 年第 9 期。

闫周府、李茹、吴方卫：《中国企业对外直接投资的出口效应——基于企业异质性视角的经验研究》，《统计研究》2019 年第 8 期。

杨翠红、田开兰、高翔、张俊荣：《全球价值链研究综述及前景展望》，《系统工程理论与实践》2020 年第 8 期。

杨连星、罗玉辉：《中国对外直接投资与全球价值链升级》，《数量经济技术经济研究》2017 年第 6 期。

杨连星、沈超海、殷德生：《对外直接投资如何影响企业产出》，《世界经济》2019 年第 4 期。

姚战琪、夏杰长：《中国对外直接投资对"一带一路"沿线国家攀升全球价值链的影响》，《南京大学学报》（哲学·人文科学·社会科学）2018 年第 4 期。

叶娇、赵云鹏：《对外直接投资与逆向技术溢出——基于企业微观特征的分析》，《国际贸易问题》2016 年第 1 期。

余海燕、沈桂龙：《对外直接投资对母国全球价值链地位影响的实证研究》,《世界经济研究》2020年第3期。

余静文、彭红枫、李濛西:《对外直接投资与出口产品质量升级:来自中国的经验证据》,《世界经济》2021年第1期。

郁义鸿:《产业链类型与产业链效率基准》,《中国工业经济》2005年第11期。

袁媛、綦建红:《嵌入全球价值链对企业劳动收入份额的影响研究——基于前向生产链长度的测算》,《产业经济研究》2019年第5期。

张二震、戴翔:《疫情冲击下全球价值链重构及中国对策》,《南通大学学报》(社会科学版)2020年第5期。

张海波:《对外直接投资对母国出口贸易品技术含量的影响——基于跨国动态面板数据模型的实证研究》,《国际贸易问题》2014年第2期。

张宏、赵佳颖:《对外直接投资逆向技术溢出效应研究评述》,《经济学动态》2008年第2期。

张纪凤、黄萍:《替代出口还是促进出口——我国对外直接投资对出口的影响研究》,《国际贸易问题》2013年第3期。

张杰、刘元春、郑文平:《为什么出口会抑制中国企业增加值率?——基于政府行为的考察》,《管理世界》2013年第6期。

张倩:《人口质量、代际扶持与居民家庭消费行为研究》,中国社会科学出版社2024年版。

张少军:《全球价值链与国内价值链——基于投入产出表的新方法》,《国际贸易问题》2009年第4期。

张伟:《美国页岩气革命影响深远》,《经济日报》2013年5月8日第9版。

张亚斌、范子杰、冯迪:《中国GDP出口分解及贡献新测度》,《数量经济技术经济研究》2015年第9期。

张中元:《东道国外商直接投资限制对中国参与全球价值链构建的影响》,《国际经济合作》2017年第10期。

张中元:《区域贸易协定的水平深度对参与全球价值链的影响》,《国际贸易问题》2019年第8期。

赵甜、方慧:《OFDI与中国创新效率的实证研究》,《数量经济技术经济研究》2019年第10期。

赵勇、初晓:《"国进民进":国有企业在对外直接投资中的作用》,

《世界经济》2021 年第 5 期。

郑丹青：《对外直接投资与全球价值链分工地位——来自中国微观企业的经验证据》，《国际贸易问题》2019 年第 8 期。

郑丽楠、马子红、李昂：《OFDI 与制造业价值链地位提升——基于"一带一路"沿线国家面板数据的研究》，《科学决策》2020 年第 5 期。

郑强：《对外直接投资促进了母国全要素生产率增长吗——基于金融发展门槛模型的实证检验》，《国际贸易问题》2017 年第 7 期。

中华人民共和国商务部、国家统计局、国家外汇管理局编：《2019 年度中国对外直接投资统计公报》，中国商务出版社 2020 年版。

朱文涛、吕成锐、顾乃华：《OFDI、逆向技术溢出对绿色全要素生产率的影响研究》，《中国人口·资源与环境》2019 年第 9 期。

Adarov, A., Stehrer, R., "Implications of Foreign Direct Investment, Capital Formation and its Structure for Global Value Chains", *The World Economy*, Vol. 44, No. 11, 2021.

Amador, J., Cabral, S., "Global Value Chains: A Survey of Drivers and Measures", *Journal of Economic Surveys*, Vol. 30, No. 2, 2016.

Antràs, P., Yeaple, S. R., "Multinational Firms and the Structure of International Trade", NBER Working Paper, No. 18775, 2013.

Antràs, P., Chor, D., Fally, T. et al., "Measuring the Upstreamness of Production and Trade Flows", *American Economic Review*, Vol. 102, No. 3, 2012.

Antràs, P., Chor, D., "On the Measurement of Upstreamness and Downstreamness in Global Value Chains", NBER Working Papers, No. 24185, 2018.

Antràs, P., "Firms, Contracts, and Trade Structure", *Quarterly Journal of Economics*, Vol. 118, No. 4, 2003.

Azmeh, S., Nadvi, K., "Asian Firms and the Restructuring of Global Value Chains", *International Business Review*, Vol. 23, No. 4, 2014.

Beugelsdijk, S., Pedersen, T., Petersen, B., "Is There a Trend towards Global Value Chain Specialization? An Examination of Cross Border Sales of US Foreign Affiliates", *Journal of International Management*, Vol. 15, No. 2, 2009.

Bitzer, J., Kerekes, M., "Does Foreign Direct Investment Transfer Technology across Borders? New Evidence", *Economics Letters*, Vol. 100, No. 3, 2008.

Blomstrom, M., Lipsey, R. E., Kulchycky, K., "US and Swedish Direct Investment and Exports", in Baldwin, R. E., ed., *Trade Policy Issues and Empirical Analysis*, Chicago: University of Chicago Press, 1988.

Blonigen, B. A., Piger, J., "Determinants of Foreign Direct Investment", *Canadian Journal of Economics/Revue canadienne d'économique*, Vol. 47, No. 3, 2014.

Bloom, N., Sadun, R., Van Reenen, J., "Management as a Technology?", NBER Working Paper, No. 22327, 2016.

Braconier, H., Ekholm, K., Knarvik, K. M. H., "In Search of FDI-Transmitted R&D Spillovers: A Study Based on Swedish Data", *Weltwirtschaftliches Archiv*, Vol. 137, No. 4, 2001.

Branstetter, L., "Is Foreign Direct Investments a Channel of Knowledge Spillovers? Evidence from Japan's FDI in the United States", *Journal of International Economics*, Vol. 68, No. 2, 2006.

Cantwell, J., Tolentino, P. E. E., *Technological Accumulation and Third World Multinationals*, Reading: University of Reading, 1990.

Caves, R. E., *Multinational Enterprise and Economic Analysis*, 3rd Edition, Cambridge University Press, 2007.

Chen, V. Z., Li, J., Shapiro, D. M. et al., "Ownership Structure and Innovation: An Emerging Market Perspective", *Asia Pacific Journal of Management*, Vol. 31, No. 1, 2014.

Chor, D., Manova, K., Yu, Z., "The Global Production Line Position of Chinese Firms", paper delivered to 24th IIOA Conference in SEOUL, Korea, 2014.

Christopher, M., Lee, H., "Mitigating Supply Chain Risk through Improved Confidence", *International Journal of Physical Distribution & Logistics Management*, Vol. 34, No. 5, 2004.

Clausing, K., "Does Multinational Activity Displace Trade?", *Economic Inquiry*, Vol. 38, No. 2, 2000.

Coe, D., Helpman, E., "International R&D Spillovers", *European Economic Review, Vol. 39, No. 5, 1995.

Costinot, A., Vogel, J., Wang, S., "An Elementary Theory of Global Supply Chains", *The Review of Economic Studies*, Vol. 80, No. 1, 2013.

Das, S., "Externalities, and Technology Transfer through Multinational Corporations: A Theoritical Analysis", *Journal of International Economics*, Vol. 22, No. 1-2, 1987.

Desai, M. A., Foley, C. F., Hines, J. R., "Foreign Direct Investment and the Domestic Capital Stock", *The American Economic Review*, Vol. 95, No. 2, 2005.

Dietzenbacher, E., Romero, Luna I., Bosma, N. S., "Using Average Propagation Lengths to Identify Production Chains in the Andalusian Economy", *Estudios De Economia Aplicada*, Vol. 23, No. 1, 2005.

Driffield, N., Love, J. H., "Foreign Direct Investment, Technology Sourcing and Reverse Spillovers", *The Manchester School*, Vol. 71, No. 6, 2003.

Dunning, J. H., *International Production and the Multinational Enterprise*, London: Allen & Unwin, 1981.

Eaton, J., Kortum, S., "Technology, Geography, and Trade", *Econometrica*, Vol. 70, No. 5, 2002.

Engel, D., Procher, V., "Export, FDI and Firm Productivity", *Applied Economics*, Vol. 44, No. 15, 2012.

Etrur, C., Koch, W., "Growth, Technological Interdependence and Spatial Externalities: Theory and Evidence", *Journal of Applied Econometrics*, No. 22, 2007.

Fally, T., "Production Staging: Measurement and Facts", University of Colorado-Boulder, Working Paper, 2012.

Fors, G., Kokko, A., "Home-Country Effects of FDI: Foreign Production and Structural Change in Home-Country Operations", in Blomstrom, M. and Goldberg, L. S., eds., *Topics in Empirical International Economics: A Festschrift in Honor of Robert E. Lispseg*, University of Chicago Press, 2001.

Fu, X., Hou, J., Liu, X., "Unpacking the Relationship between Outward Direct Investment and Innovation Performance: Evidence from Chinese

Firms", *World Development*, Vol. 102, 2018.

Gereffi, G., Korzeniewicz, M., eds., *Commodity Chains and Global Capitalism*, London: Praeger, 1994.

Gereffi, G., "Beyond the Producer-Driven/Buyer-Driven Dichotomy the Evolution of Global Value Chains in the Internet Era", *IDS Bulletin*, Vol. 32, No. 3, 2001a.

Gereffi, G., "Shifting Governance Structures in Global Commodity Chains, with Special Reference to the Internet", *American Behavioral Scientist*, Vol. 44, No. 10, 2001b.

Gervais, A., "Uncertainty, Risk Aversion and International Trade", *Journal of International Economics*, Vol. 115, 2018.

Grossman, G. M., Rossi-Hansberg, E., "Trading Tasks: A Simple Theory of Offshoring", *The American Economic Review*, Vol. 98, No. 5, 2008.

Helpman, E., Krugman, P. R., *Market Structure and Foreign Trade: Increasing Returns, Imperfect Competition and the International Economy*, Cambridge: MIT Press, 1985.

Herskovic, B. B., Kelly, T., Lustig, H., Van Nieuwerburgh, S., "Firm Volatility in Granular Networks", NBER Working Papers, No. 19466, 2013.

Herzer, D., "The Long-Run Relationship between Outward FDI and Domestic Output: Evidence from Panel Data", *Economics Letters*, Vol. 100, No. 1, 2008.

Hira, R., Hira, A., *Outsourcing America: The True Cost of Shipping Jobs Overseas and What Can be Done about It*, Revised, updated, New York: Amacom Books, 2008.

Huang, Y., Zhang, Y., "How does Outward Foreign Direct Investment Enhance Firm Productivity? A Heterogeneous Empirical Analysis from Chinese Manufacturing", *China Economic Review*, No. 44, 2017.

Hummels, D., Ishii, J., Yi, K.-M., "The Nature and Growth of Vertical Specialization in World Trade", *Journal of International Economics*, Vol. 54, No. 1, 2001.

Humphrey, J., Schmitz, H., "How does Insertion in Global Value Chains

Affect Upgrading in Industrial Clusters?", *Regional Studies*, Vol. 36, No. 9, 2002.

Inomata, S., "A New Measurement for International Fragmentation of the Production Process: An International Input Output Approach", IDE Discussion Papers, No. 175, 2008.

Ip, W. H., Chan, S. L., Lam, C. Y., "Modeling Supply Chain Performance and Stability", *Industrial Management and Data Systems*, Vol. 111, No. 8, 2011.

Isard, W., "Interregional and Regional Input-Output Analysis: A Model of a Space Economy", *The Review of Economics and Statistics*, Vol. 33, No. 4, 1951.

Jehle, G. A., Reny, P. J., *Advanced Microeconomic Theory*, 3rd Edition, Pearson Education Limited, 2011.

John, K., Litov, L., and Yeung, B., "Corporate Governance and Risk taking", *The Journal of Finance*, Vol. 63, No. 4, 2008.

Johnson, R. C., Noguera, G., "Accounting for Intermediates: Production Sharing and Trade in Value Added", *Journal of International Economics*, Vol. 86, No. 2, 2012.

Ju, J., Yu, X., "Productivity, Profitability, Production and Export Structures along the Value Chain in China", *Journal of Comparative Economics*, Vol. 43, No. 1, 2015.

Kee, H. L., Tang, H., "Domestic Value Added in Exports: Theory and Firm Evidence from China", *The American Economic Review*, Vol. 106, No. 6, 2016.

Kogut, B., Chang, S. J., "Technological Capabilities and Japanese Direct Investment in the United States", *The Review of Economics and Statistics*, Vol. 73, No. 3, 1991.

Kojima, K., *Direct Foreign Investment: A Japanese Model of Multinational Business Operations*, London: Croom Helm, 1978.

Kokko, A., "Technology, Market Characteristics, and Spillover", *Journal of Development Economics*, Vol. 43, No. 2, 1994.

Koopman, R., Powers, W., Wang, Z., Wei, S. J., "Give Credit Where

Credit is Due: Tracing Value Added in Global Production Chains", NBER Working Paper, No. 16426, 2010.

Koopman, R., Wang, Z., Wei, S. J., "Tracing Value-Added and Double Counting in Gross Exports", *The American Economic Review*, Vol. 104, No. 2, 2014.

Lall, S., "Determinants of R&D in an LDC: The Indian Engineering Industry", *Economics Letters*, Vol. 13, No. 4, 1983.

LeSage, J. P., "What Regional Scientists Need to Know about Spatial Econometrics", *The Review of Regional Studies*, Vol. 44, No. 1, 2014.

LeSage, P., Pace, R. K., *Introduction to Spatial Econometrics*, Florida: CRC Press, 2009.

Li, C., Jiao, Y., Sun, T., Liu, A., "Alleviating Multi-Dimensional Poverty through Land Transfer: Evidence from Poverty-Stricken Villages in China", *China Economic Review*, Vol. 69, No. 5, 2021.

Li, J., Strange, R., Ning, L. et al., "Outward Foreign Direct Investment and Domestic Innovation Performance: Evidence from China", *International Business Review*, Vol. 25, No. 5, 2016.

Lichtenberg, F. R., Potterie, B. V. P., "International R&D Spillovers: A Comment", *European Economic Review*, Vol. 42, No. 8, 1999.

Manuj, I., Mentzer, J. T., "Global Supply Chain Risk Management Strategies", *International Journal of Physical Distribution & Logistics Management*, Vol. 38, No. 3, 2008.

Manuj, I., Mentzer, J. T., "Global Supply Chain Risk Management", *Journal of Business Logistics*, Vol. 29, No. 1, 2008.

McWilliam, S. E., Kim, J. K., Mudambi, R. et al., "Global Value Chain Governance: Intersections with International Business", *Journal of World Business*, Vol. 55, No. 4, 2020.

Miller, R. E., Temurshoev, U., "Output Upstreamness and Input Downstreamness of Industries/Countries in World Production", *International Regional Science Review*, Vol. 40, No. 5, 2017.

Moreno, R., López-Bazo, E., Artís, M., "Public Infrastructure and the Performance of Manufacturing Industries: Short and Long-Run Effects", *Regional Science and Urban Economics, Vol. 32, No. 1, 2002.

Motta, M., Fosfuri, A., "Multinational without Advantage", Scandinavian Journal of Economics, Vol. 101, No. 4, 1999.

Nelson, M. M., Sooreea, R., Gokcek, G., "The FDI–Political Risk Nexus: Some New Insights", Journal of Business and Retail Management Research, Vol. 11, No. 1, 2016.

Oyer, P., Schaefer, S., "Personnel Economics: Hiring and Incentives", in Ashenfelter, O., and Card, D., eds., Handbook of Labor Economics, Vol. 4B, North Holland, 2010.

Padilla-Perez, R., Nogueira, C. G., "Outward FDI from Small Developing Economies: Firm Level Strategies and Home–Country Effects", International Journal of Emerging Markets, Vol. 11, No. 4, 2016.

Pananond, P., "Where Do We Go from Here?: Globalizing Subsidiaries Moving Up the Value Chain", Journal of International Management, Vol. 19, No. 3, 2013.

Pfaffermayr, M., "Foreign Outward Direct Investment and Exports in Austrian Manufacturing: Substitutes or Complements?", Weltwirtschaftliches Archiv, Vol. 132, No. 3, 1996.

Porter, M. E., The Competitive Advantage: Creating and Sustaining Superior Performance, New York: Free Press, 1985.

Potterie, B. P., Lichtenberg, F., "Does Foreign Direct Investment Transfer Technology Across Borders?", The Review of Economics and Statistics, Vol. 83, No. 3, 2001.

Samuelson, P., "Where Ricardo and Mill Rebut and Confirm Arguments of Mainstream Economists Supporting Globalization", Journal of Economic Perspectives, Vol. 18, No. 3, 2004.

Soares, A., Soltani, E., Liao, Y., "The Influence of Supply Chain Quality Management Practices on Quality Performance: An Empirical Investigation", Supply Chain Management: An International Journal, Vol. 22, No. 2, 2017.

Stock, J. H., Yogo, M., "Testing for Weak Instruments in Linear IV Regression", NBER Technical Working Paper 0284, 2002.

UNCTAD, *World Investment Report* 2013: *Global Value Chains: Investment and Trade for Development*, 2013.

UNCTAD, *World Investment Report* 2020: *Global Value Chains: Investment and Trade for Development*, 2020.

United Nations, *World Investment Report* 2015: *Reforming International Investment Governance*, 2015.

Upward, R., Wang, Z., Zheng, J., "Weighting China's Export Basket: The Domestic Content and Technology Intensity of Chinese Exports", *Journal of Comparative Economics*, Vol. 41, No. 2, 2013.

Wang, C., Hong, J., Kafouros, M., and Boateng, A., "What Drives Outward FDI of Chinese Firms? Testing the Explanatory Power of Three Theoretical Frameworks", *International Business Review*, Vol. 21, No. 3, 2012.

Wang, Y., Chen, S., "Heterogeneous Spillover Effects of Outward FDI on Global Value Chain Participation", *Panoeconomicus*, Vol. 67, No. 5, 2020.

Wang, Z., Wei, S., Yu, X. et al., "Measures of Participation in Global Value Chain and Global Business Cycles", NBER Working Paper, No. 23222, 2017.

Wang, Z., Wei, S., Yu, X. et al., "Characterizing Global Value Chains: Production Length and Upstreamness", NBER Working Paper, No. 23261, 2017.

Wang, Z., Wei, S. J., Zhu, K., "Quantifying International Production Sharing at the Bilateral and Sector Levels", NBER Working Paper, No. 19677, 2013.

WTO, *Global Value Chain Development Report* 2019: *Technological Innovation, Supply Chain Trade, and Workers in a Globalized World*, 2019.

Xing, Y., Gentile, E., and Dollar, D., *Global Value Chain Development Report* 2021: *Beyond Production*, ADB, 2021.